THE LOGIC OF INTERNET

互联网的逻辑

传统企业的颠覆与重生

胡 炬　胡珺喆◎编著

化学工业出版社
·北京·

传统企业成本日益高涨，营销渠道越来越窄，事实证明，在消费者行为方式动态化的大背景下，企业必须要依靠互联网来实现低成本的突围和重生。

本书针对当前传统企业面临的困难局面展开分析，全面揭秘了互联网的十一大逻辑：用户逻辑、尖叫逻辑、跨界逻辑、简洁逻辑、平台逻辑、奇葩逻辑、免费逻辑、口碑逻辑、符号逻辑、极速逻辑和病毒逻辑。同时，本书从专业视角分析了传统企业利用互联网以及移动互联网进行成功颠覆的十个案例。本书旨在帮助传统企业掌握核心互联网逻辑以及转型关键要点，进而构筑起新时代的核心竞争力。

图书在版编目（CIP）数据

互联网的逻辑：传统企业的颠覆与重生／胡炬，胡珺喆编著. —北京：化学工业出版社，2014.8

ISBN 978-7-122-21353-2

Ⅰ.①互… Ⅱ.①胡… ②胡… Ⅲ.①互联网络—应用—企业管理 Ⅳ.①F270.7

中国版本图书馆CIP数据核字（2014）第161396号

责任编辑：张焕强　　封面设计：尚世视觉
责任校对：陈　静

出版发行：化学工业出版社（北京市东城区青年湖南街13号　邮政编码100011）
印　　装：三河市双峰印刷装订有限公司
710mm×1000mm　1/16　印张18　字数220千字
2014年9月北京第1版第1次印刷

购书咨询：010-64518888（传真：010-64519686）
售后服务：010-64518899
网　　址：http://www.cip.com.cn
凡购买本书，如有缺损质量问题，本社销售中心负责调换。

定　　价：39.80元

前言

雷军PK董明珠，价值10亿的惊世赌局

2013年年底，在央视“年度经济人物”颁奖典礼上有一件非常有意思并引起极大争议的事件：小米手机创始人雷军向格力掌门人董明珠表示，如果五年之内小米超过格力，那么就算自己赢，董明珠只需要支付雷军1元的赌注。而董明珠似乎有些下不来台，一时间豪气冲天，将赌注提高到了10亿元。所以，也就有了这个天价赌局。

对于这场赌局，雷军其实是很有底气的。因为按照小米的年收入增长额来看，在三年之内就有可能超过格力。小米在2012年的营业收入是126亿元，2013年超过310亿元。若2014年也能继续保持这种百分之百的增长速度，年底收入将会突破700亿元大关，照这种速度发展下去，2015年，小米的年收入将会突破1500亿元。所以，对小米来说，超过格力指日可待。

但是，代表传统企业的格力却不这认为。格力认为，传统经济，尤其是制造业，互联网可能始终不会赶超。当天，给雷军和董明珠颁奖的分别是马云和王健林。也许人们还没有忘记，2012年年度经济人物颁奖大会上，马云和王健林的那场1亿美元的赌局。2012年的那场赌局是电商企业和线下零售业的一次较量，而雷军和董明珠的较量从某种程度上来看，则主要是指互联网企业和传统经济的较量。

董明珠认为，格力有23年的传统经济基础，而小米则只是一个创立3年的年轻

企业，所以不足为惧。而雷军则认为，未来的经济发展是互联网的天下，依托互联网来创业、发展，速度、效率都很高。雷军还认为，互联网是一种新的创业思维和逻辑，必须要抛弃原先的传统制造业的思维逻辑。

小米由最初的只生产手机，到生产小米盒子、小米电视、耳机等，很多人认为作为一个只有3年的公司，发展这种横向多元的模式不靠谱。但雷军则认为，以往传统思维上认为是不靠谱，但是小米不是依靠传统思维逻辑来创业的，而是依靠互联网逻辑。互联网逻辑要求企业在产品的基础上经营用户，通过一整套的互联网思维逻辑来打造一个可以与用户互动的营销体系，实现生态链的价值交付。

依靠互联网逻辑，小米在横向多元化发展之后，其销售额也一直上涨不断。雷军曾经为小米打了一个非常形象的比方：小米是一家中式餐馆，来消费的客户大都是回头客，每个客户都了解小米的菜单，而且小米也能叫得出每一个客户的名字，了解他们的口味。这是麦当劳、肯德基等餐厅不可能做到的。

那么到底互联网逻辑包括什么呢？这些逻辑真的能够让雷军与董明珠敢下10亿元赌注的豪赌吗？

本书就互联网逻辑展开了详细的介绍，为读者呈现出当下互联网的十一大重要思维逻辑：用户逻辑、尖叫逻辑、跨界逻辑、简洁逻辑、平台逻辑、奇葩逻辑、免费逻辑、口碑逻辑、符号逻辑、极速逻辑、病毒逻辑。通过对这些互联网思维逻辑的分析，可以让传统企业意识到想要营销长久，获得市场，就必须转战互联网，并且落地实施这些逻辑方法。

在写作方面，本书从传统企业对互联网的偏见以及困惑出发，帮助传统企业进一步了解新型互联网及其逻辑模式。然后，逐一介绍互联网的几大逻辑，通过成功案例总结出落实互联网逻辑的实际方法。

希望本书能够给传统企业转型互联网带去希望、思想指导和方法。同时本书还列举了大量传统企业利用互联网逻辑来成功转型互联网的案例，希望通过这些案例可以让传统企业插上互联网的隐形翅膀，翱翔在未来主流化的市场云端。

最后我们要特别感谢李文勇先生，在本书的出版过程中，李先生给予了我们专业的咨询和支持，正是因为他的不断沟通与联系，才让本书得以顺利出版。

胡炬　胡珺喆

目录

第8章 免费逻辑：用“免费”将用户领上道

第9章 口碑逻辑：每一个客户都是你的自媒体

第10章 符号逻辑：给企业贴上一个尽人皆知的标签

第11章 极速逻辑：快是一种手段

第1章
起底：传统企业的困境与互联网的优势

随着互联网以及移动互联网的飞速发展，很多传统企业有些招架不住。他们眼看着互联网企业夺走了他们的客户，瓜分了他们的市场，于是心有不甘，也想要进军互联网。但是，有些企业身未动，心却惧怕起来；有些是因为对互联网存在很多偏见；有些是对互联网产生困惑……

也许传统企业还没有真正看到互联网的特点和优势，本章就为传统企业解开这一系列的疑惑，帮助传统企业清楚地意识到互联网的优势，从而也有利于传统企业及时抓住互联网的翅膀，拓展业务。

1. 互联网的四大“偏见”，你有几个？

为什么有的传统企业不能彻底地转型成功？其实不在于这些企业顽冥不化，而在于传统企业没有真正意识到自己对互联网的偏见。没错，在汹涌的互联网浪潮下，互联网企业正在高歌猛进，很多传统企业却在一边发出了疾呼。而有些人则称这些疾呼是传统企业的困惑。

为什么很多传统企业“触网”失败？又是为什么很多传统企业不敢接触互联网？其中一定隐含着传统企业对互联网的一些偏见。这些“偏见”的存在到底对转型有着怎样的危害？而正在互联网边缘徘徊的你又有几个“偏见”呢？

在说起这些偏见之前，我们先来看一个在对接互联网之后仅一年便倒闭的企业。而也正是这个事件，使很多传统企业对互联网的偏见更深了一层。

提起大货栈，可能很多人年轻人并不陌生。因为它似乎与一号店关联很大。没错，这个曾经与一号店并称为“网上超市双雄”的企业在2011年下半年宣布倒闭。

一些人对此很纳闷：为什么一个做得很不错的新型电商企业会在这么短的时间内就停业了呢？先来了解一下大货栈。大货栈是结合了传统和互联网，整合线下线上网络资源，给用户提供最佳的生活购物平台的企业。在2010年，大货栈正式上线时，还曾经宣布要做成全球500强企业。然而，仅一年时间，大货栈却已经“躺”下了。

有专家认为，传统企业和互联网看待电商的角度不同：互联网电商企业更注重的是企业的规模和快速；而传统企业注重的则是利润和营销战略。当然，在这一点上，大货栈站在了互联网电商这一方。所以大货栈在做电商时，货品虽然很多，价格也优惠，但是物流成本居高不下，供应链接有些难度。而大货栈又委托第三方来做物流。这样一来，其成本就会很高，而服务却没有了保障，用户再次购买的概率就很低。在最后，大货栈试图用融资的方式来解决问题，但是冰冻三尺非一日之寒，最终大货栈仍然没能扛过去。

大货栈的网站已经下线

这是一个很典型的传统企业在互联网触礁失败的案例。所以很多传统企业更是对互联网产生了一些挥之不去的芥蒂。在现实中，也有很多类似大货栈这样的企业，甚至是更传统的企业因为“触网”而“身亡”。因此传统企业都多多少少对互联网产生了一些偏见。这些偏见一直阻碍着他们去接触互联网，甚至不敢与互联网沾边。

但是，就目前互联网的大形势来看，如果企业不碰触互联网、转型，那么也很快会被淘汰。所以，传统企业感到进退两难，不知道该怎么办。当然，想要“病”好，得先除根，先要了解一下这几大偏见，才能得出化解偏见的妙招。

偏见一：做互联网是“烧钱”，看不到利润

很多传统企业与电商的区别就在于，纯粹电商企业想的是如何来扩大规模，走出品牌之路，赢得线上口碑，而传统企业却认为营销渠道和利润才是最主要的。所以传统企业往往在“触网”之后，看不到快速的利润。甚至企业还会因为大量烧钱搞互联网电商但因为看不到利润而让自己的发展计划搁浅甚至失败。

比如某传统运动品牌为了迎合互联网，在2008年不惜投入上百万元打造了一个立体网上商城。然而，由于当时网购热潮还没有形成，一年之后，此电子商城只卖出几千块钱的运动产品。这对企业来说亏损十分巨大，于是该企业放弃了互联网电商，从此对互联网产生了这种偏见，认为看不到实实在在的利润。

其实，很多传统企业也都有这样的偏见，那么该如何应对和化解这个偏见呢？这需要根据企业特点，整合网络资源，积极宣传，突出卖点。例如，某服饰品牌公司在互联网上也开设了网店，但是却没有大力“烧钱”，而是平均利用各种资源，有的放矢，根据企业品牌特点，推出有亮点的销售，从而在网络方面取得了可观效果。

偏见二：认为只能够推动线上交易，不能拉动线下交易

很多传统企业人认为，在互联网做营销，其目的就是要拉动线上的交易，达成网络销售新渠道，但是对线下的交易推动力不大。其实这不但是一种偏见，更是一种误区。互联网营销对传统企业来说，不只是线上的单一操作，必须要结合线下的促销来带动双向发展。

因此对这种偏见的解决之法无外乎两点：一是要抛弃这种偏见；二是要将产品尽量分开，同一品牌系列做不同产品进行线上和线下双向整合销售。

比如爱慕内衣在网络营销方面专门提供心爱等子品牌，同时也大力推广线下的打折促销优惠。这种双向的影响力其力量非常大，带动了双向客户热购。

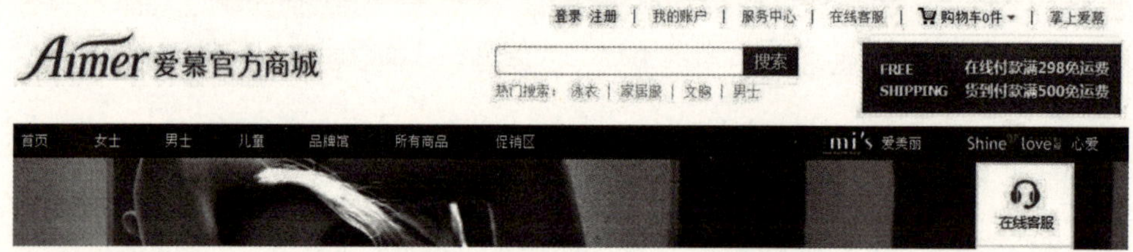

爱慕内衣官方商城网站设有心爱等子品牌

偏见三：不能长久，诚信度有待提升，如同“电视购物”

更有一些传统企业认为做互联网营销，犹如“电视购物”，很容易给消费者造成不诚信的印象，所以这部分人也就很担心互联网不能长久，犹如一阵风，吹过就没有了。

事实上，这个偏见已经存在很久了，但是从目前互联网发展的速度和规模来

看，这已不算大问题。

虽然目前互联网电商的及格率不是很高，而且互联网满意程度从整体上看也不完美，但是无论从哪方面来讲，互联网的发展也将是未来营销的主流模式。而且像阿里巴巴、淘宝、京东商城等这些老牌电商企业都已经长时间涉足互联网，并且越做越大、越做越知名。所以，企业自身若能保证给用户提供优质的服务和良好的用户体验，才可以长久维持下去。

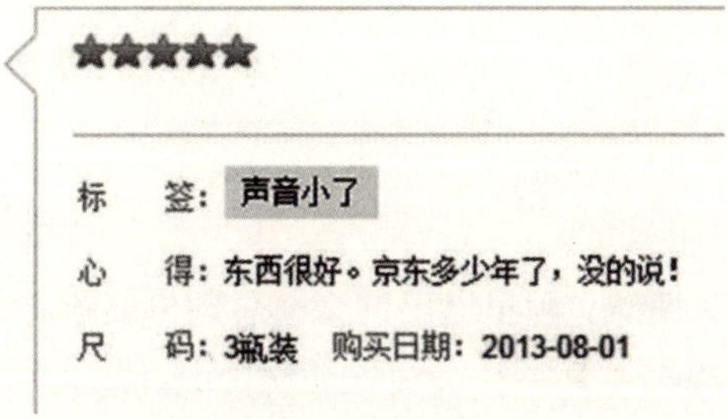

标　签：声音小了

心　得：东西很好。京东多少年了，没的说！

尺　码：3瓶装　购买日期：2013-08-01

老用户在商品评论中对京东好评

偏见四：跻身互联网的企业太过鱼龙混杂，不易“出头”

传统企业，尤其是一些中小型企业之所以不愿意涉足互联网，还有一个偏见：认为现在跻身互联网的企业太多，自己不易“出头”，做不成“京东”。

其实这个偏见或多或少会打击传统企业涉足互联网的自信心。但是，传统企业只要对自己的产品在质量、服务、体验上有保障，而且能突出产品特点性能，就可以走出一条不同寻常的道路。此外，企业若能在线上和线下进行有力的宣传，那么传统企业在互联网上的“出头”机会就会很大，形成的口碑效应也就非常可观。

互联网逻辑新语：

贵人鸟电商负责人曾指出：“对传统企业来说，想要融入互联网，首先就要革命自己的思想。”传统企业如果总是沉浸在对互联网的这些“偏见”之中，对自己在互联网营销方面的行动谨慎迟缓，那么就算有再多的化解妙招也于事无补。

2. 传统企业的困惑：消费者都去哪儿了？

2013年“双十一”期间，阿里巴巴的交易总额再创新高，达到了350亿元。很多人因此对马云无比崇敬，甚至认为阿里的辉煌时代真正到来了。可是马云对此观点却很不同。他对着350亿元的新高数字这样表述：“数字不是我所关心的，我最关心的是数字背后的东西——市场的力量。”

其实马云所说的这个市场力量就是互联网的力量。没错，无论马云的阿里巴巴，还是刘强东的京东商城，抑或是李国庆的当当网，在“双十一”或者任何一个节假日的促销时期，销售额都是最厉害的几大巨头，其利润来源无不在于互联网。这也给很多传统企业一个巨大的疑问：马云真的有那么厉害吗？其实，创造这个奇迹的不是马云，也不是刘强东，而是互联网市场。

也许当传统企业还在惆怅消费者都去哪儿了的时候，马云的阿里巴巴已经在狂赚350亿了。消费者其实没有走远，只是他们更喜欢宅在家里，等待别人来送货。

说起传统企业在市场营销中的陈旧营销，我们不得不提起的一个知名企业就是柯达。柯达相机几乎是每一个人心目中对相机的一个美好回忆。然而这个百年产业却在2012年宣布破产。

很多人当时无法想象柯达这么著名的企业也会破产。其实有专家分析认为，柯达的破产来源于两个方面：一是在产品方面，不够创新，对自我品牌太过自大骄傲，结果被新一代数码相机所代替；而另一个则在于柯达市场营销方面墨守成规，没有及时走互联网这条路线，从而让消费者抛弃了自己。

对于第一点原因可能很多人都会认可，柯达要是能够早一点嗅到数码产品的味道，就不会落得如此地步。然而柯达破产的第二大原因却才是真正值得传统企业思考的。早在1999年掌管柯达的乔治·费舍尔曾经带领团队研发出几款数码相机。甚至还可以让消费者在网络上分享照片。然而费舍尔却没有看到互联网的大潮正在扑面而来，反而打消了在互联网营销的想法。

柯达相机已经成为永远的回忆

而在几年之后，日本的很多数码品牌迅速崛起，并且迅速占领了互联网市场。甚至后期费舍尔多次发出困惑：消费者都去哪儿了？然而，当柯达真正意识到产品更新不及时和营销路线不对时，已经太晚了。偌大的柯达在一夜之间被互联网和数码大军所淹没。

柯达的经历似乎与很多传统企业的现状和困惑很相像。比如某建材公司，作为老牌传统企业凭借着技术质量的优势，赢得了很多客户的支持。然而，随着互联网等迅速发展，建材市场、公司在网络上已经颇具规模，甚至分类齐全。更有些建材企业在网络上还开辟了自助购物的方式，吸引了很多新老客户的喜爱。所以这些还依旧保留传统营销模式的建材企业就不得不发出“消费者都去哪儿了”的感慨。

不得不说，在互联网越来越完美的大趋势下，如果传统企业还在坚持自己原有的营销模式，那么消费者可能真的就不再光顾，柯达的下场也许就会落在你的头上。面对这些难题，传统企业该如何消灭困惑，挽回消费者呢?

第一，意识到产品更新是否及时，市场营销要扩散，不拘于一线

传统企业之所以会遭遇柯达的破产境地，大多数是因为这些企业还没有意识到自己的产品已经过时，市场营销模式太过单一。北京悦澜湾餐厅曾经只是专注一些云南菜品，一开始很多消费者奔着地道的菜品慕名而来。但是经过一段时间之

后，消费者光临的次数越来越少，生意也逐渐惨淡下来。后来，负责人才发现，很多消费者因为他们家的价格有些高，而且菜品并无太大特色，而纷纷离去。

后来，为了挽回消费者，悦澜湾在消费方面加入了新点子，走起了团购路线，而且在菜品方面也勇于创新，给用户呈现出了一些不同的美味。特别是加入团购以来，用户可以更优惠地享受到美食，消费者很快又重新回到了悦澜湾，甚至因为菜品突出特色，敢于创新，而又增多了一部分新消费者。

传统企业务必要在市场营销和产品更新换代方面投入些力气，以便更好地挽回消费者，开辟一条新的发展路径。

第二，多考察优秀同行是如何留住消费者的

传统企业如果想要让客户对你青睐有加，那么不能故步自封，还需要走出去，多看看优秀同行企业是如何做到的，学习他们的长处，弥补自己的短处。尤其是在互联网方面，企业可以在网络上多看一些经典成功企业的案例，然后结合自己的特点进行相应的整合资源，让企业的营销可以得到最大化。我们可以看一下国美、苏宁在开辟电商之前也曾经一度萎靡，频频发出“消费者都去哪儿了”的困惑，但是在考察了京东商城关于电器的营销路径之后，国美、苏宁老牌电器企业也纷纷涉足互联网，也都取得了非凡成就。

互联网逻辑新语：

互联网逻辑的一大特点就是：快。如果传统企业在市场营销、产品更新换代等各方面都提不起速度，那么消费者也就不会感受到购物消费的“刺激”，进而他们会转移视线。这样的话，留给传统企业的就只有困惑了。所以传统企业必须要“快”起来，让企业迅速加入互联网大军。

3. 互联网的低成本，你被诱惑没有？

为什么电商网站越来越多？为什么企业营业网点越来越难做？为什么传统企业都想要“触网”？相信这些问题都源自互联网。换句话说，互联网为用户提供了一个十分具有诱惑力的平台，这个平台的最大特点——低成本。

没错，低成本是互联网的一大优势，也是绝对能够吸引和诱惑企业的一个特色。中国著名经济学家马光远一次在接受媒体采访时说：“做互联网企业的一大优势就是低成本，无论是传统企业转型，还是电商企业、互联网企业交易成本，都十分低。”

所以马云、马化腾、史玉柱、雷军等这些人都在互联网方面打起了“主意”，而且都走上了康庄大道。马云的阿里巴巴最初接触互联网的一大根本原因也在于其成本低。做电子商务网站，对当时本是英语教师的马云来说，完全是外行。但就是这样一个外行却把电子商务做得如此成功，源于他能够客观地分析出互联网的这种低成本优势。所以他大胆进军互联网，取得了先锋位置。

京东创始人刘强东，在选择做京东商城时，也是出于对互联网低成本的诱惑而加入。试想一下，如果京东商城没有在网络上开展，而是实行实体店方式，那么刘强东需要额外支付一大笔惊人费用：各个营业网点店面租金、税收、人工费用、损耗费等。对刘强东来说，这将是一个天文数字。而如今，刘强东可以用这些费用做更多的网络销售，从而让自己的利润更上一层楼。

凡客诚品的陈年、创办小米的雷军、聚美优品的陈欧……这些互联网电子商务企业的开创者，在最开始都或多或少基于互联网成本低的诱惑而去。当然，这种低成本的诱惑如今也一直存在，继续激励着传统企业向互联网转型。

喜欢玩微信、微博的人可能对阿狸并不陌生。阿狸是一个卡通形象，在微信、QQ上有它千奇百怪的表情，在线下，则有实体的直营店，专卖阿狸的毛绒玩具、公仔、绘本及周边产品等。

阿狸的母公司北京梦之城文化有限公司成立于2009年，当时的资金不足百万元，算是同行中的一家小公司。然而正是这家“小公司”在2012年，获得了千万元级别的融资。

扎克伯格曾说过：“现在的成功都离不开过去的尝试。”阿狸在一开始就在网络上进行创业。徐瀚和于仁国这两个阿狸的创始人一开始也曾想过建立一个大型的直销店面，或者成立一个独特的实体文化公司。但是由于北京各方面的费用都很高，而且两人的启动资金有限，所以他们打消了这个念头，而是将目光转向了互联网。因为于仁国认为互联网的成本很低，而且如果企业走上正轨之后，进行交易的成本也会很低。

于是阿狸在网络上开始了创业之旅。阿狸的目标定位是16到30岁的人，而且大都以女性白领为主，其地域也很快覆盖到了一线、二线等大城市。更为重要的是在徐瀚的设计构思下，阿狸是一只会讲故事的小狐狸。于是负责阿狸营销的于仁国决定出版阿狸的绘本。阿狸的绘本一经出版就成为白领女性的心灵鸡汤。于仁国又利用当当网和卓越网这两个网络平台来营销。由于成本较低，宣传方便，阿狸绘本的销量很高，甚至达到了100万册，成为当当网的绘本销量冠军。

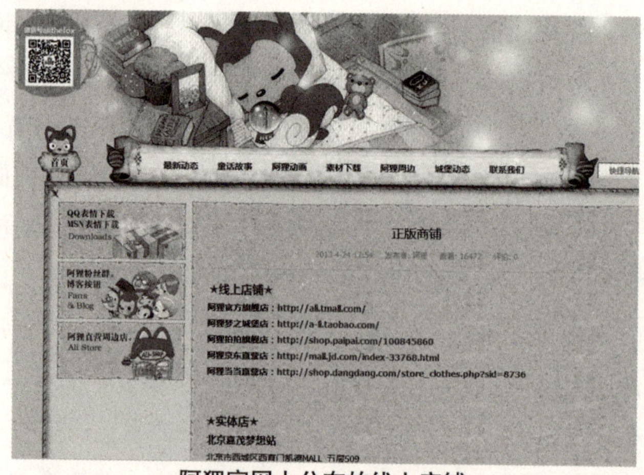

阿狸官网上公布的线上店铺

于仁国继续利用互联网的交易低成本特点来营销，开始做周边产品以及授权营销。周边产品是在网上开始卖一些关于阿狸的杯子、公仔等。而授权营销则与凡客、麦考林、百度、新浪、天猫等互联企业合作。

通过互联网的这种多渠道营销方式，阿狸不但获得了人们的认可，而且还因此创造了大量财富。而说起成功，徐瀚和于仁国最感谢的则是互联网，如果没有互联网的低成本，也许梦之城如今还在为租金和生计而发愁。

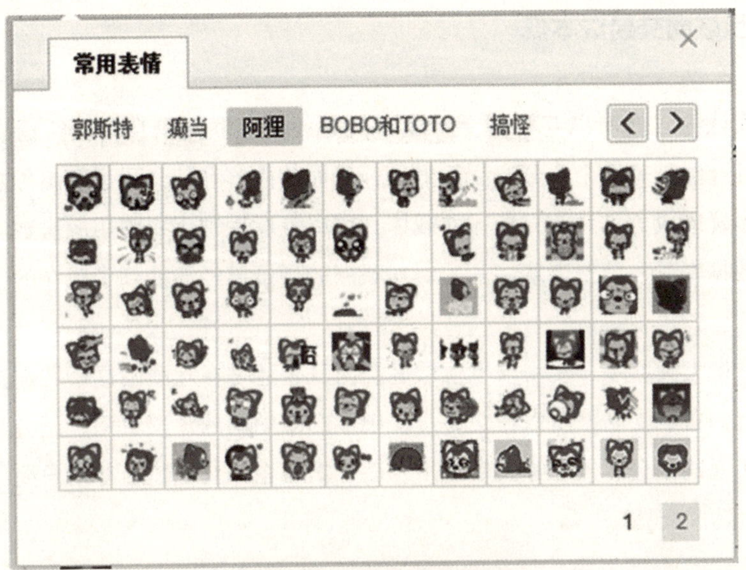

新浪微博中阿狸的表情选择

阿狸天猫旗舰店售卖的阿狸周边产品

互联网的低成本优势的确成就了很多企业，包括一开始在互联网上创业的企业，也包括传统企业向互联网转型的案例。总之，如果你现在的企业还在为实体店营业点的租金等费用发愁，那么何不走入几近免费的互联网呢？

事实证明，互联网的这种低成本营销已经诱惑了所有的知名企业，当然也可能下一个被诱惑的就是你。如果你不相信，那么请继续往下看。

第一，互联网交易成本低

专家认为，之所以互联网交易成本低是因为互联网信息传播广泛、信息量大。而且互联网是一个十分宽泛的世界，里面的内容和信息远远超出你想象。互联网毫无疑问成为各种信息传播的载体。所以互联网被用户使用的次数就频繁，从有关数据来看，消费者从一开始对互联网的怀疑已经演变到了现在的信赖“无网不欢”。

用户量大大增多，其需求也就增多。而且企业是在互联网这个“虚拟”的世界中进行销售、交易，所以在交易过程中不产生中间的烦琐费用，还会为企业省去实体店面的租金、人工等大量费用，而只需要企业在键盘上与用户简单的沟通一下即可达成交易。

而这一点也被很多传统企业拿来运用。比如招商银行，逐渐开通了网上银行、手机银行，用户可以通过互联网、手机办理微贷款、缴费、还款、转账等业务。这对用户来说是非常便捷的服务，对企业来说则是低成本的交易方式。银行可以向营业网点派遣较少的专业人员进行工作。

所以传统企业也可以向招商银行学习，利用互联网的这种交易低成本来转型，为自己的企业插上有力翅膀。

第二，互联网营销、宣传广告费用低

企业想要获得订单、交易，首先就需要营销、宣传，也就是做广告。过去企业需要利用各种媒介来宣传，比如电视广告、杂志报纸广告、传单广告等。但是这些传统媒介成本太高，而且不容易更改，播出时间也有限，效果未必明显。

而利用互联网做宣传成本就会很低，不但广告价格优惠合理，而且还比较有针对性，可以根据企业的产品特点和用户需求而及时更改宣传内容，其灵活性也大大提高。最重要的是能在很大程度上为企业节省宣传费用。因此，互联网是传统企业颠覆自我和重生的必备工具。下图为蘑菇街利用其官方微博发布带有产品链接的微博。

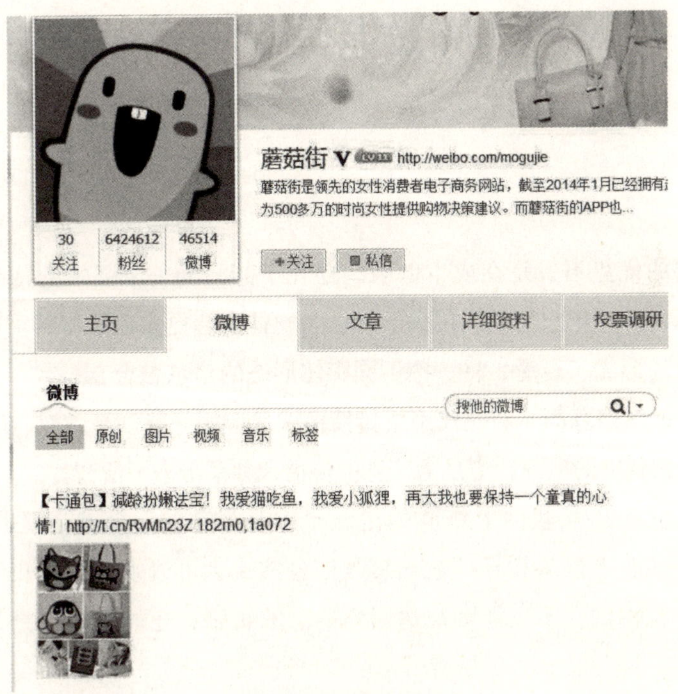

蘑菇街利用微博做推广

> **互联网逻辑新语：**
>
> 虽然互联网在各方面成本都很低，可以为企业提供便利，但是企业在利用互联网转型或者交易时，一定要讲求诚信。不可借助互联网的低成本进行欺骗客户等行为，否则不但违反法律，还可能会因此陷入绝境。

4. 你有我也有，互联网信息实现绝对共享

互联网的优势不只是在成本低廉，还在于其另外一个强大的特点：信息共享。如果说在2000年左右新闻传播学界认为媒体融合更多地是指网络信息技术正在改变信息的形成、传播，将一些不同媒体形态的信息融合在一起，那么今天我们所看到的网络信息则是新一代网络传播模式的应用。特别是微博、LINE、微信等一系列通信软件的出现，更是为信息的传播和共享带来了便利。

今天，我们在互联网上获取的信息不但是最新的，而且也是最多的。另外，信息的接收者也从往日的被动接收信息演变为可以主动创作和传播信息。这个变化非常深刻，不仅能够推送网络信息的扩张，还能进一步更大范围地实现网络共享。

当然这种信息共享的特点也为企业带来了不少便利。比如企业可以充分利用互联网来宣传企业品牌和文化。将这种信息快速传播出去。这也为企业提供了一个无形但成效看得见的营销渠道。所以从这方面来讲，互联网信息共享是传统企业转型的一大关键。

如果你的企业信息够劲爆，那么借助一些知名网站、社交软件来发布信息，很可能在一夜之间你的企业就会成为网络红人，万人皆知。

例如在高人气的新浪微博中，如果发一条非常有震撼力且引发人们兴趣的微博，那么这条信息被转发的次数也就会增多，点击、评论越频繁，你的微博就越能上头条，成为热门微博。成为热门微博之后，你的微博点击、访问、关注量就迅速飞升。

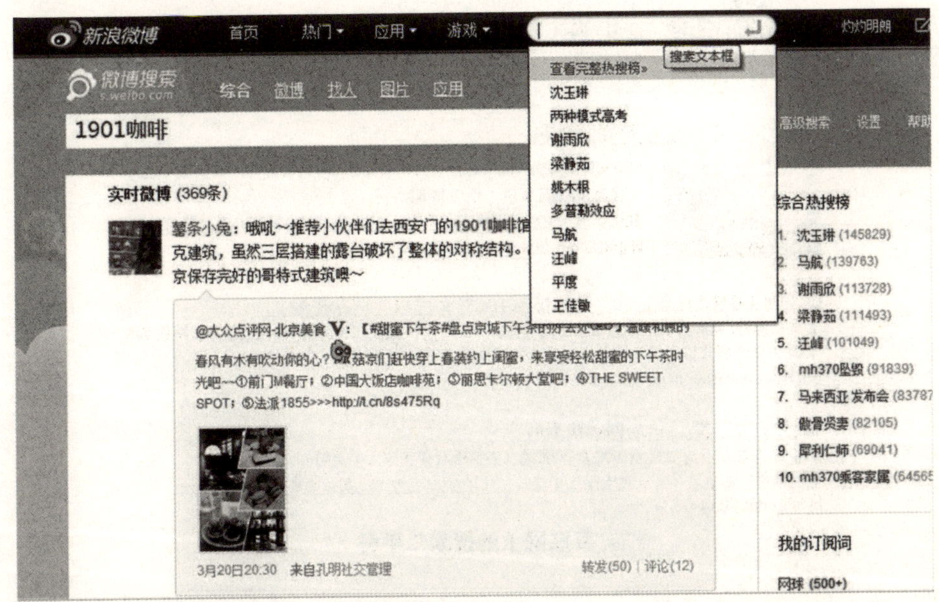

新浪微博中的热门微博搜索

另外，企业还可以根据网络及时更新的资源信息来掌握市场动态。传统企业如果想要转型，可以在网络中考察市场变化、同类产品销量变化等，从而能够免费获得大量有用信息，为自己的企业做好进一步转型准备。

而那些以互联网为平台和基础创业的企业，也可以在互联网上调查创业情况，学习先进成功企业的做法，为自己积累经验；还能帮助企业及时抓住营销热点进行“导火线”般的销售，开创好的销售渠道。

2000年左右，一位从事过房产行业的企业家想要在北京投资创办一家房产中介公司。虽然他很了解房地产行业，比如什么样的房子最让客户喜欢，什么样的客户最难缠，如何为用户办理过户手续等，但是在价格方面，他却很难把握。于是他只能询问同行，从当前房地产市场中获取信息。如今，这家企业做的颇有名气，成为了行业内的佼佼者。

到了现在，如果你想要寻求房地产方面的信息，尤其是价格信息，那么完全不必那么麻烦，只需要在网上搜索一下，二手房、一手房等价格信息、最新动态都可以呈现出来。这些资源在十年前可能很宝贵，但是如今却成为了共享资源，你可以在任何时候都能使用互联网搜索到最新的信息。

Bai度百度 新闻 网页 贴吧 知道 音乐 图片 视频 地图 文库 更多»

二手房

2014二手房信息,尽在赶集网~

100%真实房源,100%超低价二手房信息,3秒均价查询二手房.真实二手房信息,请上赶集网二手房频道!

首付找房 - 免税房 - 放心二手房 - 地铁二手房 - 3秒查海量二手房

bj.ganji.com 2014-06 V3 - 推广

2014-6月8万套北京二手房链家100%真房源「链家在线」

真实在售8万套北京二手房,真实户型,真实图片,真实面积,真实报价!真房源,尽在链家!..链家率先承诺,官网全部北京二手房房源信息均真实有效,百万保证金承诺,欢迎各界监督!

beijing.homelink.com.cn 2014-06 V3 - 推广

二手房出售,二手房网-<我爱我家>

二手房,海量二手房信息,房源真实存在.选二手房选我爱我家二手房网!

买二手房注意事项 人民大学二手房 七克拉二手房 奥体中心二手房

bj.5i5j.com 2014-06 V3 - 推广

互联网上的搜索二手房

那么如何才能充分利用好这个互联网的信息共享优势呢？无论你是正处在困惑中的电商企业，还是即将步入互联网的传统企业，都不能浪费这种网络资源共享。尤其是在互联网营销方面，如果你能主动创造引导信息分享，那么你的品牌也将被众人所知，很快出名。

第一，及时查看网络信息资料，特别是浏览一些专业网站

企业想要充分利用和把握住互联网的信息共享优势，就必须要深入“网海”。至少对本行业的内容要及时关注。比如可以每天浏览一下专业网站内容信息。众所周知，网络资源更新很快，也许上午的信息，在下午就可能没有用。所以企业务必要对一些专业网站进行“盯住”。

如果你是服装企业，那么就要及时浏览一下海报时尚网、中国服饰网、淘宝以及国外的一些时尚网站、视频、影视剧等。上面有很多关于时尚资讯和大牌发布会的最新消息。很多企业都会根据这些最流行的元素来设计抢手的款式，从而引爆网络热销。

再比如你是出版行业，那么就应该及时关注当当网、亚马逊网、新华书店网，及时查看畅销书、销量，才容易发现时下热点做出畅销书。

在海报时尚网可以搜索最新时装周图片

韩剧《来自星星的你》引发的网上同款产品热卖

第二，发布个性有噱头的信息，将企业推出去

既然互联网有信息共享的绝对优势，那么企业就完全可以借助这一点来主动创造信息，发布信息，将自己推出去。当然，网络如同大海，如果你随便发个信息，可能很快就会石沉大海，无处可寻，更不可能有人发现、注意你。这就要求企业在创造信息时要发布一些个性、有噱头的内容，这样才有机会让网民看到你，才能将产品推广出去。

比如湖南卫视推出的《爸爸去哪儿》综艺节目自从开播以来受到了一致好评和热烈追捧。然而节目结束之后，大家的热情也一点一点退去，为了吸引大家眼球，节目组在微博中发了一条关于播出《爸爸去哪儿》删减片段的信息。这条微博一经发出，就成为了微博头条热门搜索，再次刮起《爸爸去哪儿》的旋风。

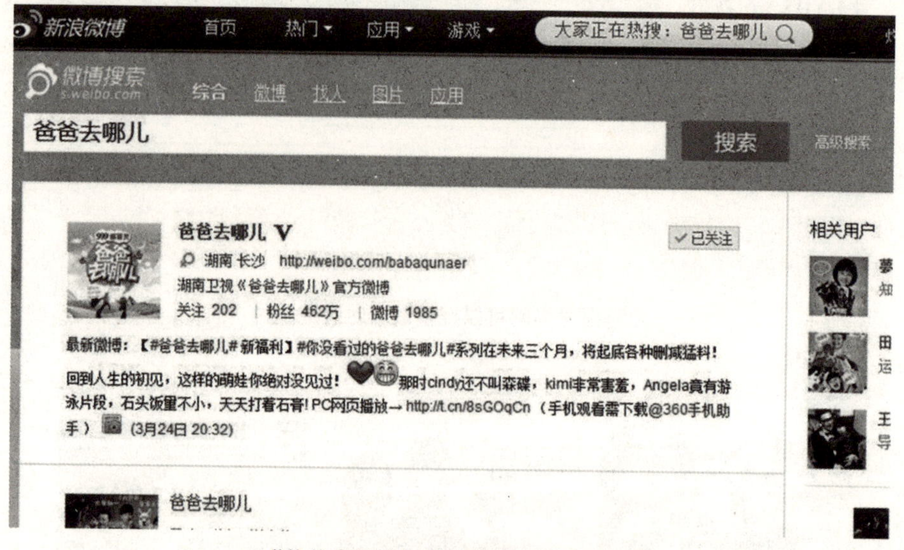

"爸爸去哪儿"成为新浪微博热搜词

互联网逻辑新语：

互联网的信息可以实现绝对共享，你有我也有，几乎不存在信息封闭，这不但为企业提供了有利的营销信息，更为企业传播产品带来了便利。然而企业必须要注意筛选有用的正确信息，而不要被一些杂乱信息蒙蔽双眼。

5. 不管你在哪儿，客户都能找到你

互联网还有一大优势就是能够让客户快速找到你。无论你在哪里，用户只要通过互联网就能快速寻找到你。这看上去有些神奇和不可思议，但是在互联网的世界中，没有什么是不可以的。这也正是互联网吸引人的地方。

其实让客户找到企业的方法有很多，但是在互联网上，最重要的就是企业要做好广告和关系。广告宣传是让客户找到你的前提，而关系则是企业拉拢客户的基础。因此，企业必须要结合自身特点来做好网络宣传和广告，才能让客户迅速找到你。

御泥坊是一个非常知名的化妆品品牌。一提起御泥坊，可能大多数人都会想到网购，想到淘宝、天猫、唯品会上的御泥坊销售。但很少有人知道御泥坊其实是从一个传统企业转型到互联网的。

御泥坊转战互联网之后，便如同异军突起一样，迅速风靡全网，甚至很多明星也爱上了御泥坊护肤品。而今，只要我们一提起面膜、护肤品都会想到御泥坊。那么御泥坊是如何做到的呢?

与其他化妆品不同，御泥坊并没有直接在电视等媒介中做广告宣传，而是直接进入时尚年轻一族的网络之中。在各大网站都进行了相关的宣传。凡是上过网、看过御泥坊网络广告的年轻人都会被御泥坊的广告感染和吸引，而且用户还能在短时间内了解到御泥坊的知识。御泥坊到底是采用了什么样的营销方法呢?

首先，御泥坊的广告和宣传主要侧重年轻人经常访问的网站上。比如微博、天涯、淘宝、慧聪网等。这样就能够让用户在第一时间内找到企业。其次，御泥坊还

使用了搜索引擎优化和排名。这也是互联网营销中最重要的营销方式之一。御泥坊在百度和谷歌等搜索引擎的排名十分理想，甚至一度蹿升到了前十。最后是利用即时通信软件进行互联网营销。随着智能手机的发展和移动互联网的快速升温，御泥坊通过微信、QQ、电子邮件等平台与用户构建了一个交流平台，深度挖掘客户需求，让客户对御泥坊形成品牌印象，从而在使用和寻找时能快速想到御泥坊。

御泥坊在新浪的官方微博

当然，在聚美、唯品会等正品折扣网站中也能看到御泥坊的影子。甚至在淘宝、天猫、当当网，御泥坊还建立了自己的旗舰店来销售产品。这样用户在寻找御泥坊的时候，就很方便简单，而这也为御泥坊的优秀销售埋下了重要伏笔。

御泥坊作为一个新型互联网化妆品企业能够异军突起，正是源于御泥坊能够充分抓住互联网传播速度快的优势而进行的一系列网络营销。

有了这些铺垫之后，御泥坊在网络店铺上的销售很快吸引了年轻人的眼球。甚至御泥坊还有了自己独立的一批忠实粉丝和用户群。另外，御泥坊会定期推出一系列的网店折扣促销活动，比如在唯品会，御泥坊就经常推出折扣消息，更是吸引了人们的注意。

御泥坊天猫旗舰店中销售的产品

从御泥坊的这种互联网营销来看，网络营销离不开强大的执行力，只是想要“吆喝两嗓子”是不可能实现好的销量的。所以企业必须要拿出切实的行动，将互联网的快速传播优势发挥到极致，才能真正让客户随时随地找到你。

第一，每天都要及时在网络中更新消息，发布产品

互联网营销的优势是很快速，传播力强，但如果企业不及时更新消息，不与客户保持一种细水长流的沟通，那么客户很快就会遗忘你，在寻找同类产品时，将你排除在外。所以企业必须要让用户对你每天都有一个好印象。

这就要求企业每天都要在网络中及时更新产品信息。比如企业可以每天在网站中发送一篇关于产品介绍、更新的文章。突出产品的特色和不同，让用户对你的产品有一个持久印象。

另外，企业还必须要抓住移动互联网的高科技通信手段，向用户推送消息。比如可以在微信公众号上每天向用户推送一条企业信息，及时和用户“打招呼”，让用户把你当成一个老朋友。当然，不只是微信，还可以是QQ、LINE、来往等这些通信软件。这样的做法，会让用户对你“想忘都忘不了”。

例如，优衣库在每天都会在新潮通信软件LINE中向用户更新产品消息，推送一些有意思的文章，带动用户购买，加深用户印象。杜蕾斯也在微信公众号中每

天向用户发送一些好玩有趣的信息，每天都不忘与客户“谈情说爱”。有些客户还会在微信上主动找到杜蕾斯进行产品咨询。

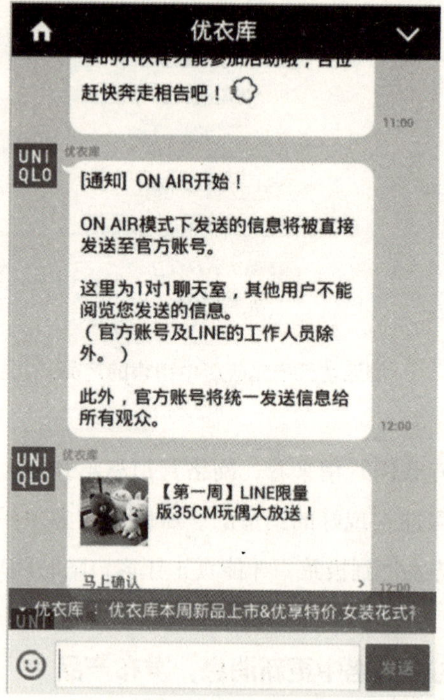

优衣库在LINE中更新消息

第二，多发促销优惠信息，能让客户随时找到你

很多互联网企业在营销过程中，为了能让客户迅速找到，就时刻给用户发送一些促销打折信息。甚至大家一提起某品牌，立刻就会想到折扣。比如马云阿里巴巴旗下的一淘网和聚划算就是十分典型的例子。

一淘和聚划算是淘宝网推出的全新服务体验，为用户征集更多丰富的物美价廉的商品。甚至在一淘网中，用户可以用6元、9元来购买到实惠的商品。很多年轻时尚一族聚在一起讨论购物时，只要一提起优惠折扣，他们大都会异口同声地说到“一淘”或者“聚划算”。

因此，凭借着优惠打折也能让客户迅速找到企业，完成互联网营销的良好口碑。相信这种做法也给传统企业欲转型互联网带来很大希望。

聚划算上的促销优惠

第三，将产品尽可能多地在互联网上曝光

很多企业认为，想要让客户在互联网上快速找到自己，只需要把关键词放到互联网中，增强搜索引擎排名即可。然而就现在互联网如此发达的现状来说，只是做到网站排名并不是关键。因为排名现在很容易变化，排名不稳定，就不能帮助客户找到企业，更不可能让企业获得持续订单。

所以企业想要利用互联网的快速传播优势，就需要重视和树立自己的品牌，将产品尽可能多地曝光在网上，这样用户看得多了，自然就会留意到你，甚至还会形成一种挥之不去的“印象”。具体的操作方法，比如企业可以注册一些论坛、网站账号，然后将签名改为自己的企业名称、网站，对此发表一些热门内容，争取赚到高人气的关注。这将有助于用户快速找到你。

互联网逻辑新语：

在互联网中发宣传广告、推送消息时，企业必须要明白一点：取一个好标题，吸引用户关注。因为一个有个性价值的标题是你的宣传成与败的关键。互联网信息传播速度如此之快，一个失败的标题有时候不但不会让客户找到你，很可能还会让企业产生很强的负面影响。

第2章 用户逻辑：没有用户就没有互联网营销

“客户就是上帝”，这句话在传统企业中十分流行，在互联网企业中，依然有效。只是在互联网中，客户不叫“客户”，而是“用户”。小米在互联网用户逻辑的指导下，成为一个极具年轻活力但又不缺亲和力的企业，米聊、微博、社区这些都有助于小米和用户沟通，用雷军的话说：“小米经营的不是产品，而是用户。”马云的淘宝也是如此，一句“亲……”便能感化用户的心……

用户逻辑也是所有互联网逻辑的前提和基础，更是整个互联网企业、传统企业转型互联网的核心。用户快乐，企业才有得赚。本章就着重介绍用户逻辑的特点以及企业如何来实施用户逻辑技巧和方式。

1. 对待用户要像对待女朋友一样

在互联网逻辑概念中，用户逻辑其实是最为中心和关键的一点，可以说用户逻辑是互联网的核心。只有将用户逻辑发挥到极致，才能让其他逻辑也大放光彩。马云曾说：“在互联网中，没什么是不可以的，只要你把用户‘伺候’好。”的确，如今的市场不再是企业、厂商主导，而是消费者。有人曾经这样感叹互联网：“用户的主权时代来临了，用户不只是上帝，还是女朋友，必须要从‘软’。”

没有用户，就没有企业，更谈不上互联网。所以企业对待用户要像对待女朋友一样，不能说要对用户万般宠爱，但至少要做到让用户打心底里满意。

过去在传统企业的经营中，但只要产品质量过硬，服务即使一般客户群依然很大。而如今却完全不同，同类行业越来越多，如果你的服务态度不好、对用户照顾不周，那么用户说翻脸就翻脸。所以有些传统企业在经营过程中十分重视用户，比如海底捞，在实体店中海底捞对用户如同上帝更是百里挑一地好。甚至客户一个眼神，服务人员就能读懂他的需求，及时为客户提供服务。然而，这个营销火爆的火锅店也在网络上走起了网络订餐、送餐的时尚路线。不要以为在互联网上的海底捞看不到客户，就对客户爱答不理。其实不然，虽然看不到预订客户的人，但是海底捞却对待这些未谋面的客户真的如同女朋友，体贴呵护，关怀备至。

进入海底捞的官方网站，我们首先就能看到海底捞为我们呈现出的高清火锅大图，诱人的美食、和谐的画面，无不让用户感受到垂涎欲滴。而在首页中，用户还会看到海底捞网站送上的爱心公告。温暖的活动提示、呵护的推荐菜品都让用户感受到了一种只有贵宾才专享的待遇。

而接下来，我们就要选择预订餐位或者选择网络送餐服务。打开“Hi订餐”然后会看到海底捞为我们送上的各个门店的信息。用户可以根据所需要进入距离自己最近的火锅店。然后进行填写订餐信息。填写内容中包括订餐人的姓名、性别、电话、用餐人数、用餐时间、桌位，甚至海底捞还为用户提供免费车位。当然了，为了表达对用户的体贴，海底捞还特别添加备注，希望用户可以写下自己特殊的要求，比如忌口食物、座位靠窗等。而在订餐页面右边，海底捞还为用户列出了订餐须知的一些细节。

填写完这些内容之后，用户可以进行在线支付，成功预订。海底捞还会为你发送一条体贴短信，提示您用餐时间和座位。

而且海底捞还提供网络支付送餐模式。很多用户在享用过之后都发出感慨：“火锅还可以送餐，非常新鲜，而且一家人在家里吃海底捞更方便！”

海底捞正是用这些细节的设施来感动了每一位用户，让用户倍感体贴的同时，还十分依赖海底捞。据悉，有些客户甚至一周会在网络上订三四次海底捞餐位。由于线上线下对用户的加倍体贴，老客户也越来越多。

同时，海底捞作为一家传统企业在互联网方面将“亲民”模式持续到底的方式，也给很多传统企业，尤其是传统餐饮业带去了转型希望。

海底捞网站首页

海底捞为用户推出订餐店面选择

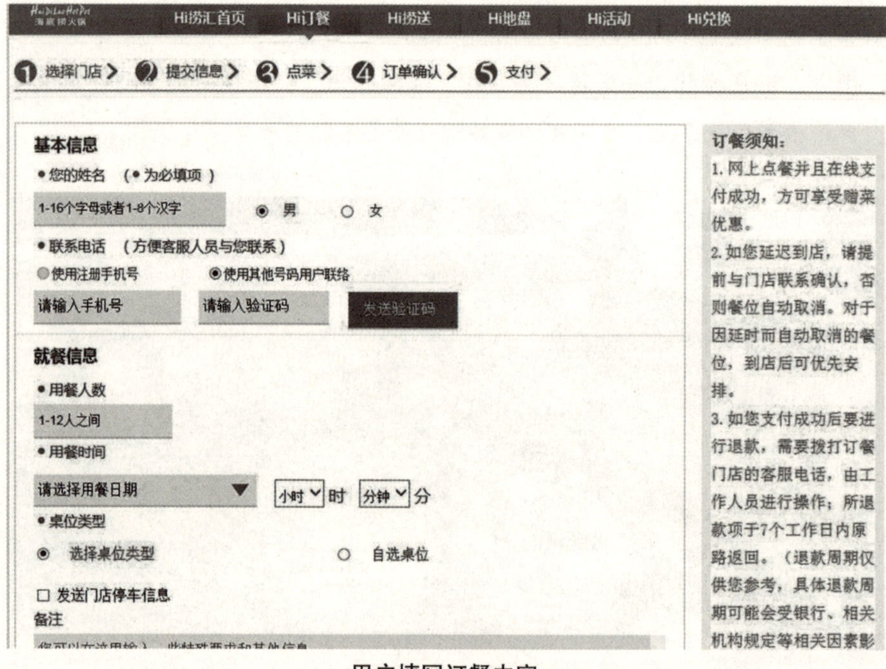

用户填写订餐内容

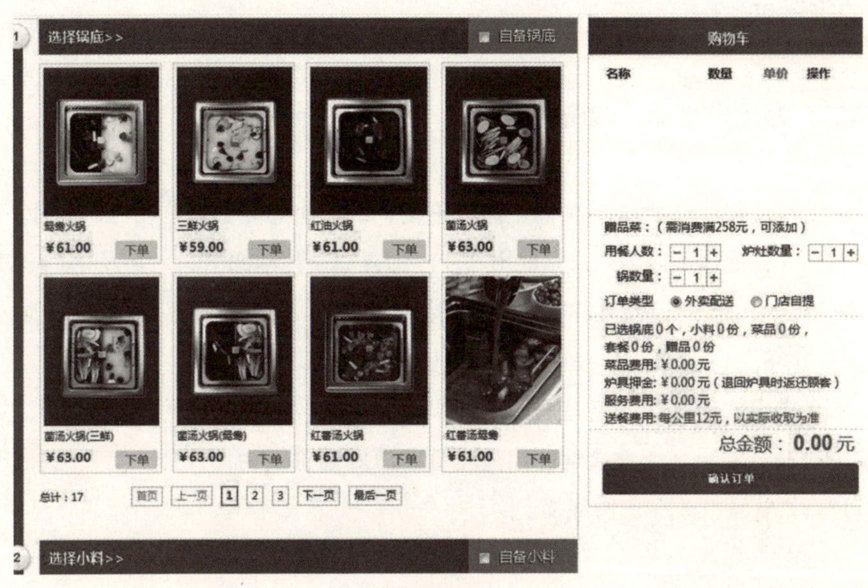

送餐细节

海底捞在互联网上的营销与线下的营销相似，都能让客户感受到尊贵待遇。可以说，海底捞将每一个客户都当成是“女朋友”。温柔、体贴、呵护、浪漫这些都能让客户感受得到。试问，这样的火锅店，有谁不愿意去？

传统企业想要转型成功，就要学习海底捞的做法，对待用户要像对待“女朋友”一样。从海底捞的案例中，我们也总结出了一些具体的实用做法。

做法一：网络营销也需要亲切的称呼，必要时可以“矫情”一下

有些传统企业仍然改不了自己的“老毛病”：认为网络是虚拟的，与客户不曾谋面，因此不知道如何交流，甚至只认为将产品质量做好即可。但是，如今的互联网世界，任何质量好的产品都有，如果你对客户不够“温柔”，他随时都会踹掉你。所以，传统企业必须要“矫情”一下，让客户感受到你的“呵护”。

比如淘宝网，每个在淘宝做店铺的商家，对自己的虚拟客户都会以“亲”称呼。这边一句“亲，这款产品是最新款的……”，那边一句“亲，还有什么需要的吗？”让用户十分受用，而且无形之中还会对你的商品和店铺产生好感，从而

还会下次光顾。

做法二：为用户制造“浪漫惊喜”

虽然在网络中，我看不见你，你看不见我，但是想要让客户留在你这里，依然有技巧。比如你可以为用户制造出“浪漫惊喜”，让她像个“小女人”一样对你产生好感。俗话说：“女人靠哄。”如果要把客户当成“女朋友”就需要给他们制造一些“惊喜”。比如可以在网络上实行购物满即送、抽奖活动、免运费等。

海底捞火锅店会在网络订餐时，如果购买一定数额就会为用户送上意外的惊喜赠品。而且如果在店面恰遇客户过生日，海底捞也会为用户送上精美的礼物，让客户真真正正“爱”上海底捞。

互联网逻辑新语：

虽然企业可以在网络上对待用户犹如对待“女朋友”一样体贴呵护，但是企业也需要根据企业特点和用户需求而把握好度。不能过分“骚扰”用户，给客户造成不便，否则企业会得不偿失。

2. 想要他的钞票，先要他的心

在互联网的众多逻辑中，用户逻辑的重要性好比一个人的心脏，如果心脏出现停止跳动，那么其他部位再强壮也无力支撑。所以企业在互联网中，如果想要快速得到用户认可、金额，那么就先要得到用户的心。只有让用户开心，才能“诱导”他拿出更多的钞票。

从目前市场的定位和目标人群来说，很多成功的互联网企业大都抓住了最“底层”的用户，也就是所谓的“屌丝”群体。这些群体虽然是草根，但却追求归属感和认同感。只要你对他们做到了极致，那么强大的“屌丝”团体从腰包掏出的钱，并不逊色于那些“土豪”“大咖” 。当然，不管是“屌丝”用户，还是一般、高层用户，企业想要得到他们的钞票，就必须要先得到他们的心。

美国礼品公司在全世界的受欢迎程度都非常热烈。进入数字化时代之后，礼品公司也承担起了互联网的重任。为了更好地拉拢客户，让客户感受到新潮流的电子礼品业务，礼品公司推出了数字化的社交电子祝福表达产品。

这项产品包括电子贺卡在电脑中出现的提示生日、纪念日等工具业务。同时，这还能与用户的智能手机相连接。为用户提供了更加专业化和贴心的服务。

礼品公司在互联网营销方面的做法虽然并不是那么经典，但非常值得传统企业学习。首先，礼品公司有7个自己的门户网站，另外，礼品公司还与MSN、雅虎等网站建立了合作关系。其次，通过这些合作，美国礼品公司获得了四百多万个付

闽南语中，“咖”为脚的意思，“大咖”本意为大角色，现多指在某一方面出众的人。——编者注

费电子贺卡的固定用户。同时，通过这些独特人性化的业务，礼品公司在2009年全年每个月平均有接近6000万用户拜访，而且一共实现了1.5亿张电子贺卡的发送。

这个庞大的数字说明了礼品公司真真正正地拿到了用户的钞票。为什么美国人都那么热衷礼品公司呢？因为礼品公司敢于创新，比如美国礼品公司网站曾开设了电子小狗业务，用户可以输入文本或打电话，电子小狗会帮助你将这些讲出来。如此可爱的小狗狗无不引发了人们的追捧和喜爱。甚至这种举措被男人们称为“得到女朋友心的最佳助手”。

而对礼品公司来说，这种类似“电子小狗”的创新做法更是得到了千万用户的心，从而也让这些用户心甘情愿地掏出他们的钞票。

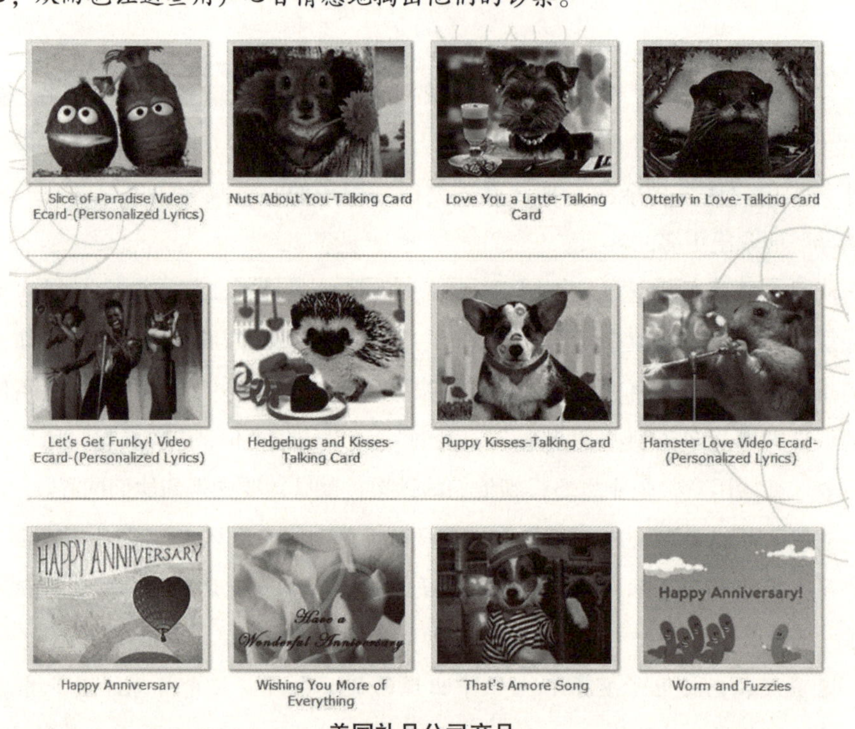

美国礼品公司产品

其实从美国礼品公司的做法中，我们可以看出，其实得到用户的钞票很简单，就是要抓住用户的心理需求，多做些创新，然后得到用户的心，从而也就能得到他的钞票。

其实，在互联网逻辑中，用户逻辑的核心也就是得到用户的心。这是让用户消费、喜欢你、依赖你的基础和前提。如果用户对你十分厌烦，他不可能会将心交给你，更不会为你买单。

说到这里，我们要提醒传统企业，在转型时一定要注意不要疾风劲雨地直接面对用户“要”钱。要采取迂回措施，先得到他的心，再“拿”钱就会简单得多。

第一，电子商务需要创新，给用户前所未有的震撼

马云曾经说过：“互联网很大，我们很小，如何放大自己才是吸引用户的关键。”这句话给了那些掉进钱眼中的企业当头一棒。电子商务想要引发用户关注，让他心甘情愿地掏腰包，就必须要先要打动他的心。靠什么打动呢？

创新的思维，给用户打造前所未有的震撼，这样用户才会掏腰包。这就好比当时刚推出3D电影一样，只需要一副眼镜，就能让用户感受到与2D完全不同的视觉效果。大家在试看之后，感受到了一种前所未有的震撼。这种震撼吸引着用户再次去影院消费。于是今天的3D不但赢得了用户的心，更是让企业将用户大把的钞票赚到了手。

所以，传统企业在转战互联网时，也一定要抓住这一点，适当推出让用户意想不到的新服务、体验，让用户发自内心地认可和喜欢。吸引到客户的心之后，下次、下下次……他都会消费。

第二，了解用户的需求，根据用户心理形成营销方案

很多互联网企业之所以能够做大做强，就是抓住了用户的心理需求，才会有源源不断的客户。比如凯迪拉克、奥迪这些汽车品牌。虽然是传统企业的佼佼者，但是在开拓互联网营销之后，也没有让用户失望。比如凯迪拉克就曾经对用户进行了一系列的调查，发现用户在花大价钱买车之前，可能最关心的就是汽车驾驶感。为了能够让更多客户快速感受到驾驶凯迪拉克的刺激感，凯迪拉克在其微信平台上推出了凯迪拉克创新体验服务。这一服务得到了很多客户的喜爱，甚至那些买不起凯迪拉克的人也对凯迪拉克产生了很深的印象。而对那些本身喜欢汽车的用户来说，这将更是一种给力的心理加油，所以他们在选购汽车时，就会

将目光投向凯迪拉克。

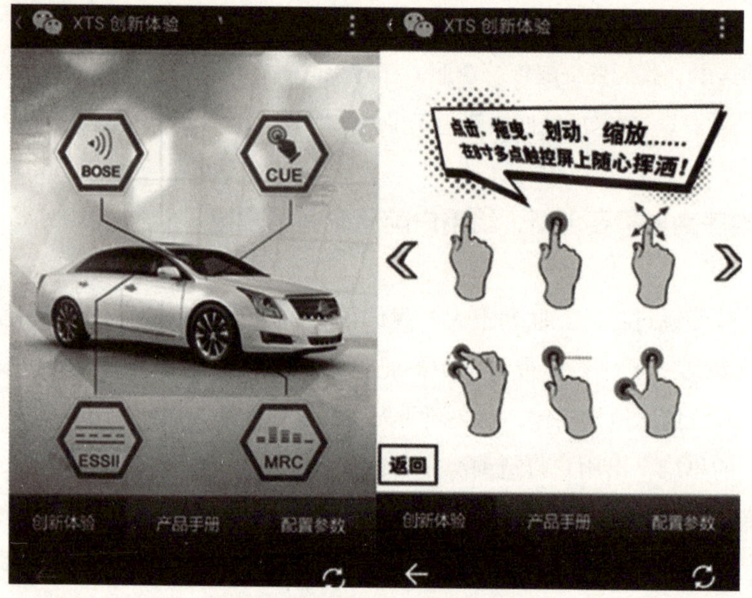

凯迪拉克微信平台上的创新体验

因此，传统企业在转型过程中必须要抓住用户逻辑这条线，做好市场调查，了解用户心理需求，然后根据用户心理来形成营销方案。这样能在更大程度上得到用户的购买依赖心理。

互联网逻辑新语：

无论企业做什么项目、产品，贴近用户心理需求都是很关键的。不走出去调查市场、考察消费的企业，试图只依靠互联网来获得用户的钞票，可能比登天还难。互联网用户逻辑并非是百分之百地依靠互联网，还需要对用户进行心理调查，这是得到用户的心的前提。

3. 与用户互动是互联网营销的维生素

互联网营销最重要的目的就是让企业可以在互联网上尽可能地挖掘到客户，达成交易。所以企业与客户之间的互动也就变得十分重要。很多传统企业在向互联网转型时，由于不注重这一点，从而在互联网营销中忽略了用户逻辑的重要性，导致企业在互联网营销中步履维艰。

针对这一点，传统企业也好，电子商务企业也罢，必须要加强与客户之间的沟通、互动，了解客户需求，从而真正更好地营销自己。我们可以观看那些成功转型互联网的传统企业或者已经趋近成熟的电商企业，他们大都十分注重用户逻辑中与用户的沟通互动。相信，这也成为了企业在互联网中胜利的一大重要基点。

俏江南是中国非常知名的高端餐厅，在这里，用户可以享受到中餐西吃的服务，更能被俏江南那优雅的店面风格所吸引。然而，俏江南这个传统企业在营销方面也不忘赶时髦，他们很早就推出了网络营销模式。

在互联网营销中，俏江南最注重的就是与用户互动。早在2007年，俏江南就首次推出了短信互动平台与客户进行良好的沟通，为用户送上完美的用餐体验。这种开创餐饮服务移动信息的营销模式也为俏江南进一步增强了用户的黏度。

而随着互联网的发展，俏江南也在天猫网上建立了网络购物模式：天猫旗舰店。在这里用户可以购买俏江南的代金券、优惠券、多人优惠餐饮票等。俏江南也很重视这里的在线服务，以便及时解决用户的疑难问题，并且与用户达成良好沟通。用户有任何问题、想要咨询菜品、地址等，都可以与这些在线客服进行即时联系。

为了进一步增加客户的黏度，俏江南还在微信公众平台上开创可咨询服务，让用户可以在微信上与俏江南进行对话、一对一互动。

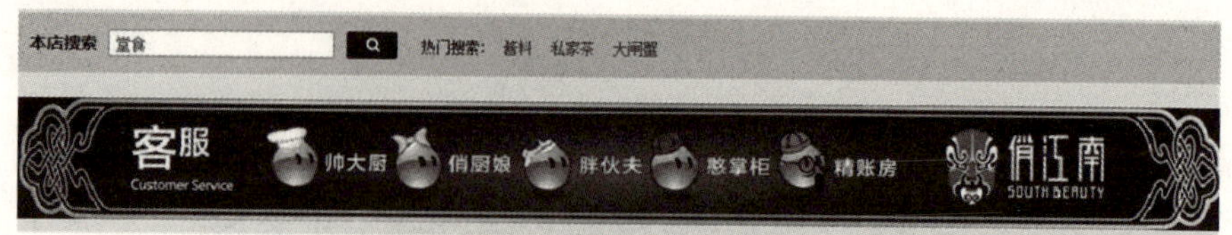

俏江南天猫旗舰店中的互动客服

俏江南的这种与用户互动的营销模式为餐饮内部实现了无线管理和信息的即时传递。俏江南的营销管理者可以不受时间空间的局限，而随时随地通过这些互动平台来了解餐饮的销售效果以及客户信息和需求，为进一步的营销决策提供依据和参考。同时，在这些互动平台中，俏江南还会将最新、最优惠的活动快速传递给用户，让用户也及时了解俏江南的动态。

俏江南在微信平台与客户互动

用户的消费欲望和需求都能通过与企业的互动来传达给企业营销者，而同样，营销者也可以针对用户的需求来修改营销策略、产品价格等。总之，通过与用户的互动，能够在很大程度上让企业与用户之间保持一个良好的关系，甚至这种关系可以被看成是“朋友”，让用户也能真正参与到营销过程中。

有了互动，用户也能越来越主动参与企业的沟通，用户参与互动的积极性提高，对企业的销售就是一个最大的基础。甚至通过与用户互动，还能培养更多新客户，挖掘更多潜在客户。企业也能在这个过程中传递出更多的企业文化和品牌理念，让企业品牌可以走得更远、更深。

俏江南之所以会如此有知名度，成为中国高端餐厅中的引领者，很重要的一个原因就在于它能快速迎合互联网发展趋势，适时开通移动互联互动平台，与用户即时互动沟通，为用户提供更好的服务。这也给很多传统企业带来了新的转型动力。

多少传统企业都想要做成“第二个俏江南”，但是俏江南只有一个。不过俏江南对用户的互动营销模式带来的与用户互动的方法，却是传统企业在转型过程中可以借鉴和学习的。

第一，利用通信软件平台为用户提供在线互动

俏江南的用户大都喜欢通过旺旺或者微信与企业进行沟通，俏江南因此推出了很多优秀的在线客服。力求与粉丝之间形成一对一的互动。所以，传统企业在转战互联网时，一定不要忽略了这些通信软件平台的使用。

企业可以利用这些平台对用户进行主动询问或者耐心为用户解答一些问题。当然，用户还可以利用一些幽默风趣的话语与用户进行情感互动沟通。事实证明，这种方式能够很大程度上加强用户黏度。比如飘柔在微信公众号上就设置了很多在线客服，并且与客户进行完全一对一的互动。甚至飘柔的微信客服还会为用户唱歌、讲笑话等。这种方式让用户感到很满意，甚至一有空就上微信找“小飘”聊天。

当然，企业也可以在自己的网站中加入一些“帮助”或“常见问题”版块。这样用户也能随时在这里留言或者与企业进行在线咨询。例如，当当网的客服系统就比较完善。有常见问题解答、邮件客服、电话客服等，也有在线小当当。

当当网的客服系统

第二，在互动中加入服务体验，刺激用户消费

企业还可以根据用户感兴趣的点来在互动时，加入一些服务体验，让用户爱不释手的同时，刺激其消费。这要求企业必须要搞一次在线体验活动，这些体验活动必须要有新意，能够吸引用户参与互动。

比如杜蕾斯在微信公众平台中就加入了一些体验活动。用户在与杜蕾斯互动时，可以点击下方微导航中的“禁止调戏”版块，进行“求安慰”“涨姿势”等体验。杜蕾斯会为用户及时送上体验活动内容。这些非常有趣的小版块，可以加强用户参与的次数，通过这些互动，也可以让用户了解杜蕾斯的幽默和特别之处，进一步拉动用户进行消费。

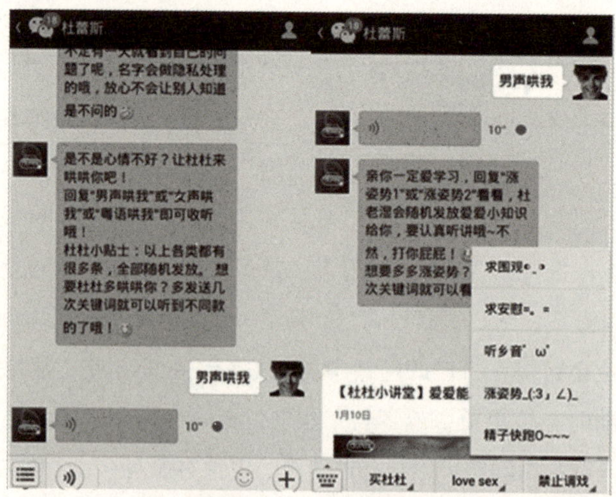

杜蕾斯微信与客户进行互动

互联网逻辑新语：

一个能够获得用户广泛认可的企业，一次成功的互联网营销活动必定是企业品牌与用户之间双向互动达成的结果。所以，企业在互联网营销中必须要加强与用户互动。可以说互动是企业在互联网中生存所必需的维生素。当然，在这方面要特别注意，企业必须要真实、客观地与用户进行互动，尽可能地使用人工一对一沟通，因为有些机器频繁地回复，会给用户造成困扰。

4. 不在乎你做了什么，要在乎用户有没有快乐

随着互联网的高速发展，人们越来越离不开互联网。有关调查数据显示，2010年之后，一大部分人每天上网的时间不少于3小时，在这个时间里，人们大部分时间用来查询信息、搜索好玩的网页、购物、找服务等。这种上网热潮给企业带来了无限商机。

很多传统企业纷纷转战互联网，开拓自己的互联网市场。这些传统企业步入互联网之后，便开始花大价钱来开展网络营销，互联网推广、开通微博、微信平台等来获取用户参与流量，在这个过程中，企业不断展现自己的服务和产品，试图获得更多的交易。

但是这些做法最终的效果如何呢？网站有了流量之后，企业如何来提高这些转化率，留住客户呢？这成了企业最头疼的地方。而小米创始人雷军针对这一点为我们送上了一个十分可取的建议："做互联网企业，不能只看自己在做了些什么，而是要在乎用户到底体验到了快乐没有。"这说明，企业必须要建立一个良好的网站，给用户送上美好的体验，才能吸引更多用户来关注，刺激他们消费。

青岛良子健身会所是一家传统企业，但是在互联网中的营销和推广却为良子健身提供了更多的资深客户。

在微信公众平台上，青岛良子健身为用户打造了一个非常简洁清晰的页面。而且在下栏的微导航中有三个为用户提供的体验版块："小良手册""会员服务""互动惠"。看得出，良子健身比较重视与用户的互动和体验。而据青岛良子健身的营销人员解释，很多来良子的年轻客户大都在微信上感受到新鲜快乐的

体验，才来店真正消费和体验的。

那么良子健身到底给用户提供了什么样的快乐体验呢？我们打开“互动惠”这个版块，可以看到有一个“大家来找茬”的活动版块。其实这个版块并非是真正的“找茬”，而是良子以“找茬”的形式给用户提供的一个免费提建议平台，并且只要用户是良子的会员，填写一个表格，就有机会获得良子的免费服务体验。

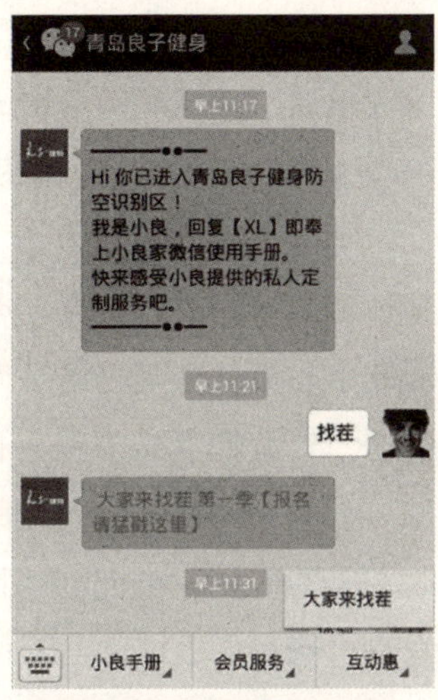

青岛良子健身微信页面

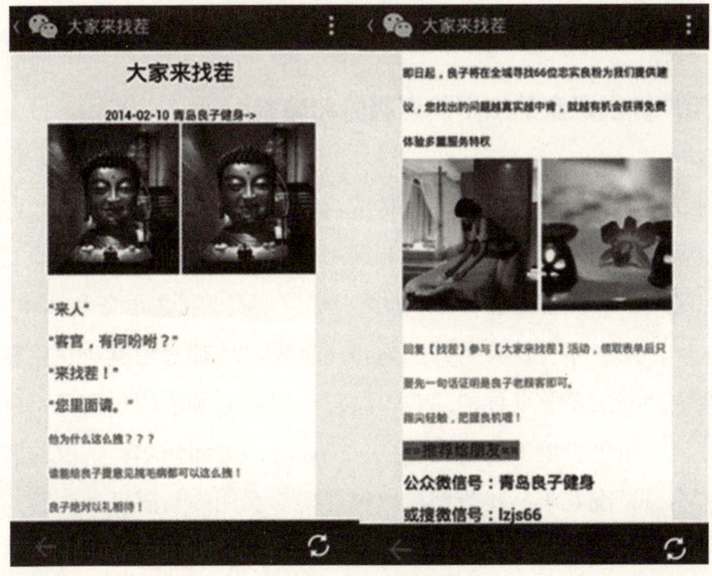

大家来找茬体验页面

这样的方式让良子健身在微信平台上的热度逐渐升温，很多之前不是会员的用户，也纷纷加入良子健身的会员队伍，并且开始在微信上进行独特的体验。

通过这种活动，良子的很多会员不但体验到了当“尊贵客户”的服务，而且还会在自我内心感觉到良子健身对自己的重视。甚至还有人称良子健身如同私人定制健身教练，深得人们的喜爱。

良子健身的这种做法无疑是为自己的互联网营销提供了一个重要的基点。作为一个传统企业，能够利用移动互联网的模式来加深用户的喜爱，是很多传统企业学习的榜样。

上面的案例也说明，只有不断与客户进行交流，重视客户的快乐感，才能真正让企业在互联网营销中占据有利位置。阿里巴巴马云曾说：“电商企业的宗旨就是永远为客户提供最好的服务。”我们不妨来看一下阿里巴巴这几年的发展，从淘宝客服的“亲”称呼，到2014年3月8日请全国人民吃喝一整天活动，再到聚划算、微淘、一淘的几元抢购。这些似乎都是围绕着用户的快乐而展开。

如果企业只在乎外在的华丽、虚伪的表面，而不在乎客户到底需要什么，快乐与否，那么企业不可能抓住用户的心。那么，企业到底如何才能让用户快乐起来呢?

第一，为用户提供切实的实用优惠服务和体验

微营销专家多次强调，企业在互联网营销过程中要注重内容。“内容为王”也被很多企业所拿来运用。而为了能够给用户送上一个很快乐的体验，企业必须要在互联网网站、移动互联网平台中为用户提供切实的优惠服务和体验。

只有这样，用户才会在看到你的内容、享受过体验之后有所收获和感触，用户还可能会主动与朋友分享你的内容。这样不但可以刺激用户消费，还能为企业做无形的宣传，衍生出更多的潜在客户。比如有一家叫伊尔萨的洗衣店。在微信平台上，它不只是洗衣店，还为用户提供了很多实用的新服务和体验，比如天气预报等。用户在享受了这些体验之后，会感到很轻松快乐，从而也就在无形之中对伊尔萨洗衣店产生好感，那么也就让用户在下次洗衣服的时候，想到这个洗

衣店。

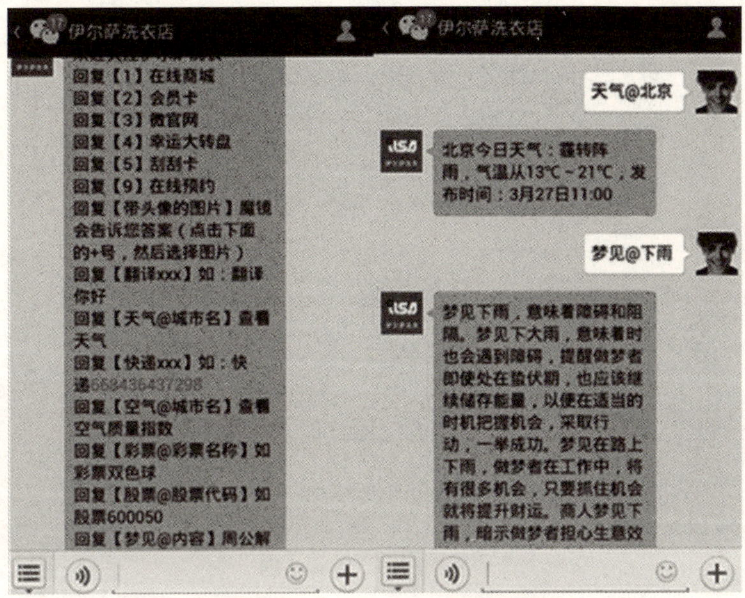

伊尔萨洗衣店微信号中的多项体验

从互联网营销角度来说，伊尔萨的这种新服务和体验是一笔很划算的买卖。很多传统企业在转战互联网时，可以从中获得启发。

第二，为用户提供购物返现、广告体验等免费活动，带动用户快乐心态

传统企业在转型互联网过程中，为了争取客户的关注，还可以为用户提供一些免费的活动，这样一来可以带动用户的热切关注，二来让用户体验完之后，有一个快乐的心情，对企业产生好感。例如有乐网。

在有乐网，用户不仅可以娱乐，更可以边娱乐边赚钱。这是一种以用户为中心的体验式营销。商家获得了高效率的运营，高奖励、高返现的体验也让用户获得了前所未有的快乐。

有乐网的用户在“广告体验”中不但可以获得优厚的乐点，还能用这些乐点来兑换奖品。而“游戏体验”返现的现金更是超过了十万元。此外，用户还可以在有乐网中通过公益献爱心的体验活动获得乐点来兑换奖品。

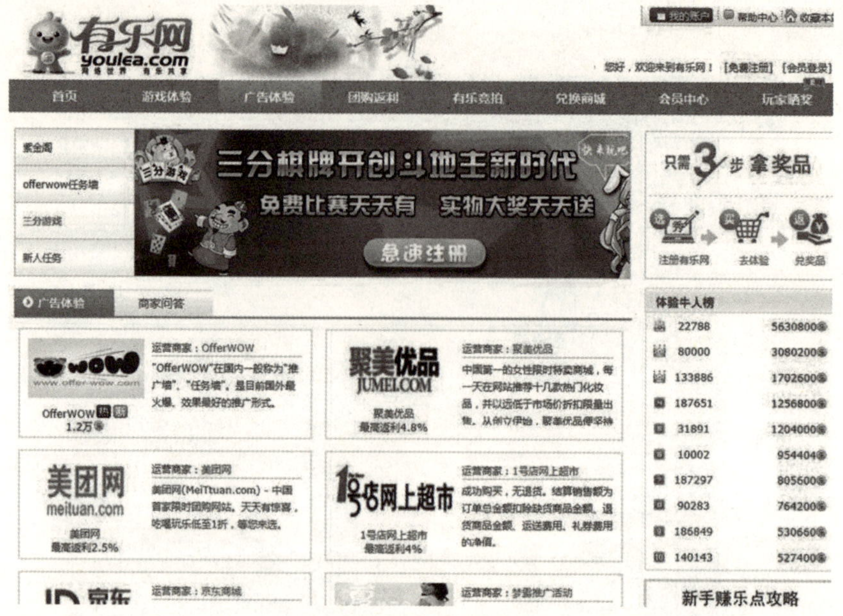

有乐网的广告体验页面

这种新的体验模式不但为用户带来了真正的“乐点”，更是为企业带来了巨大的流量和销售额。

互联网逻辑新语：

企业不要不通过调查就在网站、移动平台上为用户提供一系列的服务，否则很可能会适得其反，如果客户不喜欢，企业等于在做无用功。所以无论企业做什么营销新体验模式，都要真正去了解和在乎用户到底能不能感受到快乐，这也是互联网用户逻辑的一大重要核心。

5. 杜绝僵尸粉？请时刻给粉丝制造惊喜

在互联网企业逐渐向手机移动互联网发展的时候，我们来看一下著名电商企业的粉丝数量：京东商城在新浪微博上的粉丝数是400多万，唯品会在微信上的粉丝是43万，淘宝手机客户端下载量是17950万次……

而这些庞大的粉丝数量也勾起了很多传统企业想在互联网方面蠢蠢欲动。传统企业在转型互联网时，就会面临一个严峻问题：如何让粉丝量增加。但是，有这样一个问题，企业的粉丝数量在表面上是上去了，可这些粉丝的实际消费力度有多大？他们真正地喜欢你的产品，会持续关注吗？铁杆粉丝才是互联网用户逻辑的重中之重。现在的僵尸粉太多，他们往往是因为一时起兴或者心血来潮而关注企业，关注之后也不活跃，从不参与企业的活动。而且，一旦其他企业出现好玩的内容，他们就会纷纷倒戈。很多企业表面上粉丝数量过十万，甚至过百万，但是实际上僵尸粉占据了大半，甚至绝大多数，这对企业来说是一种非常可怕的现象。

那么企业如何来杜绝僵尸粉呢？其实不能只是抱怨粉丝力度不够，更多的还需要反省自己。其中很重要的一点就是你给粉丝制造惊喜了吗？让粉丝在你的微博、微信上过瘾了吗？请看下面这个案例。

推特是欧美人最喜欢玩的一个即时社交通信工具，如同中国的微博。几乎每一个美国人都有一个推特账号，他们经常将自己好玩的事情、拍摄的好玩照片、对社会事件的看法等“推”上去。当然，推特粉丝最多的用户，大都是好莱坞的大牌明星，或者是政坛风云人物。

但是有些人的推特虽然粉丝数量高达数十万，但是其转发和活跃程度却并不高，人们称这些粉丝为“僵尸粉”。但是在2014年3月3日第86届奥斯卡颁奖典礼这天，主持人艾伦·德杰尼勒斯的推特却异常火爆，甚至被《华尔街日报》称为半个小时让推特瘫痪的“大咖”。这是怎么呢？

原来艾伦从典礼一开始，就用手机玩自拍，然后隔几分钟就会上传到自己的推特上。很多无法在现场观看的粉丝都会通过推特来时刻关注颁奖典礼，希望能够看到自己喜欢的明星。而艾伦为了能够让粉丝们积极活跃地转发她的推特，她更是为粉丝制造了一个重磅级的惊喜：艾伦走在观众席，想要与好莱坞最大牌的明星梅丽尔·斯特里普拍一张合影。但没想到，坐在梅丽尔周围的布拉德·皮特、茱莉亚·罗伯茨、布莱德利·库珀、詹妮弗·劳伦斯、凯文·史派西、安吉丽娜·朱莉纷纷围上来，将艾伦和梅丽尔包围了起来，这时候在最前面的布莱德利巧妙地按下了艾伦手机上的拍摄键，于是呈现在大家眼前的就是众星的搞怪集体照。

这张照片被艾伦传到推特之后，不到半小时就被转发了50多万次，甚至因为转发量过多，一度导致推特服务器瘫痪，让很多用户出现暂停状况。在接下来的一个小时里，这张照片在推特上的转发率竟然达到了150万次。这个数字也超过了美国总统奥巴马曾再次当选总统之后所创下的最高纪录。当时，奥巴马的那条“又一个四年”推特被转发的次数超过80万次。

艾伦的这条推特创造了推特历史上转发率最高的纪录。而通过这些强有力的数字也说明一个问题：艾伦用惊喜打破了僵尸粉的“死气沉沉”，换来了导致推特瘫痪的火爆转发。

艾伦在推特上发的照片被疯狂转发

其实从艾伦发推特的这个事情我们可以看出两点：一是如果艾伦的粉丝大都是僵尸粉，那么这条推特不会在如此短的时间内被转发上百万次；二是艾伦很懂得如何维护粉丝，让用户持续关注和活跃在自己的推特上。

正是通过制造惊喜，给了粉丝们一个很大的回馈，让粉丝激动之余，更是由衷地感激艾伦能够为他们呈现一个如此盛大的合影。而且在艾伦主持奥斯卡的整个过程中，艾伦推特的整体内容转发率也都十分高，其粉丝活跃程度更是让很多人抓狂。惊喜不断，艾伦不但能自拍，而且还买比萨给这些大牌明星吃，在现场上演了一场比萨聚会。这种场面想必是粉丝们平时无论如何也看不到的场面，于是艾伦的惊喜再次感染了推特上众多的粉丝。

当然，有些人还透露艾伦全程自拍的时候，其实是在为三星的一款智能手机做广告。没错，艾伦在推特上的自拍都是用三星手机拍摄的。而经过这次火爆的推特转发之后，三星在美国的销量也显著上升。显然，三星的确也从中借到了艾伦的“星光”。

言归正传，企业如何才能做到像艾伦这样，粉丝数量不但多，而且活跃程度还高呢？当然学习的重点就是要时刻给粉丝制造惊喜。

第一，定期为粉丝送上优惠、抽奖、送好礼等惊喜

企业想要杜绝僵尸粉，就需要定期给粉丝送上优惠、送好礼等活动。让“免费”“好礼”来诱惑用户，给用户省钱包的同时，更能让他的心激动起来。如此一来，企业的粉丝就活跃地参与互动，不会“死气沉沉”。比如红星美凯龙为了让粉丝们积极活跃参与微信活动，推出了关注微信赢得百元充值卡的送礼活动。这对绝大多数用户来说都是一个惊喜，从而吸引他们关注并参与红星的更多活动。

再比如好乐迪KTV推出微信会员特享优惠活动，凡是好乐迪KTV的微信会员，就可以以超低优惠在午夜唱歌，并且免费获赠啤酒炸鸡。

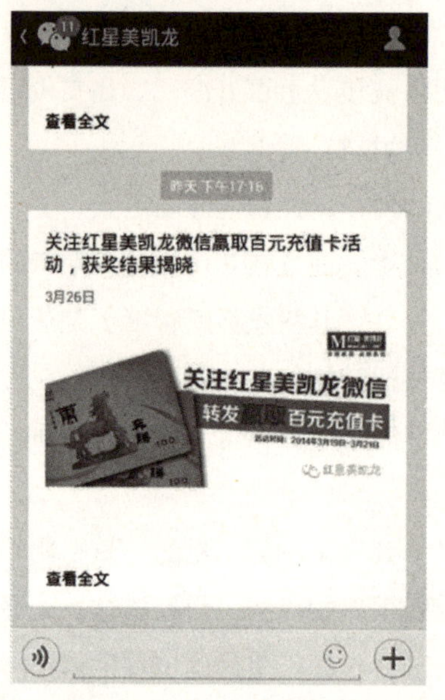

红星美凯龙微信平台上发布赢取百元充值卡活动

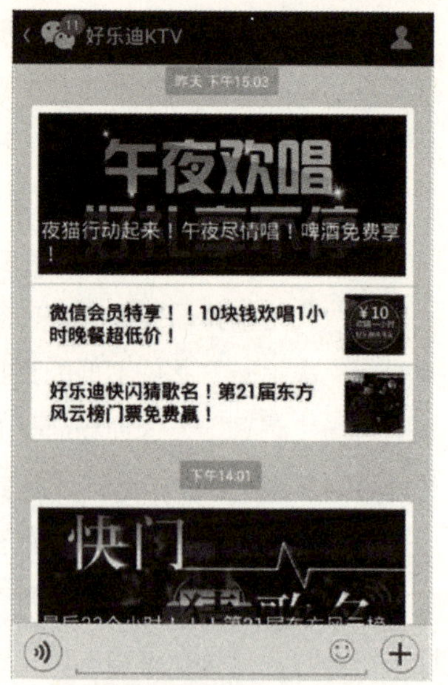

好乐迪KTV微信上的活动

第二，借助节日、事件来推送意外惊喜，让粉丝过瘾到底

淘宝在2014年3月8日这天“请全国人吃喝一整天”的活动，在一推出就赢得了数万名淘宝粉丝的心动。这是一种犹如“天上掉馅饼”的惊喜。于是淘宝的粉丝纷纷转发这条信息，并且下载手机淘宝参与活动，获得惊喜。

而较之于淘宝，很多企业的做法就显得不那么高明。为了杜绝僵尸粉，不惜花钱在网络上买粉丝活跃气氛。其实这种方式对企业来说并不划算，买粉丝不但是一笔不小的开支，而且买来的粉丝利益心较重，一旦企业“冷落”他们，他们还可能会“反咬一口”。这对企业品牌形象都是一种损失。

而制造惊喜则不但可以免去买粉丝的费用，还能将企业文化宣传出去。最为有效的办法就是借助节日、事件来推送意外惊喜，让粉丝过瘾到底。

海淘网为了能够活跃粉丝们的积极性，借助三月份的“海淘节”在其新浪微博发布了一条十分有惊喜的微博：全新iPad air平板电脑仅售2660元。这虽然看似是一种促销信息，但是却因为借助“海淘节”而活跃了粉丝们的心，让钟情于苹果产品的粉丝们非常过瘾。当然，过瘾之余，他们还会持续关注海淘电子商务网站的微博，期待更多的惊喜。

eBay海淘新浪微博首页

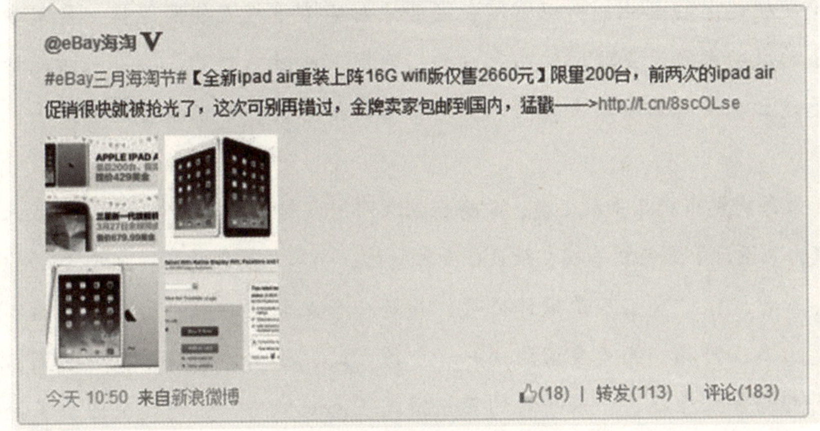

eBay海淘发布的微博

互联网逻辑新语：

企业虽然可以通过制造惊喜、噱头来活跃粉丝，但是企业不能在这个过程中忘本——销售才是目的。所以企业给用户制造“过瘾”惊喜时，一定要结合企业产品、服务来做，不能偏离营销主题、喧宾夺主。

案例：小米——哥经营的不是手机，而是用户

用户至上是互联网逻辑的基础和前提，马云曾说："在互联网中创业，首先就要将用户放在第一位，用户高兴了，你才有得做。"因此，所有企业，只要想在互联网中发展壮大，就需要用心经营用户。下面我们要说一下在这方面做得非常出色的小米。

2011年8月，在中国的智能手机市场中，突然出现了一匹黑马：小米。由于小米的创始人雷军在很多方面都跟乔布斯类似，所以业内人士将雷军称为"雷布斯"。但是雷军却认为，小米坚决不做中国的苹果。

不但外形不做苹果，就连经营，小米也有自己的一套。首先，小米是依靠互联网而发展起来的企业，所以雷军在经营方面非常重视互联网逻辑。雷军多次提到小米的成功来源于互联网的四大方面：专注、极致、口碑、快。而四大特点无不都是建立在用户基础之上。所以，用雷军的话来说，小米经营的不是手机，而是用户。

小米每次发布新品手机之前，都会在互联网中发起米粉团活动，通过吸收米粉们的建议，来设计小米新款手机。而且在小米社区，小米每天都会与用户进行互动。

雷军曾说："我们不是硬件公司，而是一个互联网公司，所以我们的本质不是要卖出多少产品，而是要留住用户。"源于此，小米才会在手机的配置、定价方面全部向粉丝靠拢。小米手机的营销模式"高配低价"，这完全迎合了粉丝们的需求。

在小米官网中，我们可以看到即便是最新款的小米手机，性能配置在市面中都数高端配置，但是在价格方面，却没有超过2000元。此外，小米手机在设计中，无论是外部的发烧设计，还是内部的强大功能，都符合粉丝们的心愿。同时，小米还会定期在官网中进行促销搞活动，给用户接连不断的惊喜。

据悉，截至2013年6月，中国地区一共有1422万小米手机用户。而且在安卓智能手机排名中，小米的四款手机都进入用户活跃度的前十名。

小米手机官网

小米手机之所以会在短短三年之内创造智能手机领域的神话，并不是来源于雷军有多么好的技术和领导能力，而是来源于雷军参透了互联网的用户逻辑，他充分遵循了用户至上原则。小米经营的不是手机，而是用户，小米关注每一个用户提出的建议，关心每个用户的问题。基于此，小米才成为米粉心目中的“神机”。

雷军在一次内部大会中说：“小米的成功很大部分源于运气，因为我们赶上了中国互联网爆发的好时机。”小米运用互联网思想做大了企业，而这正激励了我们每一个企业人，如果想要在互联网中做大做强，就需要充分抓住用户。把你的用户经营好，你的利润也就好了。

第一，为用户体验考虑，做出色的迭代工作

很多人觉得小米是一家单纯的手机公司，其实在雷军看来，小米并不是在经营手机。因为他们所有的设计、研发、销售都是以用户为中心。小米的材料是最好的，手机硬件是最好的，而且通过互联网方式对小米的系统进行每周迭代，充分满足用户体验。所以，为用户体验考虑，是小米成功的一大重要前提。

小米在2014年新研发了一个小应用，用户可以在2万多个咖啡馆、餐厅、车站等地一键接通免费的WIFI，不需要输入密码就能接入，而且安全可靠，大大提升

了用户体验。完全为用户提供了一个全方位的先进移动互联网平台，这对用户来说，是非常兴奋的。

第二，让用户参与企业的设计、研发，重视用户需求

小米鼓励用户参与手机的设计、研发，用户参与是小米最大的成功因素。雷军在2014年深圳IT峰会中说：“我们鼓励几百万用户一起参与小米手机设计，甚至是全球的用户。我们会将用户当作是朋友对待，虽然小米不完美，而且还是非常年轻的公司，但小米依靠互联网的思想和精神，将用户当作最亲的朋友，我相信小米将来一定会越做越大。”

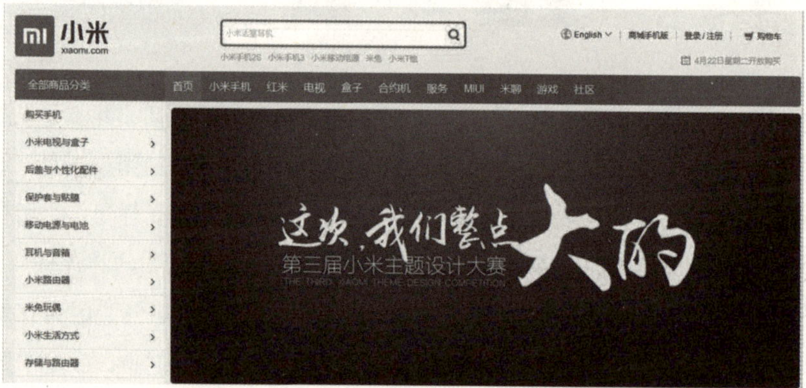

小米官网推出设计大赛

在小米官网中，可以看到每当小米要研发新手机之前，都会推出小米主题设计大赛，鼓励用户积极参与。这将用户至上的思想体现无遗。

互联网逻辑新语：

在小米维修店，小米承诺用户60分钟之内会为用户完成维修，如果在规定时间内完不成，小米每小时赔用户20元钱。这种毫无保留地为用户考虑的精神是值得任何一个企业学习的。企业在互联网中，经营的不只是产品，还有用户，因为用户才是决定企业是否完美的最主要力量，抓住用户需求是企业在互联网中制胜的法宝。

第3章
尖叫逻辑：打造让客户尖叫起来的网络新营销

360创始人周鸿祎曾这样打比方：“如果有人请我吃饭，我打开桌子上的一瓶矿泉水，喝完之后，我发现它的确是矿泉水，那么这不能让我尖叫，也不叫体验。而如果我打开一个矿泉水瓶，一喝，发现里面全是极品上好的茅台，这就大大超出我的体验，会让我尖叫起来。”周鸿祎的这番话，恰恰说明了在互联网营销世界中，只有打造让用户尖叫起来的用户体验，才算得上是好的营销。

传统企业必须要意识到这一点，在网络中，尽可能地发挥想象，戳中对方的痛点，必要时候“豁出去”，让你的用户“嗨”起来，才算是真的赢。

1. 戳中对方的痛点，才能让他尖叫

互联网逻辑中，用户逻辑虽然是一切逻辑的前提，但如果用户不能因你而“尖叫”，那么这个用户可能也只是一个僵尸粉。因此，企业必须要想方设法地让用户尖叫起来，这样才能实现你的新奇网络营销。

如何让用户尖叫是企业的难题，这就要看企业怎么做了。如果企业看透了用户心理，抓住用户需求，戳中他的痛点，那么他就能兴奋和尖叫。针对这一点，我们不妨来看一个有实际意义的案例。

对很多传统企业而言，想要拥抱互联网，获得用户好评，最好的方式就是用智能的方式来改造产品，打造让用户尖叫的理由。

迪士尼乐园对很多小朋友来说可能是传统的现实尖叫乐园。在这里，孩子们可以感受到他们想要的一切体验。依靠乐园的欢乐，为迪士尼虽然带来了很多客户，但迪士尼并不满足于此，企业仍然在不断寻求改变。究竟该怎么改变呢？先来看一个简单的小故事。

迈克和瑞秋带着孩子来到了迪士尼乐园游玩。在进入乐园之前，他们每个人都获得了一个电子手腕带。这是迪士尼花费10亿美元新推出的一种智能手腕带：MagicBand。戴上这个手腕带之后，只需要入口处轻轻扫描一下，就可以有序进入园内。

孩子玩累之后，他们想要点餐，于是瑞秋在餐厅入口处轻轻触摸了一下屏幕上的午餐，很快便点好午餐，随后瑞秋被告知坐在位子上等待。

不一会儿，服务员便送来了他们点的火腿三明治套餐。这个事情不禁让瑞秋和迈克尖叫：“服务员怎么知道我们坐在哪里？”在迪士尼餐厅吃饭的人有成百

上千，人山人海，服务员如何在最短时间内锁定他们位置的呢？

其实答案就在于瑞秋的手腕带。通过这个手腕带可以“监控”游客的活动，迪士尼乐园可以有效地观察乐园内的活动，通过数据分析还可以让乐园及时增派更多服务员，补充不足的物品，增加纪念品，提示用户新通知等。

另外，很多去过迪士尼乐园的人，都知道去迪士尼最大痛点就是排队，通常人多的时候要排队几个小时。而有了这个电子手腕带之后，可以帮助迪士尼来通过个性化方式解决排队难的问题。

迪士尼电子手腕带MagicBand

虽然迪士尼的这种做法完全是传统企业的改良，但是迪士尼的改变和所取得的效果也带给很多企业一些启示。迪士尼的这种改变主要来源于互联网的尖叫逻辑。迪士尼意识到想要让用户更多关注，就必须要抓住用户痛点和需求，这样才能给用户造成尖叫。

传统企业想要进军互联网，就更应该将这种方式进行到底。当然，想要让用户尖叫，也需要特殊的本领。

第一，深度挖掘用户需求痛点，对症下药

企业在做各种营销方式之前，都需要根据用户的需求来打造。如果需求找得好，那么用户就会满意，如果再继续深度挖掘，找到用户最深出的需求，对症下药，用户不但会满意，而且还会尖叫起来。

如何挖掘用户深层需求呢？首先，通过数据了解，企业可以根据后台的数据

统计来观察有多少用户访问、购买，又有哪些客户留言提建议；第二，观察同类知名企业的做法。深度挖掘到用户痛点之后，对症下药，即可让用户尖叫起来。例如淘宝旗下的聚划算在2014年4月推出了“0元抢iPad”活动。只要用户在手机下载聚划算的应用客户端，并且登陆淘宝账号，就有机会参与这场“0元抽奖”。这个活动刚推出两天，便吸引了12.6万用户参加。

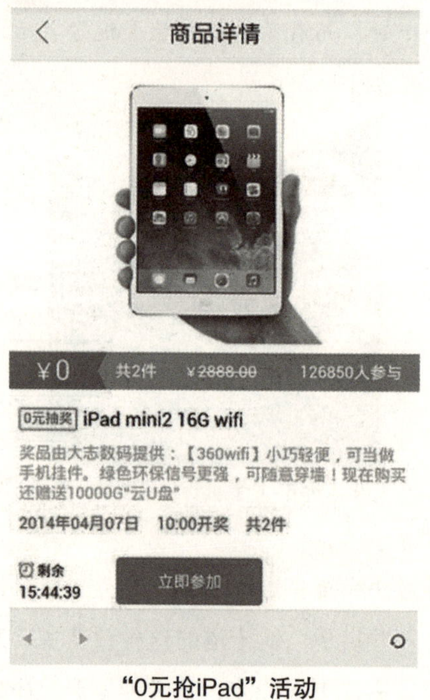

“0元抢iPad”活动

显然，聚划算深度挖掘到了用户的“贪小便宜”的需求和痛点，从而对症下药，推出了这种让用户“尖叫”的活动，吸引了一大波用户参与。

第二，打造超越用户预期，给用户带来“哇哦”的产品

什么样的产品和服务，才能让用户尖叫呢？马云的回答是：“给用户带来便利的产品。”雷军的回答是：“让用户省钱又好玩的产品和服务。”周鸿祎的回答是：“永远免费才能让用户满意。”……无论是哪个互联网大佬的回答，似乎都说明了一点：超越用户预期的产品，就是让用户尖叫的产品。

尖叫是用户口碑，而其背后则是超越预期的新体验。比如猫和老鼠这个动画片，从一开始出现在荧屏上，就让用户发出了“哇哦”的叫声，其夸张和好玩的形象实在是超出用户想象。在互联网的尖叫逻辑中，快的打车就是让用户尖叫的产品。用户只需要在手机上输入用车需求和地点，几分钟之内，一辆出租车就会来到你身边。这种“快”和“准”，无不超出用户预期，更是让用户情不自禁发出“哇哦”的尖叫声。

快的打车应用界面

互联网逻辑新语：

实施互联网尖叫逻辑的时候，企业一定要做好前提准备：用户需求得抓得准。如果抓偏了，或者没有抓到用户需求的痛点上，那么即便你下再大力气，用户也不会尖叫起来。

2. 不能直觉断定，要让数据说话

想要打造一个可以让用户尖叫起来的产品或者服务，虽然需要互联网的尖叫逻辑来保驾护航，但是在实施过程中，企业却不能凭借直觉断定哪项服务可以获得用户尖叫，也不能只是从表面来获取用户需求。这需要企业切实做出努力，凭借数据和考察结果来分析出哪项服务才可以让用户尖叫起来。

在这方面，有许多企业都做得很好。比如我们提过几次的小米。

小米创始人雷军曾这样对员工说："什么东西能产生好口碑呢？好东西不一定有好口碑，便宜的东西也不一定有好口碑，好玩的东西也不一定好口碑。但是一个又好又便宜又好玩的东西就一定会产生好口碑。"雷军的这番话对小米的发展很有影响。

为了制造出让用户尖叫的产品，雷军并没有闭门造车，而是从两方面获得了用户的需求，抓住了用户的痛点。首先，雷军走出去，通过实际考察，结合数据来分析出怎样才能让用户尖叫。比如雷军曾经去过传统餐饮业海底捞体验。在海底捞，雷军真的明白了为什么海底捞能够让用户尖叫。因为他看到海底捞的服务员都是真的在对用户微笑，这很打动雷军。虽然海底捞的服务员比不上五星级酒店的服务水准，但是却真心对待用户，让用户感受家的温暖和关心。而且雷军还特意去海底捞的网站查看，他发现，100个来海底捞消费过的客户，就有100个人说海底捞好，基本是零差评。通过这个考察，雷军意识到小米想要让用户尖叫起来，也需要真心对待用户。

第二个方面来自雷军对自家品牌的数据考察，尤其是从购买人数、年龄段、地区、好差评、意见来分析。最终他发现了让用户尖叫起来的做法：高配低价。

通过数据分析，雷军发现用户对智能手机的要求无非在于外形、配置、价格三方面。很多人也认为小米的硬件不够强。于是雷军下决心要制造出让用户尖叫的产品。所以他费尽周折与高通芯片商谈合作，与夏普谈屏幕，与给苹果组装iPad的英华达谈加工线……

最终小米手机的进步大家有目共睹，粉丝的尖叫也响彻互联网，1999的低廉价格也震撼同行……

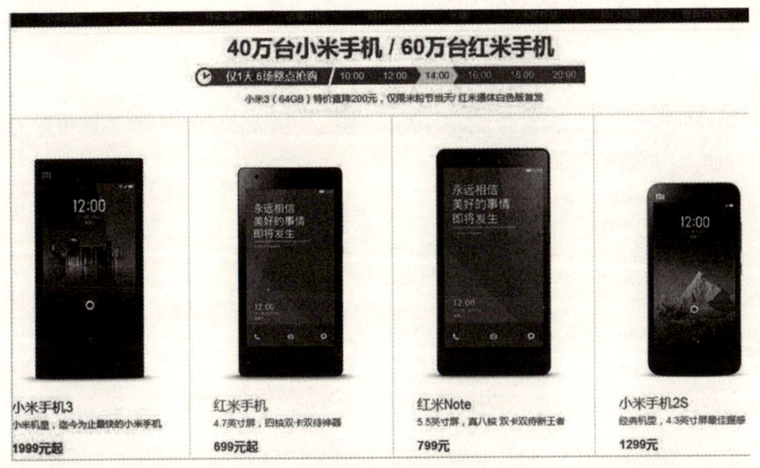

小米的“高配低价”

事实上，如果雷军没有进行相关数据考察和分析，那么他不可能带领小米走上今天这条“红米大道”。

小米能够让用户尖叫，来自数据背景。这也充分说明，企业在落实互联网逻辑时，千万要将理智放在情感之前。要先相信理智，然后再去考虑情感。企业不能拼感觉、直觉，要拼数据、用户好差评。换句话说，在互联网大趋势下，想要让用户尖叫起来，就需要用数据来调查用户的需求。具体的方式有两种：

第一，通过百度指数和微博热榜等来考察数据

企业想要将尖叫逻辑实施落地，打造出让用户尖叫的产品，需要详细的数据背景作为分析来源。而这个数据的收集除了自己网站的后台维护之后，还可以

根据百度指数、新浪微博热榜热度等来考察，这也是考察用户需求的一种直接方式。

在百度指数中，可以通过数据表格和指示图的方式一目了然，清晰看出企业在近期的搜索指数，甚至还包括移动搜索指数，而且还能对比前后来观看上升趋势和幅度。更重要的是，在百度指数中，还可以根据地区来观看某一区域对企业网站的搜索指数和趋势。这对企业来说都非常有利，可以使企业认识到自己在哪方面需要改进，在哪个区域要强化等。

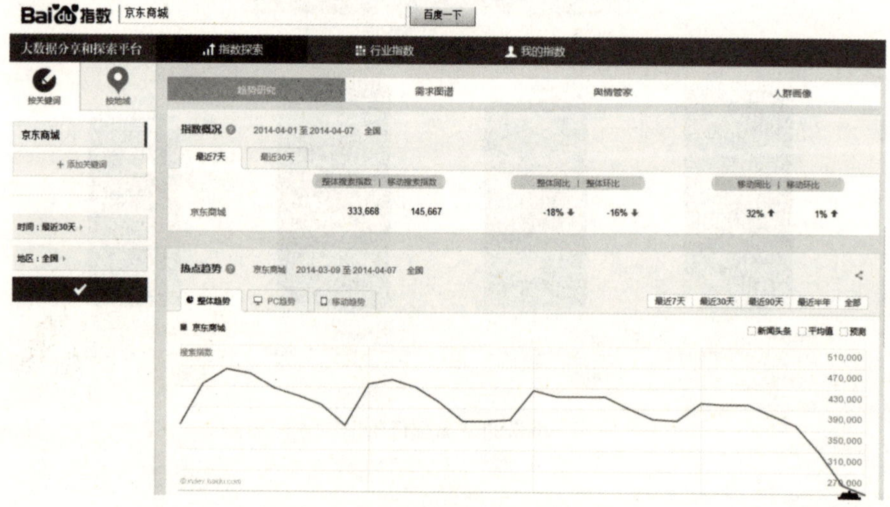

百度指数中的搜索数据

而在新浪热榜中，我们可以看到有哪些内容是用户近期在搜索的，哪些是属于上升趋势的热门搜索。这对企业来说也非常重要。

第二，“走出去”亲身实地考察用户需求

企业不仅要通过上述百度指数等工具来查看大数据下的搜索指数，还应该从“情感”方面进行实际考察。比如像雷军一样去海底捞实地考察这些优秀企业是如何让用户尖叫的。所以企业也可以照搬这个招数。

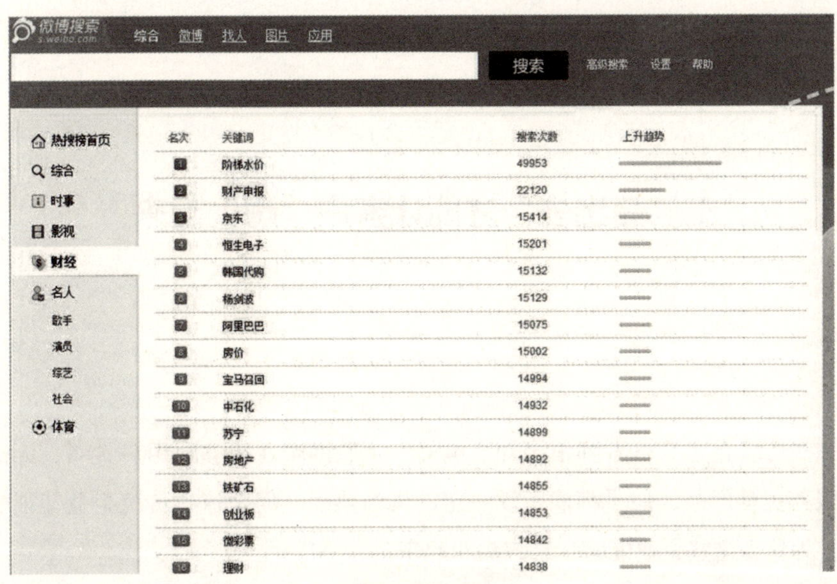

新浪微博热搜榜

企业“走出去”不只需要企业去同类优秀企业中考察，也要汲取与自己不是同行业的优秀经验。他们的一些做法和思想也都可以拿来运用。例如有一家餐饮店，为了让用户在微信公众平台中更多关注自己，该企业就学习了杜蕾斯在微信中与用户“夜聊”的做法，与用户进行一对一人工互动，从中得到了用户需求，开发了让用户尖叫的服务和产品。

互联网逻辑新语：

企业在用数据考察用户需求时，也不能一味寻求数据，有时候还需要真正走入用户心中，寻求用户深度的需求。企业千万不能顾此失彼，忽视了用户体验。

3.“豁出去”才能让客户“嗨”起来

一些传统企业只是看到很多知名电商、互联网企业能够让用户尖叫，无论他们的服务还是产品，似乎都能带动一定的尖叫热潮。但是这些传统企业却很少去思考，为什么这些企业能够让客户尖叫起来。

也许当传统企业还在碍于面子而不肯放低自己身段的时候，那些走在互联网前端的企业早已放下架子，比如杜蕾斯的“谈情说爱”；当传统企业还在互联网中自以为很开放，抛出几个时髦词汇时，互联网的大佬们却早已经互相调侃，让用户抓狂了，比如雷军曾与各大智能手机企业相互调侃：“今年小米手机销量将达6000万台，2015年目标销量超1亿台。”……

而更多的知名企业则为了能让用户尖叫，不惜“自毁三观”，真正豁出去。而事实也证明，只有“豁出去”才能让客户“嗨”起来。

2012年“双十一”期间，各大电商纷纷推出打折促销活动，而这时，有一家企业格外吸引人们关注，还一度引发粉丝们的尖叫，这就是乐蜂网。

乐蜂网在2012年“双十一”推出了“脱光利润，十一月盛女节，天天都是双十一”的活动。本次活动主要针对500多个品牌进行零利润促销，而且还有11位时尚达人为用户打造一个全新美妆盛宴，可以针对不同性格气质女性做一对一时尚顾问。

往年的电商在“双十一”期间的促销活动，往往都让消费者感到“很不过瘾”，而乐蜂网在这次的“双十一”却开先河，推出了长达一个月的“双十一”促销。

可能只是针对这些表述来看，似乎乐峰并没有让用户“尖叫”的冲动。接下来才是真正的尖叫。乐蜂网为了宣传这个活动，特意借助乐峰高管大声喊出“脱光”口号。一出“盛女逆袭”“脱光宣言”的大戏正在华丽上演。美女帅男高管们纷纷身先士卒，上阵宣传。

与其说“自毁三观”，不如说乐峰是真的“豁出去了”。这种举措果真赢得了一大波粉丝、用户的尖叫。而乐蜂网在“双十一”期间的销量也直线上升。

针对这种“豁出去”，乐蜂网营销总监认为：“乐蜂网之所以会选择这种脱光策略，为的就是要与用户进行直接、毫无隔阂的沟通。”

乐峰“脱光利润”活动

显然，乐蜂网的这种“脱光利润”不但豁得出去，而且还赢得了很多企业的后续模仿。因此，企业想要让用户尖叫起来，必要时候，要大胆出奇，豁得出去，这样才能吸引人们眼球，满足用户胃口。

企业豁出去，并非要求企业真的去“自毁三观”，而是要主动“放下身段”，放下“名头”，依据用户心理和需求，用诚意和创意吸引用户。这是一种独特的营销策略，也是互联网尖叫逻辑的一个具体表现。那么企业究竟该如何来做呢?

第一，降价要豁出去，必要时刻“免费送”

很多企业以为想要让用户尖叫，搞促销、搞特价就可以。其实在电商群雄逐鹿的时代，每个电商都在搞促销。那么如何让客户对你的产品尖叫呢？这就需要企业在价格上豁得出去。“别人不降，你要降，别人降价，你要送。”这是雷军在一次大会上对自己的营销团队说过的一句话。这句话说明，企业要在价格上豁得出去，就会赢得用户尖叫。

小米在2014年4月8日推出了“米粉节——爽爆了”活动。不但每分钟会免费送出一部手机，而且全场配件都以五折销售。这对小米来说，可能是豁出了血本，但是却真的引发了粉丝们的尖叫。

所以，企业想要获得用户尖叫，就要抓住用户“图便宜”的心理，将价格豁出去，定期搞一些像小米“米粉节”这样的活动。不但能够引发粉丝的尖叫，还能让用户持续关注企业。

小米“米粉节”送手机

第二，“敢为天下先”，豁出去开创先河，赢得尖叫

乐蜂网既然可以开先河，几位高管发出“脱光”心声，那么企业也可以利用奇招豁出去，开创另一个让用户尖叫的先河。

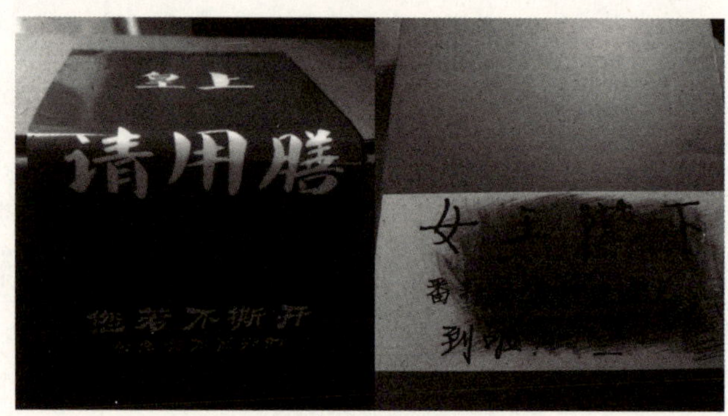

桔店的“圣旨体”

例如有一家叫“桔店”的水果店，专门在互联网上卖水果。其送货速度快、水果新鲜特别早已成为用户尖叫的理由。而在2014年3月，该水果店又开创先河，推出了物流包上“下圣旨”的营销策略。用户收到包裹之后，会发现包装上会写着一串“圣旨体”。例如“皇上，请用膳”“女王陛下，番邦进贡的水果到啦”等。这种做法不但让粉丝感到新奇，更是让粉丝尖叫不断。

互联网逻辑新语：

企业虽然可以通过豁出去、“自毁三观”等方式来让用户尖叫，但是企业也必须有个度量，不能“豁”过了头，引发用户的反感和排斥。所以，企业在进行这些措施之前，需要先考察好用户的实际需求，才能有序进行。

案例：一淘“降降降”，嗨翻用户

尖叫逻辑主要在于让用户尖叫、兴奋，嗨起来，用户胃口吊足之后，自然会对你留恋，还希望有第二次的经历。这是互联网新思想的一个比较个性的逻辑概念，互联网电商企业往往会借助这种方式来让用户嗨翻。

提起一淘网，有些人立刻就会想到淘宝，没错，它是淘宝旗下的一个全新服务体验。但是一淘的另一个标签便是“低价”。一淘网在成立之初就秉承着要为用户提供全网导购资讯的思想，而且还为解决用户购前和购后的各种问题，让用户找到更多物美价廉的商品。

用户之所以会选择一淘，主要是因为它的降价。在一淘买东西，你不必太担心会花钱如流水，更不必担心“便宜没好货”。因为一淘会为你提供精心物美价廉的商品。

在一淘网中，用户可以轻松获得大牌服饰的优惠券。各种大牌服饰、鞋包，都可以领取，使用优惠购物，让你随时能够买到称心如意的低价物品。

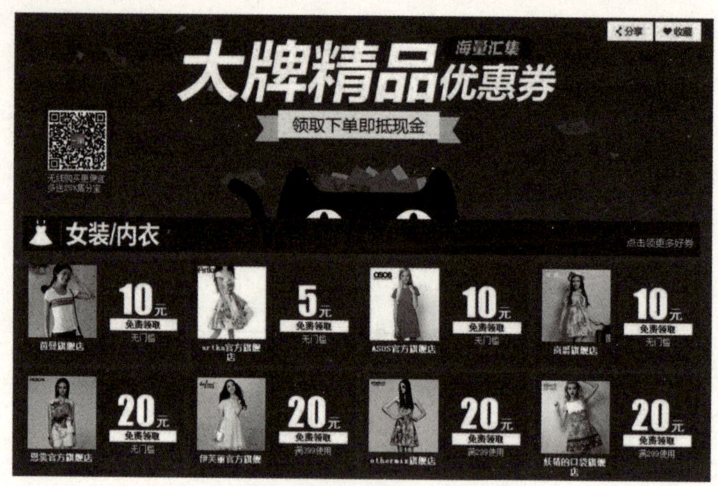

用户可在一淘网中领取大牌优惠券

对很多海淘用户来说，平时想要买到低价的海淘产品并不容易。但是在一淘网，用户却可以轻松购买海淘低价产品。因为一淘网为用户筛选出很多物美价廉的海外产品。产品涵盖服饰、鞋包、婴幼儿用品等领域，让用户嗨翻。

一淘网中的特价海淘专区

一淘网曾被很多网友称为“决不能空手而归”的网站。在一淘，每天都会为你送上6～9元热销产品，品种齐全，质量保证，总有几款是你中意的。

价钱一降再降，产品种类丰富，海淘产品也降价大比拼，这样的网站实在是

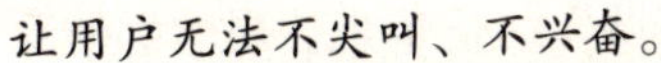
让用户无法不尖叫、不兴奋。

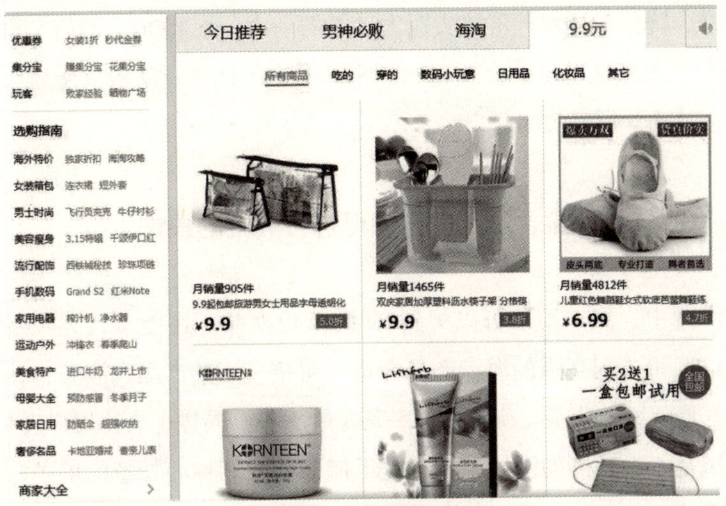

9.9元商品区

9元商品随便挑，海淘商品各种降，大牌折扣优惠券随便拿，每一个营销点，拿出来都可以让用户兴奋不已，更何况是几点综合在一起，所以，一淘网是一个让用户尖叫不停的网站。

通过一淘的营销方式，我们可以看出，低价、降价就是让用户兴奋的基本点。每个习惯网购的用户，都希望自己能够花尽量少的钱买到精美的物品。所以，一淘就满足广大用户的需求，让用户嗨到底，兴奋不停。

很多传统企业往往不明白，在互联网中如何才能让用户在你这里兴奋，而看了一淘网的案例，也许很多传统企业已经有了答案和方法。当然，各种企业性质不同，具体的做法也不相同。但是从总体上来说，都要遵循两个基本的方向。

方向一：得屌丝者得天下，迎合大多数用户口味

从市场定位及目标人群来看，很多成功的互联网企业大都是因为抓住了占据网民大多数的“屌丝人群”的需求。屌丝们追求被认可，追求成就感，而最大的追求则是低价。如果你的产品不走高端路线，那么就一定要抓住这个群体，尽量迎合他们的消费口味和习惯。

迎合屌丝，让他们嗨起来，最重要的就是“降降降”。低价是让屌丝群体看过来的口号，降价是让屌丝群体尖叫大过天的动力。细数QQ、微信、小米、淘宝等这些企业，大都是通过迎合了屌丝口味，做出了低价、降价、便捷、无门槛的营销策略，从而让屌丝尖叫起来。

方向二：产品种类齐全，让用户无须再进行其他的操作

在一淘网中，用户不但可以买到9元的低价商品，还能拿到大牌服饰的优惠券，更能以低价买到高端的海淘产品。这一层接一层的产品和服务，让用户根本无须再去其他的网站购买。所以这种一条龙的服务，同样也会让用户尖叫不停。

58同城是一个神奇的网站，在这里不但能够找到称心如意的房子，还能享受到买卖二手货、找工作、团购等各种服务。当然，如果只是这些单调的服务，也不能吸引用户尖叫。58同城还定期向用户奉送手机等神秘大奖。2014年4月，58同城推出3亿元大补贴，用户买房租房，即可有参与抽奖，有机会赢取千万豪礼。这让用户在交易的同时，更是爽翻，尖叫不停。

58同城租房买房抽奖赢好礼活动

互联网逻辑新语：

虽然从一淘网的成功案例中看出“降降降”可以让用户尖叫，但并不是所有的降价、低价都能让用户兴奋。有时候，企业还需要做一些不定期的送好礼、抽大奖等神秘活动，这种出其不意的惊喜也能有效刺激用户的尖叫神经。

第4章
跨界逻辑：自我颠覆，重塑产业格局

有人说雷军是一个跨界人，因为他从金山软件突然做起了智能手机，但在雷军眼中，他并不认为这样有什么不妥。在互联网世界中，各个行业都是相互联系融合的，很多产业的边界变得模糊，不同行业之间也可以携手共进。在2013年央视“年度经济人物”颁奖典礼中，雷军虽然和传统企业格力进行了10亿元的豪赌，但雷军却认为，在互联网世界中，明天，小米很可能会和格力携手跨界合作。

马云虽然是电商的代表，但是他依然跨界金融营业、娱乐行业乃至物流行业，2013年与海尔一起携手打造大件物流配送体系……这些事情只说明一点：互联网企业的跨界颠覆，本质上是高效率与低效率之间的整合，当然也包括强强联手，实现共赢。为此，很多企业包括传统企业都纷纷自我颠覆，踏上了跨界这条路。本章着重来介绍一下在当下互联网飞速发展时期，企业如何完美地实现跨界颠覆。

1. 产业巨头，纷纷打出跨界旗帜

在高度开放的市场中，无论是传统企业，还是互联网企业，都应该主动去寻求变化，大胆创新、颠覆自己。而这就是互联网的跨界逻辑，也是时代背景的必然要求。

马云不只做单纯的电商服务，还做余额宝，进军金融行业；做房地产，进军地产行业；做娱乐报，进军电影行业……马云是一个牛人，更是一个懂得在互联网跨界逻辑下敢于改变、颠覆的人。这也说明，一个真正牛的人，一定是一个敢于跨界的人。能够在市场和科技变化的交汇点找到自己的坐标，一边手握大数据，一边纵横网络，跨界玩颠覆。难怪有人这样称：你不跨界，就会有人跨过来打你！尤其是传统企业，必须要实现跨界合作，寻找更有利的发展，及时改变和颠覆自我，才能创造一个市场神话。

下面我们来看一下各大产业巨头是如何玩跨界的。

苹果：从电脑到手机、数码产品的颠覆跨界

说起苹果，现在人们首先想到的就是iPhone、iPad等，但是一开始的苹果可不是专卖这些。苹果创始人史蒂夫·乔布斯在1976年创立苹果公司，当时苹果主要的业务是生产电脑。

后来，随着移动互联网的发展，乔布斯发现了手机市场的较大利润和发展空间，于是敢于跨界，操刀玩颠覆。2007年，苹果开始将原先的核心产业电脑定位为数码电子科技产品，比如手机、MP3等。同年，第一代iPhone问世，从此便引起了长久轰动。如今，在智能手机市场中，苹果仍然是无人可敌。

阿里巴巴：从纯电商到金融产业、物流产业等的资源跨界合作

阿里巴巴是马云借助互联网平台逻辑开创的一个网络电商平台，作为一个纯电商行业，马云做得风生水起，成为了中国最大的电商企业。而在2013到2014年，人们发现马云跨界玩起了金融。阿里巴巴的余额宝，涉足网络金融业，针对每一个大众平民，任何人都可以用余额宝来投资理财，这在很大程度上吸引了人们的围观和使用。

如果说马云的跨界逻辑仅在此，并不全面。马云还涉足物流产业，他投资菜鸟物流，力求发展中国的物流产业。而且阿里巴巴集团还在2013年年底投资了海尔电器，获得一部分股份，携手海尔进行跨界资源整合。虽然资源整合并不容易，但是在马云的带领下，阿里巴巴集团在跨界方面做得有声有色。

腾讯：从游戏到电影，再到智能云电视的趣味跨界

腾讯企业在2009年就曾实现过跨界，腾讯QQ游戏结合惠普企业推出了惠普腾讯游戏本，这款笔记本对很多游戏发烧友来说是一个非常刺激的选择。这种定制也让腾讯尝到了跨界的甜头。

2011年腾讯还跨界搭上华谊兄弟，共同进行影视战略投资。腾讯斥巨资买下华谊兄弟接近5%的股权，成为了华谊兄弟第一大机构投资者。

2014年腾讯又与TCL合作，推出跨界产品：电视专属聊天工具TCL3D智能云电视系列。这是腾讯首次深度植入到电视平台，意在为消费者提供更全面的智能影音娱乐服务。

李彦宏曾说过：“互联网和传统企业正在进行一种加速的融合和跨界合作，互联网企业的最大机遇在于可以发挥自身的网络优势，去提升和改造线下的传统企业。改变原来的产业发展速度，乃至建立一种新的游戏规则。”

这说明，在互联网的跨界逻辑下，传统企业完全可以借助这个跨界逻辑，来自我颠覆，甚至重塑产业格局，让产业展现新的风采。那么传统企业该如何判断企业是否需要进行跨界合作呢?

第一，对自己的产业进行合理的审视

一个企业想要跨界，那么首先它应客观审视自己的产业结构、格局是否合理，是否符合当下市场的发展。尤其是传统企业，本身就很少与互联网进行合作，所以所接触到的市场面也就非常狭隘。企业必须要客观审视自己的产业格局，结合互联网的市场发展趋势来规划一个合理的跨界构想和计划，这样才能真正做到自我成功颠覆。

第二，调查市场，寻求更完美的产品，实现跨界

如果传统企业不知道该如何做跨界思维的转变，那么可以对市场进行全面的调查，通过调查市场，发现自己所需改进的地方和市场的缺陷，从而抓住这个机遇，寻求更完美的产品，做出完美跨界。

苹果之所以从电脑核心产业跨界转变到数码产品，因为乔布斯通过观察市场，发现市面上已有的数码产品质量、做工、款式都十分粗糙，所以乔布斯才认为务必要实行转变、跨界。

互联网逻辑新语：

企业不要害怕跨界会给企业带来损失而不敢迈出这一步。企业必须要相信互联网，并学习各大产业巨头通过跨界所带来的成功，学习他们的勇气和眼光，才能“一跨定江山”。

2. 谁跨界得好，谁就能挖到黄金

产业玩跨界，行业改行，传统企业试水互联网……这些都是互联网跨界逻辑的表现。而在互联网发展火热势头中，谁跨界得好，就能够挖到足够的黄金。

很多传统企业在互联网的冲击下，不得不携手互联网、移动网络进行跨界合作，改变原有的赚钱模式，操刀玩转网络，采用新形式继续“赚钱”。如下面这个例子。

音乐产业一直以来都是一个非常传统且口碑较好的娱乐产业。但是2011年，滚石移动CEO李敬在一次互联网大会上突然说了这样一句话：“音乐产业彻底被互联网打垮。”

李敬认为，如今人们听音乐，大都用智能设备、手机、MP3等，很少有人会去音像店买唱片。李敬说：“几年前，周杰伦发一张专辑，能够卖100万张，就算不错的成绩。可是现在的能够卖20万张就已经很了不起。”

作为滚石移动的CEO，李敬肩负着要将滚石移动继续发扬下去的责任。李敬认为，在互联网如此发达的趋势下，滚石移动也应该重新架构一个产业，走一走跨界路线。李敬认为，想要让滚石移动在保持原有的基业不变，还要赚钱盈利，那么需要跨界，需要涉足互联网。而李敬更看重移动互联网和社交网络。他指出：“移动网络能够给音乐的发展继续提供一个庞大的发展空间，而社交网络则能够给音乐的传播和流通带来一个新机会。”

在移动互联网中，每个喜欢音乐的人，都可以借助网络来找到自己喜欢的音乐。所以滚石移动做移动互联网的产业未必不是一件好事。

“一个知名歌手的数字音乐能够在一年之内被下载1000万次，并且是收费的，这将远远超过卖唱片。未来谁能跨界得好，谁就一定能抢占市场先机，音乐行业也是如此。”李敬在互联网大会上信誓旦旦地对大家做了一个总结。

跨界要及时，互联网和移动互联网发展速度惊人，如果你今天还不能大胆做出颠覆，那么很可能你的颠覆即将成为他人跨界的垫脚石。连马云、马化腾、李彦宏等这些产业巨头、互联网大佬都纷纷玩跨界，你还怕什么?

在互联网的市场中，看似已经被竞争者充满，变成“红海”，但是只要你的想法突出，跨界到位，依旧能够在“红海”中挖到黄金。

第一，在原有营销基础上，跨界搭手移动互联网，走在跨界前列

随着互联网业务的持续发展，从各大门户网站到搜索，从网游再到移动增值服务，从移动视频到社交通信，甚至包括微博、团购等，这些都说明移动互联网正在成为企业跨界掘金的一个热点。

滚石移动跨界携手移动互联网来推出下载数字音乐来赚钱的方式，就很好地说明了传统企业大可以在原有基础上，跨界搭手移动网络，形成一种新型的跨界营销方式，让自己走在跨界前列。例如2013年中国电信联合网易推出了手机通信软件易信，这是一个被业内人士称为敢于挑战微信的通信软件。易信的出现结合了运营商在资源和技术方面的跨界逻辑结合，打造出一款符合移动网络时代要求下的即时通信工具。对电信和网易来说，这将是一次非常前端、时髦的跨界。

第二，跨界也需要创意

所有跨界的企业，是否都能成功呢?不然，如果没有好的创意，跨界也将非常单调。而2013年“褚橙”的走红，似乎说明，跨界也需要创意。昔日烟王红塔集团原董事长褚时健在2013年搭建互联网开始运用云冠橙企业销售“褚橙”，褚时健的创意在于该水果不但具备了褚时健个人传奇创意故事，还将橙子化身为励志图腾进行情感营销。

中国电信携手网易推出的“易信”

就连作家韩寒、企业家王石等人纷纷在微博上对褚橙进行高调赞赏。显然跨界也需要创意，有创意才能跨得好，才能挖掘到市场的黄金。

褚橙的情感营销

互联网逻辑新语：

跨界并不是简单地携手其他企业或者投资某个与自己无关的企业，想要跨界得好，还应该结合创意，以最新潮的移动网络为基点，打造出让人耳目一新的营销新形式。这也是体现互联网跨界逻辑的一大亮点。

3.自我颠覆，是跨界的引爆点

在经济学中，营销的目的就是要让消费者在无形中对企业的产品和品牌产生依赖，从而在营销链接中形成“有瘾”消费，成为企业的忠实粉丝。然而，在当下营销大环境下，如果企业还继续走传统的营销路线，企业格局不更新，那么也许会被互联网的大浪所淘汰。

所以，在传统企业的营销观中，应当出现一个新词：跨界逻辑。这也是互联网发展形势下企业必须要走的道路。当然，企业首先要自我颠覆，才能引爆跨界。

说到这里，我们不得不提锤子科技的创始人罗永浩。有人说他很狂傲，但也有人说他很大胆。在进军网络科技之前，罗永浩是一个做英语教育的。2012年罗永浩在微博中宣布以网络直销模式进军智能手机行业。罗永浩的这种借助互联网跨界的说法已经引爆了人们的热点。甚至在举行锤子概念发布会时，很多人因为要在现场一睹锤子概念机的真容，而没能赶上回家的地铁。

这件事情也被很多人调侃，认为罗永浩在炒作，不过一场闹剧。然而从互联网营销方面来说，这是一个新的突破和思维创新。这种跨界逻辑，甚至能够掀起极具破坏式的创新和颠覆。

企业自我颠覆，跨界整合，引爆互联网营销的案例也不少。最为有特点的则是来自加拿大的一家玩具公司Ganz开发的网娃虚拟网站。

在美国平均每3个孩子，就有1个孩子拥有网娃。网娃是什么？网娃是一种毛绒玩具，从某种意义上来说，网娃最初是一个传统零售企业。在美国的一条普通大街上，你随便问几个小孩子，他们最喜欢的玩具是什么时，从他们的口中大都会蹦出“网娃”这种毛绒玩具。而且一个孩子大都会有3～15个网娃。然而，如果你单纯地认为网娃是一种普通毛绒玩具，就大错特错了。

在现代，网娃的意义已经超出了单纯毛绒玩具的范围。因为Ganz推出了网娃虚拟网站，跨界互联网，采用了自我颠覆的一种互联网创新营销模式。

其具体的含义是，每一个网娃玩具本身并没有特别之处，而是这些玩具标签会有一个魔卡，小朋友可以使用卡上的账号和密码登录网娃虚拟社区网站。在这里，网娃在线上有了新的生命和灵魂，成为了每一个孩子的虚拟宠物，甚至是自己的化身。

在这个虚拟网站中，网娃对孩子们的情感培养有着积极影响，让孩子们在这里学会了如何对待朋友、对待宠物。当然，更重要的是网娃向这些用户提供了一个封闭的线上交流环境，同时，也增强了自己在互联网方面的营销效果。

网娃的用户在线下购买了玩具之后，进入虚拟网站，还能看到其他小朋友的其他网娃玩具。可以通过社区来与其他小朋友沟通，刺激用户购买自己没有的玩具。这就形成了一种闭环交易，拉动网娃的持续消费。

网娃中国网站

Ganz的商业营销逻辑从很大程度上已经打破了自我，颠覆了自我，进行了互联网的完美跨界，形成了“网游+玩具”的营销模式，成功俘获了儿童们的心。不难看出Ganz将传统零售模式与现代互联网营销巧妙地结合，并且还跨界打造了网游、社区的营销模式。可以说，这给很多传统企业带来了更多启示。

传统企业想要实现自我颠覆，通过跨界逻辑引爆营销，需要的不只是要多看一些成功的跨界案例，还需要自我“修炼”，从实际出发，做到自我颠覆。

第一，借助互联网平台来开发新的营销模式

很多成功的互联网企业，无论是电商还是网站，细数他们的产业结构，我们都能发现他们企业的前身，或许只是注重一方面，也或许前身与现在的企业结构毫无关系。比如史玉柱的巨人集团，曾经通过脑白金轰动一时，但如今的巨人却将主力集中在了网游“征途”之上。不得不说，史玉柱的跨界是一种自我颠覆，更是打入互联网的一种创新。

因此那些处在迷茫时期的传统企业，必须要好好利用互联网这个平台，借助这个平台开发一些新的营销模式。就比如Ganz的网娃一样，从零售直接颠覆到虚拟网站营销。当然，企业颠覆和引爆的不只是这些，还可以是其他与互联网营销有关的一切。比如借助移动互联网的多种形式进行自我颠覆般的跨界营销。就好比一家洗衣店可以借助团购网站来嵌入自己的地点、服务进行线上营销，线下为用户提供服务的O2O（Online to Offtine的简略写法，指用线上营销带动线下消费）新模式。这些都是企业可以借鉴的新营销模式。

第二，自我改变产业结构，配合网络营销

企业想要自我颠覆，引爆跨界，成功转型为网络营销，还需要在自身的产业结构上进行改变和颠覆。一个企业的产业结构是企业盈利的全部来源，但是在当下网络营销热趋势的大环境下，如果你的企业产业结构还处在一种老式模式下，可能已经不能实现最大盈利了。这时，你必须要进行自我产业结构的改变，来配合网络营销的大趋势。

例如海信最早就是做电视机，然而，随着时代的发展，智能手机、高端智能

电视逐渐走入人们的生活，于是海信积极进行产业调整，不但在网络上进行了营销创新，而且在产业结构上也进行自我改变，并对智能电视进行了侧重。海信的网络营销模式也达到了一定的效果。

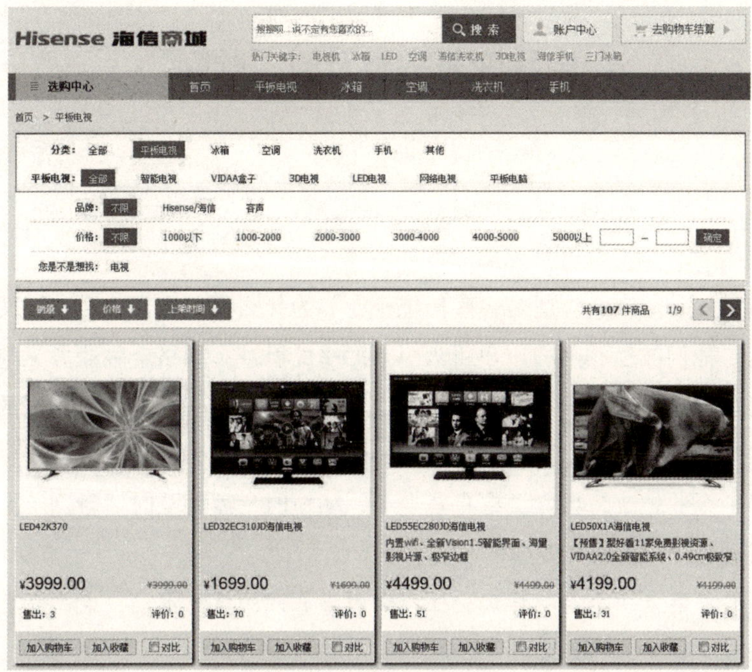

海信开通网上商城

互联网逻辑新语：

互联网是新的销售渠道，企业必须要抓住这种热潮，根据自身的产业结构来分析，如何才能实现网络营销的最大利益化。这是企业实现自我颠覆、引爆跨界的一个首要基础。事实证明，只有根据形势勇于改变和颠覆的企业，才能真正拥有市场竞争力。

4. 自我变革需要及时“触网”

无论是互联网产业，还是一些传统企业，为什么都那么喜欢在互联网中跨界呢？原因是他们被互联网的用户所吸引。阿里巴巴进军网络金融业务、与实体商城、线上商城合作；小米不只做手机，还做电视……这些都源自互联网的用户逻辑。而在这基础之上的合理跨界才能真正走向成功。

所以，企业想要跨界好，在自我变革、颠覆时，需要及时“触网”。进军互联网，找到适合自己的跨界点。

太平鸟家纺是一个老牌传统企业。面对互联网的风生水起，太平鸟也步入了网海，并且还实现了一次漂亮的跨界。

太平鸟的不同之处在于它与网络的卡通新形象“阿狸”进行了合作，跨界互联网，联手打造一个网络“太平鸟阿狸”家纺。

阿狸是一个借助互联网而兴起的卡通形象，在网络中掀起一阵“阿狸热”。于是太平鸟家纺在2012年携手阿狸，以此来做公益宣传、销售限量版的家纺用品。

阿狸企业的感言是“不埋怨、不嘲笑、不羡慕，阳光下灿烂，风雨中奔跑，做自己的梦，走自己的路”。而太平鸟牵手阿狸，进行跨界合作，推出7款定制家纺用品。在本次活动中，太平鸟还将这7款家纺用品的销售额的1%拿出来帮助贫困儿童。

太平鸟家纺更是选择聚划算来实现网络订购阿狸版家纺。因此，从某种程度来说，太平鸟家纺可谓是真正做到了传统行业跨界的典范。通过阿狸的高人气，再加上聚划算的优势来高调宣传企业，太平鸟充分把握了精准的营销跨界概念，打造了一个跨界神话。

据悉，在聚划算中，仅3天，这7款产品的总计销量就达到了687万件。无论是从销售量还是影响力来看，太平鸟的这次跨界都是成功的。

太平鸟家纺携手阿狸做宣传

太平鸟家纺携手阿狸在聚划算进行跨界营销

在太平鸟家纺跨界营销的这次事件中，我们还能看出，太平鸟家纺的这7款产品在聚划算中的定价都很低。这主要源于太平鸟家纺意识到阿狸的受众群体大都是18~28岁的年轻人，而这部分人大都为大学生，所以他们的购买力不是很强。因此，太平鸟家纺选择将价格定低，来迎合这部分消费者。

我们从太平鸟家纺这个跨界案例中，能够学习到很多跨界的方法，当然最重要的一点就是，传统企业在进行跨界颠覆时，要及时“触网”。利用互联网来合作。除此之外，太平鸟家纺还带给我们一些启示：

第一，多与天猫、聚划算等网站进行合作，联手实现跨界

太平鸟家纺的这次跨界之所以会成功，主要来源于在聚划算的3天推广。因

此，我们可以看出，传统企业想要跨界好，必须联合互联网。像天猫、聚划算等这些平台并不是单纯的电商平台，如果运用好，它们还能造成巨大的轰动，引发某种效应。

例如2014年，著名歌星王力宏在北京、杭州等地的演唱会门票预订方式，就通过聚划算来跨界打造抢票方式。用户可以登录聚划算参与互动，还能免费抢票，获得与明星亲密见面的机会。这种方式吸引了很大一部分年轻人参与，并且形成了一种极为轰动的“抢票效应”。

演唱会门票与聚划算跨界网络营销

第二，多元化营销以及精准定位跨界所指向的消费群体

太平鸟联合阿狸打造的7款家纺用品在聚划算上的定价非常低，主要源于阿狸以及聚划算的受众消费群体。所以企业在互联网中跨界营销时，值得注意的是除了要进行多元化的有吸引力的跨界营销之外，还要精准定位受众群体。

NANA咖啡馆与豆瓣跨界营销

例如北京一家叫NANA的咖啡馆，就借助免费放电影、携手豆瓣同城活动的新鲜方式在豆瓣网举行跨界营销。虽然电影是免费观看的，但是喝咖啡却是要用户自己买单。而该咖啡馆之所以选择在豆瓣进行跨界营销，就是看好了豆瓣上的大部分受众消费群体。这些人大都喜欢文艺电影，更喜欢小资情调的咖啡，所以感兴趣和参与的人也就会很多。

互联网逻辑新语：

传统企业想要跨界成功，必须及时触网，只有百变的互联网才能塑造百变的企业。但是，企业在这个过程中，千万不可本末倒置，无论何种跨界，都应将产品营销放在首位。

案例：国美在线，跨界打造电器新时代

企业跨界合作的先例有很多，传统企业、互联网产业都比比皆是。但是如何来打造一个全新的跨界时代，让企业能够借助互联网的跨界逻辑实现新的转型和百变，这是一个非常重要的环节。而在这一点上，我们不妨来看一下国美的成功跨界实例。

大家一提起国美，就会想起线下的国美家电，但是习惯网购的人则会想到国美在线。没错，国美早已经跨界转型为互联网电商企业。

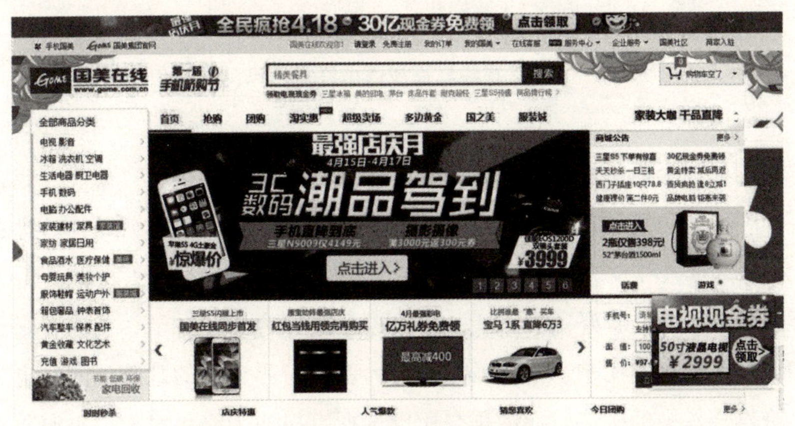

国美在线大优惠促销

线下与线上的结合让国美完美地实现了转型，并且也获得了互联网的认可。因为国美在线在线上商城的运营非常符合当下网购消费者的心理。每逢节日会搞促销，店庆也会回馈粉丝等。

例如在2012年“五一”期间，国美的线上商城就打出了市场促销的高潮，其家电价格在网络上，一降再降，最终，国美成了人们购买家电的主战场。

在2012年“五一”期间，国美线上商城全场平均降价幅度为三成，甚至还举行满千返百等活动。在“五一”期间，国美实现了完美的网络跨界营销。

而在2013年，国美在线又开展了一个新的跨界合作。国美与全球领先的IPTV运营商合作，推出百视通智能机顶盒。而且这次两个行业的跨界也掀起了互联网视频服务市场的新波澜。

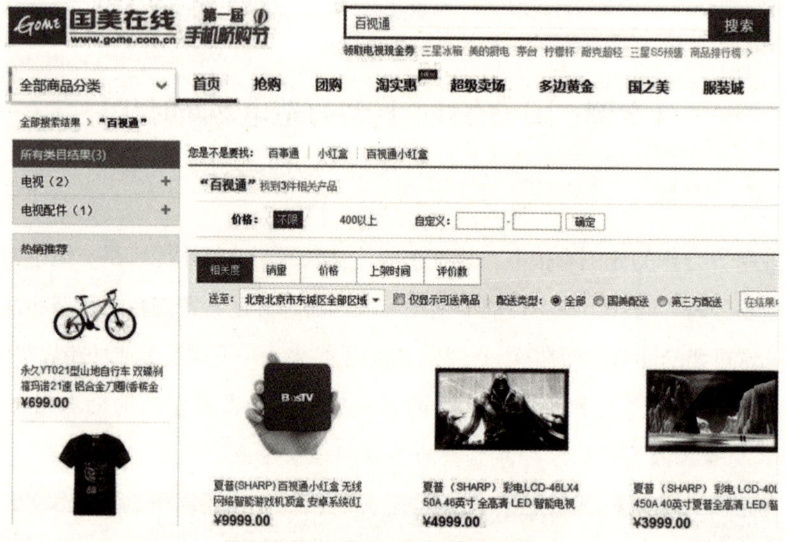

国美在线与百视通小红盒合作

百视通机顶盒不但在国美线下销售，还在线上国美商城进行销售，线上线下双管齐下。国美与百视通的这次跨界合作，开创了电子商务与新媒体的跨界合作先河，而且从很大程度上，实现了互联网视频服务的一大颠覆。

百视通之所以会看好国美在线，与之进行跨界合作，在于百视通看好了国美在线8000多万的忠实用户。强大的用户群，就是跨界合作的基础，同时也是国美在这次跨界合作中的优势。而国美之所以选择百视通为跨界对象，也源于百视通在新媒体领域内，无论是在技术上，还是内容上，都具有独特的强势和知名度。

通过这次合作，国美在互联网的知名度和人气进一步提高。而且这次的跨界也会让很多全球知名品牌对国美在线产生兴趣，积极与之进行跨界合作，有利于国美在互联网电商领域的发展。

从国美在线的这个案例中，传统企业可以得到哪些有关跨界的方式和经验呢?

第一，多与知名度高的企业进行跨界合作

国美在线通过与百视通合作，势必会引发一定的名牌效应。因为在互联网视频服务新媒体企业中，百视通的知名度非常高，而且凭借着高清正品视频等服务已经征服了很多用户的心。所以，国美在线与百视通跨界合作是非常好的选择。

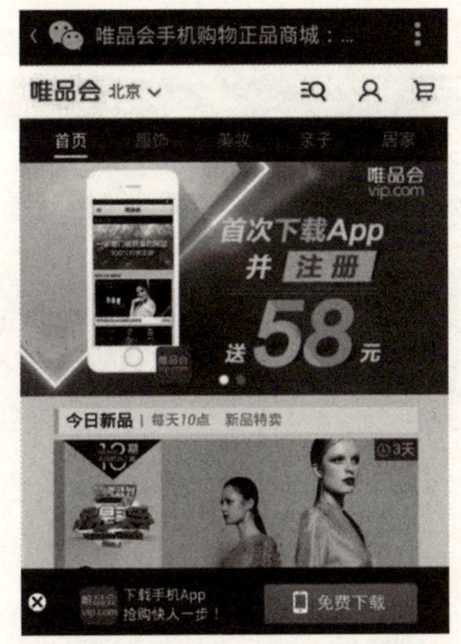

《我是歌手》联合唯品会做跨界宣传

而传统企业也必须要明白，想要在跨界中取得好成绩，就需要与一些知名企业合作，这样才能增强自己的人气和知名度。《我是歌手》是一档电视综艺节目，为了能够吸引更多用户参与互动，所以《我是歌手》携手唯品会、京东商城等知名电商跨界推出“看歌手，上京东摇大奖”等活动。由于唯品会和京东的高知名度，所以《我是歌手》也因此愈来愈红。当然，这种联合的效果是双向的。

《我是歌手》也将不少观众带向了唯品会、京东。

第二，跨界依然需要促销，让利是跨界成功的基础

国美在线在跨界互联网时，也是利用促销、大让利等活动征服了用户的心。所以从这一点来讲，企业想要跨界成功，必须要做好促销这个前提。

例如惠氏联合京东实现跨界网络营销。而惠氏深知跨界需要做出让利，才能让用户接受。所以，惠氏在京东“超强奶爸节”打出“挑战历史低价”的活动。这种大促销和让利也让很多消费者抓住这个难得时机积极购买。

所以，传统企业想要跨界成功，需要做出促销让利，只有这样，才能吸引用户参与，刺激用户购买神经。

惠氏联合京东推出跨界合作“超级奶爸节”

> **互联网逻辑新语：**
>
> 在互联网的高速发展的背景下，很多企业在产业格局方面变得模糊起来，互联网的触角已经延伸到各种领域。在这种情况下，企业必须要结合其他新企业、互联网、热门服务等来实现新的跨界资源整合，只有这样，才能在互联网中占有一席之地。

第5章

简洁逻辑：少就是多，专注才有力量

在互联网企业中，一直流传这样一句话："少就是多。"这正是简洁逻辑的核心体现。互联网企业，想要获得用户喜爱、点击、搜索、使用、购买，那么一定要摒弃传统企业的一些逻辑、思维、观点。更重要的是要在产品规划和品牌定位方面力求专注、简单。

互联网世界信息爆炸，用户的选择性太多，而时间和耐心却变少了，因此想要第一眼留住用户，就要为企业产品服务做减法运动。百度、谷歌、QQ等这些互联网企业在很大程度上都是凭借着自己的优势专注而博得用户喜爱的。而那些复杂的、烦琐的产品，用户却根本记不住。有时候做得多，不一定就是好。在这一章，企业会找到应用简洁逻辑的根本思路和重要方法。

1. 唾弃拖泥带水的诟病，简单才是王道

腾讯CEO马化腾曾经在一次关于互联网的大会上提出了“简约逻辑”四个字。在互联网逻辑中，马化腾无疑十分注重简约逻辑。其实在腾讯旗下的产品中，无论是QQ还是微信，我们都能看到简约逻辑的影子。比如微信的定位非常简单，就是智能手机的用户。在产品设计上也格外注重两点：语音和即时性。

其实，现代社会信息大爆炸，消费者的可选性很多。无论你是传统企业，还是新兴的互联网产业，如果将你的产品规划得太过复杂和烦琐，那么用户在选择时的耐心也就越来越不足。而且用户在线上转移选择的成本很低，只需要点击一下鼠标，就可以迅速将你忘记。所以想要在短时间内抓住客户，就需要企业摒弃拖泥带水的弊病，要遵循马化腾提出的互联网“简约逻辑”。

去哪儿网是一家旅行网站。听其名便知其意，如果你想去旅行，那么就可以选择这家快速便捷的网站帮你找航班、订酒店。也许对很多旅行达人来说，去哪儿网并不是最知名的。因为携程、途牛、艺龙这些网站的名气似乎都比去哪儿网大。然而互联网市场这么大，而且随着旅行越来越热，旅行网频频上线。据悉互联网中旅行专业的网站有上千家。但是最终被人们记住的不过区区几个，而去哪儿网就是其中一个。这同时也说明，去哪儿网一定有它让人过目不忘，感受到特别的地方。

其实从专业角度来讲，去哪儿网的高明之处在于它遵循了互联网逻辑中的简洁逻辑。用户在网站中所看到的、享受到的都只是关于旅行的东西。包括酒店、机票、地图、景点等。而且其简洁之处更表现在去哪儿网能够快速帮助用户得到想要得到的东西，让用户简简单单就能办完事情。比如你想订机票，去哪儿网会立刻给你呈现出低价机票选购。而有些旅行网则在这个过程中十分缓慢，甚至为了做广

告，而要让用户等待一定时间。这样一来，用户将会失去耐心，从而放弃使用。

而且去哪儿网的招牌特点就是低价。因此，用户如果只要是奔着“低价”而来，那么就一定能够在去哪儿网中得到满意的服务。

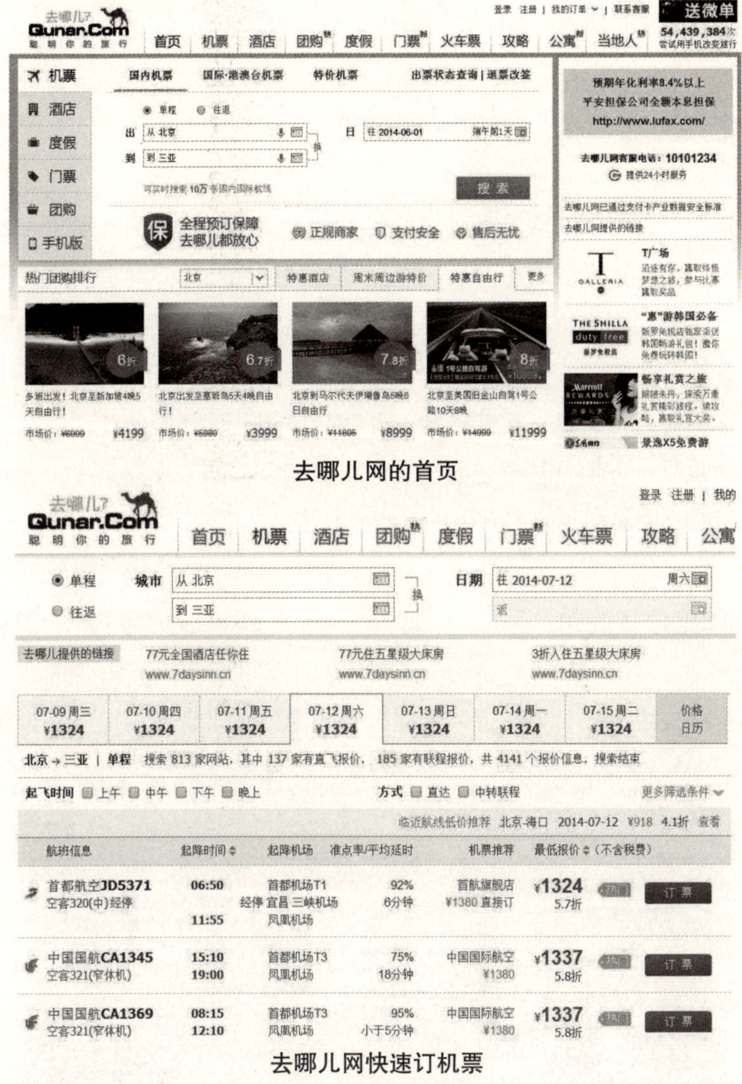

去哪儿网快速订机票

去哪儿网的简洁逻辑不只是体现在服务方面，其实在其服务规划和品牌定位上，也体现了其简洁性。比如去哪儿网定位的用户群就是指那些喜欢出游的年轻一族。

其实，传统企业如果要向互联网转型，那么就一定要突出简单逻辑的特点，不要将自己修饰得过于烦琐。这样不但用户无法快速得到服务，而且企业本身也很容易对复杂的产业理清思绪。

那么企业究竟如何摒弃拖泥带水的弊病呢？其实做法很简单，借用马化腾的话来说就是：“互联网看似复杂，但是你只要抓住一根线就可以。”

第一，产品规划要简单，让用户一目明了

很多企业以为在互联网上可以做任何事，于是在营销方面开展了多条线路。本以为能够赚得盆钵满盈时，却发现企业的这种想法与用户的消费观完全不在一个节奏上。因为用户在浏览网站时，通常会只是输入关键词，或者在购物的时候也会很注重某一点。

如果你经营的是文具，在互联网上开辟的服饰、玩具等业务，那么用户就无法确定你注重哪一方面，甚至还会悄然而退。相反，如果你只是注重文具，并且在规划页面时只突出文具，那么用户就能一目了然，安心选择自己想要的。

第二，品牌定位要简单

一个企业是否有生命力、持久支撑，很大原因在于企业的定位是否准确。而

唯品会定位为名牌折扣

用互联网逻辑来说，指的就是企业品牌定位是否简单。如果一个企业的品牌定位不够明确，那么消费者就很难对这个品牌产生深刻印象。也许这个品牌逐渐就会被人遗忘，最终以失败告终。比如卡芙琳女鞋2012年年底其网店被迫关闭。其中很大一部分原因就在于卡芙琳的页面规划和品牌定位不够突出，甚至十分复杂，让用户难以分辨界限，在购物时产生很大困难。

因此，企业在互联网营销中，必须要将品牌定位得简单化，才能让用户加深印象。比如唯品会电商网站的定位就非常简单：高端、品牌、折扣。因此，那些喜欢名牌但资金有限的客户就可以来唯品会选购。在这里永远有大牌折扣，品质永远高端大气上档次。所以唯品会才会吸引那么多用户反复购买。

第三，产品设计上，抛弃拖泥带水，力求简约

在信息大爆炸的时代，如果你在互联网上的产品设计过于复杂烦琐，那么用户使用或者思考的时间就会加长，这样也会引发用户的烦躁心情。用户随时就会点击一下鼠标，关闭你的页面。

但是一个产品设计简约、不拖泥带水的企业，往往能够被人们记住并使用其产品。例如百度搜索引擎页面，其设计感非常简约，与谷歌类似，百度已经成为国内最大的搜索引擎产品。

百度页面设计很简洁

> **互联网逻辑新语：**
>
> 浩瀚无穷的互联网中，每天都有新企业加入，每个阶段都会诞生经典企业，也会淘汰无数的企业。如果传统企业想要在互联网中赢得一片天地，那么就需要在各方面的整合设计上瘦身，抛弃拖泥带水的弊病，力求简约。记住：让用户过目难忘的企业，才是互联网中的常胜之军。

2. 简洁务必专注，专注才是胜道

互联网逻辑中简洁的力度虽然不能起到扭转乾坤的作用，但是却也是传统企业做大、做好、做久的前提。然而，很多传统企业依然不太明白，如何才能将产品业务简洁。其实很简单，在互联网的世界中，你需要专注一点就可以。比如百度专注搜索、优酷专注视频等。

因此，企业必须要将业务重新组合和配置，根据互联网和企业自身的特点来专注营销。小米创始人雷军曾经在小米推出之前就曾对他的研发团队和营销组织说："小米只是小米，不会是其他的代言词。"雷军在互联网的大潮中胜利了，他胜在简约。这也告诉每一个传统企业、互联网企业：专注才是互联网营销的胜道。

戴尔作为一家传统企业，一开始就是单纯地在线下销售电脑。后来又及时嗅到了电话直销的商机，戴尔积极开展了电话营销。在取得一定成绩之后，恰逢互联网革命时期。戴尔便毫不犹豫地选择了互联网这条道路。

戴尔把握住了恰当的时机。但一开始戴尔将自己的全部业务都放在了互联网上，包括产品的生产、采购、组装流程等。

这样下来之后，戴尔发现其营业额并不理想。在市场考察后发觉这些流程太过复杂，不够简约专注。于是，戴尔根据互联网的特点来对自己的产品和业务进行整合和梳理。

后来，戴尔最为关注集中的就是它能为用户提供个性化的定制和配送服务。用户可以在戴尔的网站中提交自己的需求和定制特色，戴尔与用户直接沟通，满足客户的个性化定制，随后开始投入生产。

这样一来，戴尔就实现了"零库存"效果。而且戴尔对用户个性化定制的速度也非常快，这也大大缩短了生产的周期。同时，戴尔的这种专注精神也极大提高了客户的满意程度。正是因为这样，戴尔公司也奇迹般地在互联网上保持了常年50%以上的增长速度。最终，戴尔凭借着这种独特的创新经营理念，成为互联网市场中的一匹黑马。

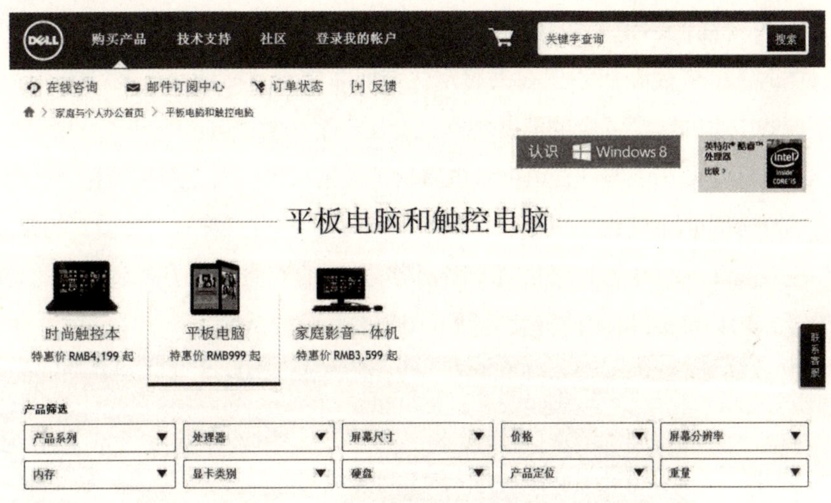

戴尔网上商城

在互联网的简洁逻辑中，专注主要代表的是一个企业必须要为了做成一件事情，而在一定时期集中所有力量，力求突破，而不是将产业链延伸到各种领域。戴尔如果到现在还坚持多元化、复杂的互联网营销模式，那么如今的戴尔可能无人提及，其影响力也可能非常有限。

从互联网的简洁逻辑特点来看，传统企业在向互联网转型过程中，一定要集中力量往一处使，才能让这一方面发挥的出色极致。用雷军的话说就是：“给用户一个选择你的理由，只要一个就可以。”没错，专注才是互联网的胜利之道，凡是将事情弄复杂、烦琐的企业，都不可能激发用户的神经，无法让用户接受。那么如何才能专注简洁，符合互联网逻辑的新模式呢?

方式一：抛开价格比拼，专注情感消费

很多传统网站转型互联网，或者已经转型成功的电商企业，大都会陷入一个

“高危”境地：打价格战。甚至有些企业还互相在价格上叫嚣，采取各种方式来促销。这样就会给用户造成一种烦躁、复杂的心理，结果即便你的产品价格低到亏损，用户也很难对你的企业产生兴趣。

针对这一点，有些企业却很聪明。它们在互联网中的营销十分独特，抛开了价格比拼，专注情感消费。比如在这方面做得很成功的一个企业就是专爱花店（RoseOnly）。专爱花店不但在品牌定位方面非常专注简约——高端人群，而且在营销模式中也抛除了复杂的消费观点，专注于情感营销。

这一点从专爱花店的广告语中就能看出：一生只送一人。而且买花者必须要与收花者的身份证进行绑定，每人只能绑定一次，这也充分意味着“专爱”的含义。

专爱花店于2013年2月上线，由于在情感方面的专注赢得了高端用户的青睐。据悉专爱在2013年8月份的销售额达到了1000多万元。

专爱花店页面

很多人羡慕专爱花店的做法，但在分析专爱互联网的营销模式之后，我们发现了一个很简单的方法：营销简洁，突出专注，避开价格比拼，专注情感消费路线，可能这也是很多传统企业向互联网转型的一大关键。当然，专爱的这种专注特点恰恰也体现出了互联网的简洁逻辑。

方式二：脱去复杂的外衣，突出产品特色，就是专注

多数企业往往会抓住互联网的信息共享和快速特点，于是在进行互联网营销

时，将产业的所有业务都加入到互联网中。就如同戴尔一开始加入互联网一样，整个流程十分复杂烦琐。用户看了之后，不但无法选择适合自己的服务，而且还会对你的产品产生厌倦心理。

所以，企业必须要谨遵互联网的简洁逻辑，脱去复杂的外衣，只需要突出产品特色，就能以专注的力量引起用户注意。比如在智能手机泛滥的时代，想要在网络上销售智能手机是一门很大的学问。

如今各大电商网站都销售智能手机，各大品牌手机的网站也比比皆是。但是美图秀秀的手机却在互联网销售方面非常简约大气。同样都是智能手机，如何让用户来在美图手机的网站上购买这款手机呢？美图网站的特点在这时就凸显了出来。美图没有将该手机的各个功能全都展现，而是简单地展现出了美图的招牌特点——自拍神器。在美图手机网站中，用户不会看到过多复杂的介绍，网站只是突出了美图手机的自拍神器特点，如何用这款手机将你拍得美美的。

美图手机专注自拍

事实证明，美图手机正是抓住了这种特色专注营销，从而尝到了独特的甜头。

互联网逻辑新语：

古语说：“大道至简。”越是简单专注的东西，才越容易引发传播。专注是胜道，专注才能将产品做到极致。而这一点对那些刚步入互联网或者即将向互联网转型的传统企业尤为重要，只有做到专注，才有可能在互联网中生存下去。

3. 给你的企业减减肥，瘦身才是大道

在互联网发展的大趋势下，越来越多的传统企业都纷纷借助电子商务平台来转战互联网，以此来获得更大的利润空间。当然苏宁、国美等大型企业的发展比较突出，也给很多传统企业带来了希望。比如沃尔玛这个传统超市也“触网”加入了一号店，尝到了电子商务的甜头。

然而，并不是所有的传统企业都能转型成功。依然有很多传统企业在转型过程中犹如跳进了火坑无法重生。而这些企业为什么会转型失败呢？其最大的原因在于他们没有把握住互联网的简洁逻辑，“舍不得”给企业“瘦身”，试图全面开花。但是舍不得孩子套不着狼，如果企业不能“瘦”下来，那么就无法在互联网的人山人海中脱颖而出走上康庄大道。所以，适当地要给你的企业减减肥，这样才是简约极致。

格男仕如今是一家知名的品牌电商企业，在2012年的“双十一”活动中，格男仕创下了千万元的销售额，跻身淘宝男装品牌前列。

然而很少有人知道，格男仕这个品牌原本是一家十分传统的外贸服饰公司。格男士原本是晋江市的一家制衣公司，集研发、生产、销售于一体，做外贸出口。这家公司最主要的订单是出口，替国外的一些品牌做代工。

然而2008年以后，泉州的外贸服饰行业越来越难做，订单生意也逐年减少，在这期间一大批类似格男仕的企业纷纷倒下去。到2010年，格男仕的负责人吴志超认为想要发展必须要转型互联网，做电子商务。

建立电商网站之后，吴志超认为企业不能像以前一样，又制作，又接外贸出

口订单，还要销售……这样一来，企业的特点就不突出，而且类似的商家有上万家，如何让客户对你情有独钟？吴志超认为企业必须要“瘦身”。最终吴志超做了一个大胆的决定，砍掉了以前作为主力的外贸订单，也砍掉了以往的低价同类化产业，而选择自创品牌，走品牌男装这一条主线。

格男仕官网

在这种“瘦身”计划中，格男仕这个品牌也就出现了。如今以渠道营销和直销为主的格男仕越做越大，成为了电商企业中的知名男装企业。

格男士男装的这种做法其实恰恰突出了互联网逻辑中的简洁专注特点。传统企业在转型互联网过程中，想要成功胜利，必须要“瘦”下去，将产业结构简单化，专注一点，这样才能在互联网大市场中占据有利位置。

“给企业减肥”这种说法看似新颖另类，但几年前马云就已经提出“互联网需要简约逻辑”的概念。这也充分体现出：简约就是力量，专注才能有竞争力。传统企业想要赢得互联网市场，就必须要学会给自己的企业“减肥”。

第一，砍掉没有前途的产品，专注重点产品线

无论互联网电商，还是传统企业转型，都必须要遵循的一点是：简约。在实施的时候，就需要企业“狠心”一点，勇敢砍掉没有前途的产品，专注重点产品线。集中力量专注一点，定能做出色。

苹果公司就是典型的案例。1997年，苹果公司几乎快要破产。当时苹果的产品占据了电器的一大半，但成绩和营业额却并不突出。刚回归到苹果的乔布斯就

决定下大力气改革，他砍掉了苹果70%的产品线，只保留了4款苹果产品。其中如今火到爆的iPhone就是其中一个重点保留产品。

最终乔布斯的这种做法让苹果扭亏为盈，甚至还因此创造了一个乔布斯的神话时代。现在我们来看苹果，虽然它卖得很火爆，风靡全球，但是iPhone手机却也只有简单的几款。

所以，企业必须要下大决心，砍掉那些没有前途的产品线，力求简约的同时，更能够专注力量突出重点产品。

第二，必要时候可以彻底“洗胃”，脱胎换骨

传统企业想要在互联网的世界中赢得一片沃土，有时候需要简约逻辑来帮忙，砍掉那些没有用的产品线，走专注路线。但有时候“瘦身”的方式还有另外一种：重新“洗胃”，改头换面。这也意味着企业可以在必要时候转行，改变营销、生产方针。

比如上述我们说过的格男仕，由一个外贸出口服装企业，转行成为了品牌男装电商企业；当然类似的企业还有史玉柱的巨人集团。在进入互联网之后，巨人集团更是大力“瘦身”，甚至“洗胃”，专注于征途游戏这一条主要产品。巨人集团简约的风格也就更加凸显，然而，巨人集团在营销额中的力度却并不“简”。互联网给巨人集团带来的巨大利润，也给很多传统企业带来了模仿的动力。企业在转型过程中，必要时刻一定要大胆“瘦身”才可以获得市场竞争力。

互联网逻辑新语：

企业无论采取什么方式“瘦身”，都应当要遵循一点：在“瘦身”或者“洗胃”之后，不能重蹈覆辙，一定要抛弃“暴饮暴食”，专注一个方面，才能赢得互联网的市场份额。

案例：奇艺！很简单，做的就只是高清

互联网的简洁逻辑主要体现在产品规划和品牌定位之上，意味着企业必须要力求简单，在产品设计方面，要专注，简约即丰富。在信息爆炸的时代，在各方面，消费者的选择都很多，而且在某一领域内，消费者选择的时间往往也很短，挑选产品的耐心更是越来越不足。因此，企业必须要在短时间内，做出精致的产品，吸引用户。

在这方面，也有许多很成功的案例。下面我们来看一下著名视频网站奇艺的做法。

在网络中，几年前一提起视频，大家就会想到优酷、56、土豆等网站，但是自从2010年之后，人们提起视频，便首先冠以“高清”二字，而随后便蹦出的字眼就是“奇艺”。没错，奇艺是一家专做视频的门户网站，它的独特之处就是高清。在百度搜索中，打入“奇艺”二字，便立刻显示出“奇艺网高清”“奇艺高清电视剧”等信息。这说明，奇艺的高清特点已经深入人心。

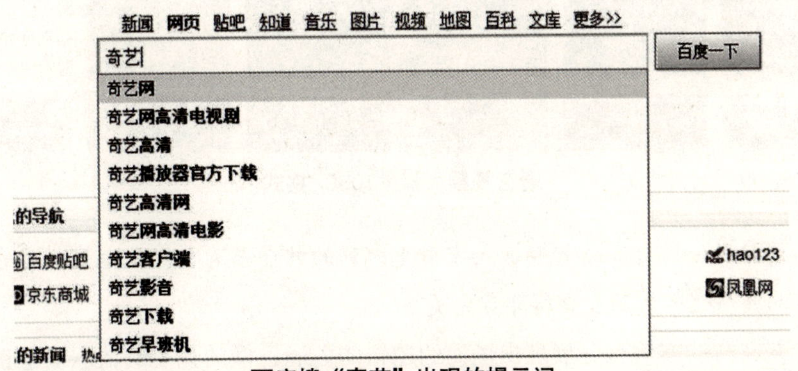

百度搜“奇艺”出现的提示词

奇艺创始人龚宇在创立奇艺时，首先就坚持“悦享品质”的理念，并且以

“用户体验”为主要基础，开拓进取，在视频网站方面进行产品创新。最终将目标锁定在一个主要的区域：高清。

其实，奇艺在创办之初也想要搞得很“复杂”。比如播放海外的一些特殊影视剧；自制做一些综艺节目等。但是后来，龚宇发现想要将这些方面都做完美，是不可能的。而且网络中各大视频网站比比皆是，各种节目、影视剧泛滥，龚宇认为，要做就要简单做，但是简单却不能马虎。龚宇认为专注一方面，将一方面做精，自然能够吸引用户。

所以，在龚宇的带领下，奇艺团队不断进行技术投入，终于找到一个简洁专注的部分：高清。为用户提供高清、流畅的页面体验是奇艺追求的基准。

进入奇艺页面之后，我们可以看到很多电视剧、电影基本上都是1080P视频显示格式（1080P是美国电影电视工程协会制定的最高等级的高清数字电视格式标准），就连很多广告、MV都是1080P格式。显然，这说明，在奇艺看视频是超爽的，屏幕有多大，清晰度就有多高。

奇艺视频大都是1080P格式

如今只要一提起高清视频，大家首先想到的就会是奇艺。这也说明，奇艺将互联网的简洁逻辑方面发挥得非常完美。

奇艺高清的实例充分展现出了简约逻辑的内涵：做的只是高清。而也正是高清成就了奇艺。如果奇艺不专注高清，而是如同其他视频网站一样走普通视频门户路线，那么可能大家在搜索高清视频的时候，就不会第一时间想起奇艺。

因此，企业想要落实简洁逻辑，就需要专注做一点，让你的专注成就你的产品和知名度。比如百度搜索、谷歌搜索，这些搜索门户的网站永远那么简洁清晰。它们不会将搜索页面搞得复杂多样，一来不利于用户快速“上手”，二来，对企业来说也不能体现出最大优势。

传统企业进军互联网也好，互联网企业本身也罢，想要在新时代的互联网中焕发出光辉，就需要学习奇艺，学习专注、简约。

第一，产品设计方面要做减法，专注优势

企业想要落实简约逻辑，就需要在产品设计方面做减法，不能“朝三暮四”，更不能“看着碗里的，惦着锅里的”。专注一点，做到极致，才是企业在互联网中的长久发展之计。

例如苹果手机，用户之所以购买率很高，有60%以上的人认为，苹果机外形时尚美观，所以苹果就在这方面比较专注。没有过多复杂的设计，尤其是经典苹果手机iPhone4，只有简单的黑、白两色，优雅的线条设计，大气的造型，让苹果充分发挥出了自身优势，从而博得了人们的青睐。

第二，在互联网页面中，要清爽简洁

很多企业在互联网上建立了网站，但是却因为网站页面的复杂和烦琐而导致用户厌烦，尤其是传统企业。传统企业进入互联网的节奏越来越快，他们纷纷看到了互联网的优势，但是在落实互联网营销时，却不知所措。往往因为急于求成，而在网页中增加过多因素，总想在一个页面上展示所有产品和内容。其实这样做不但不能吸引用户，反而还会让用户在寻找产品、选择时感到困惑，从而产生厌烦心理。

当当网在2014年4月17日发布了“3折特卖会”的消息，为了能够让用户在网站中第一时间找到这个消息，于是当当网将这个活动设在了首页，用户只要进入当当网，就能一眼看到，从而快速选择。而如果当当网将这个活动设置在网页的其地不显眼的地方，那么用户自然无法找到这个活动入口，而当当网的网络营销

也将会以失败告终。

当当网首页中“3折特卖会”的广告图

互联网逻辑新语：

奇艺只做高清、豆瓣主打文艺风、京东以“快”著称……这些倾注在企业身上的标签和特点，正是简洁逻辑造就的。因此，传统企业在进入互联网世界中，一定要摒弃急于求成的想法，要做就做专注的一点，只有专注、极致、减法才是真正的简约。

第6章
平台逻辑：互联网营销的最强引擎

进军互联网的很多成功传统企业，都有一个共同点：借助互联网、移动网络平台来展翅高飞。例如杜蕾斯，如果没有微信这个平台，杜蕾斯的“夜话情趣”营销可能无用武之地；百雀羚化妆品可能永远也不会一天卖出380万元。所以，企业必须要好好抓住适合自己发展的平台。

在全球100强企业中，有60家的主要收入就是来自平台商业模式，例如苹果公司、谷歌等。企业不需要与用户一手交钱一手交货。多方面、灵活、便捷的平台特点造就了互联网企业的兴盛。所以传统企业一定要利用平台思想，争做未来某一领域的领头羊。

1. 网络平台，给你一个做CEO的机会

在互联网逻辑中，平台逻辑似乎是最被人们认同的一个。互联网专家认为，平台模式的最大特点就是共享、开放、共赢。而马云却认为平台模式还应该有一个独特的优势：平等。

没错，在网络平台上，任何人都可以借助它来实现做CEO的梦想。马云曾经这样说："假如我是90后的创业者，在我面前摆放着阿里巴巴、腾讯，我想我一定不会去跟它们挑战，而是要借助它们来完成自己的创业。"

纵观全球，100多家知名互联网企业，有超过60家是依靠平台商业模式来实现高额利润的，包括苹果、谷歌等大型企业。从这一点来讲，任何一个想要创业、再次创业、传统转战互联网的企业，都可以借助互联网平台，来完成华丽变身。

90后女孩在淘宝网上卖进口零食，做到了皇冠，成为了依托互联网发家的小CEO；80后小伙子在微博卖烧烤，成为新鲜事，结果真的做大了……而在2013年腾讯微信公众号最火爆的时候，很多商家却也在微信上卖起了东西，开创了一个个"微世界"。

"果之果味"是一个专卖水果的微信号。90后女孩周玉婷就利用了火爆的微信当作自己创业的平台，开通了卖水果的微信号。周玉婷的父母有一个传统意义的水果摊。每到假期，周玉婷就会在摊位上帮父母看水果摊，有时候父母在忙，而她只是在一边玩微信。有一天，她突发奇想，反正自己时间充足，何不在微信上卖水果？

她将微信号签名改为了卖水果的信息，而且还给自家的水果拍摄了很多照片，附加一些价格信息，然后搜索附近的人、发朋友圈。泰国金柚、美国黑加

仓、新鲜莲雾……一张张照片通过微信传播了出去。

很快，周玉婷就接到订单了，一位居住在两条街以外的女士在微信上向周玉婷订了50元的水果。周玉婷利用闲暇时间开着自己的车就去送货了。

后来订单越来越多，周玉婷为了留住客户，还在微信上发了一条“美国空运车厘子免费试吃”的活动。这个活动不但为“果之果味”打响了招牌，还吸引了更多客户。为了进一步扩大影响，周玉婷还印刷了一些传单，在传单上印上自己的微信二维码来宣传。一段时间过后，周玉婷的微信粉丝越来越多，她每天的收入也逐渐增加。而那些经常购买她水果的人，每次都会叫她“小老板”。

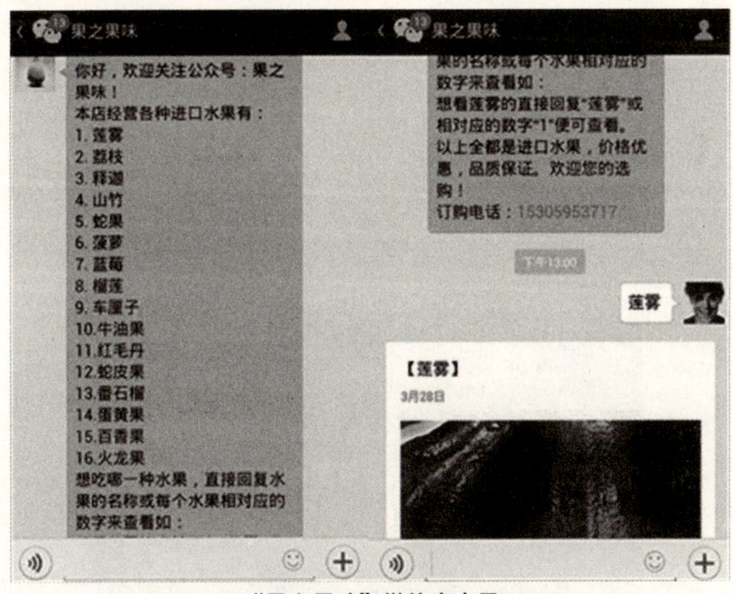

“果之果味”微信卖水果

像“果之果味”这样的个性创业，其实在互联网中有很多，2013年北京邮电大学也曾有几名学生在校内使用微信卖水果，获得了不俗成绩；在微博中，桔店也是非常有名气的水果店……这些都是小本生意，只要肯吃苦，每个人都能借助互联网成为CEO。

无论是在阿里巴巴、淘宝上开店，还是在微博上卖东西，抑或是在微信上搞服务、卖东西，这些都是新型互联网的商业模式。也给了大多数想要创业、想要转型的企业一个平台。在这个平台中，人人都是平等的，网络资源共享，各种信息也十分开放。这给想要转型互联网的传统企业提供了可靠的保障。

当然，并不是每个借助网络平台模式的人，都能成为一个CEO，这还需要一些独特的方法。

第一，有了网络平台之后，依然需要线下的有效宣传

很多人以为直接借助互联网来做企业，就可以彻底与线下撇清关系。其实不然，无论是淘宝店，还是微信公众号、电商企业，如果只是依靠线上的活动和宣传，那么获得的有效客户就会被“瓜分”。纵然网民有千千万万，但未必每个网民都对你感兴趣。所以企业还应该发展线下的潜在客户，培养潜在客户，才能让企业用户越来越多。

比如线下二维码宣传就是一个不错的宣传方式。有一家传统花店，为了更好地吸引到客户，在门店招牌上，放上了一个大大的二维码，吸引用户扫描关注。这种方法不但为线上产品做了宣传，还为自己的店面添加了个性之彩，吸引更多用户关注。

花店线下二维码营销

第二，网络上的产品要与用户实际收到的一样，不能有悬殊

有些淘宝网店上的衣服、鞋子照片看起来很漂亮，但用户收到实物后会觉得差别很大，如此一来用户自然心情郁闷，可能会对店家进行差评，造成负面口

碑。经济学中有这样一个十分经典的道理：如果一件东西好，客户会向5个人推荐它，而一件东西如果很差，那么客户就会向25个人说它不好。

在互联网中，差评的传播速度更广、更快，因此，借助网络平台来营销产品或者服务，一定要货真价实，表里如一。不能为了吸引客户而捏造事实，尤其是不能利用虚假图片来宣传产品。

第三，以奇夺人，线下不被人们接受的东西可以借助网络平台来展现

在互联网平台中，平等、共享是其特点。有些人在生活中发现了一些新的服务或者产品，却不被人们认可。但是在互联网上就不会有这类问题。因为马云曾说："越是新奇的东西，就越吸引人注意。"

Fitbit One计步器刚推出之后，在美国很多人对它都视而不见，甚至一听说是计步器，就退避三舍。但是Fitbit公司却借助互联网，开始了它独特的宣传和分享，人们逐渐通过网络认识到了这款新型智能计步器的独特之处和优势。很多人纷纷订购，其在网络上的订购量甚至打破了某老牌计步器的纪录。

Fitbit One计步器

互联网逻辑新语：

平台逻辑的根本之处在于，它可以让每个拥有CEO梦想的人，都能在这里实现梦想。当然，我们不得不注意到它的另一面，网络平台也可以让一个人的梦想迅速破灭。这也时刻提醒着每个想要借助网络平台来做CEO的人：在互联网平台中，实现共赢才是大方向，如果只想自己，不顾别人，最终也会落入失败境地。

2. 传统企业可以向这个平台靠拢

如今，互联网和移动互联网发展迅速，所以传统企业的营销之路越来越不好走。很多传统企业都纷纷转型，走上了互联网的道路。互联网的发展进一步改变了人们信息传递的方式，推动了经济的正常运作。传统企业在很大程度上都是依赖于传统的媒介，比如传统企业在这些传统媒介中做广告，用户看到会消费。这是一个单向的流动。

网络平台则给企业提供了一个双向交互模式，企业可以在互联网中或者移动互联网中建立咨询平台、互动平台，与用户进行一对一交流，还可以借助网络平台直接销售，为用户减少很多烦琐的步骤，也能为企业获得更多用户。因此，传统企业完全可以向网络平台靠拢。

联想作为中国老牌的电子企业，在IT方面的成就有目共睹，很多人将联想称为是中国的“苹果”。最开始，人们会在线下联想的实体店中选购商品，然后联想为用户送货上门。而且联想在实体店中还借助一些节日搞促销，送好礼。凭借优质的服务和产品，联想在全世界都赢得了好评。

但联想并不就此满足。在互联网发展大趋势下，走在世界前端的联想慢慢向互联网平台靠拢。不但在自己的网站中建立了网上商城，还与各大电商合作，推出网络购物模式。

在联想门户网站的网上商城中，用户可以直接在线购物，在这里联想产品种类繁多，各种在实体店看不到的产品也都一一展现，更有联想为用户推出的互联网购物促销活动，这深深吸引了一大批忠实粉丝的青睐。

为了更适应移动互联网的发展，联想还推出了手机微信支付、联想旗舰店手机应用客户端。在该手机客户端中，用户可以用手机实现在线购物。这也为用户提供了更多便捷。

通过联想网上商城，人们在购物时就方便了很多，再加上联想的各种优质服务，着实为联想这个品牌不断加分。

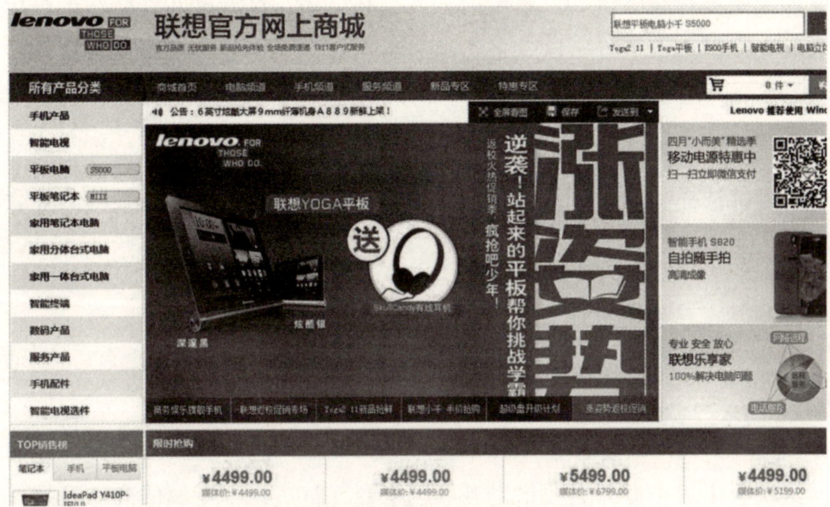

联想网上商城首页

联想网上商城促销

据悉，联想在2012年10月，其电脑销量居世界第一。有这样的成绩不但来源于联想实体店的营销努力，更得益于网络平台的力量。所以有远见的传统企业，都不会忽视互联网平台，比如海尔、海信、惠普等。这些传统企业纷纷搭上了互联网和移动互联的快车，成为了传统企业中的领跑者。

传统企业想要发展得好，赢得更多客户和市场，就需要向互联网平台积极靠拢。如果大家都走上了互联网这条道路之后，你还在走老路子，那么即便你在线下经营得再好，也会缺少互联网这个主流大市场。

当然，从技术角度来说，互联网以及移动互联网发展快速，传统企业的网络平台也有多种选择和经营方式。如何找到适合自己的，走上一条独特的互联网营销之路也非常重要。

第一，建立商城网站，扩展营销面

传统企业在实体店中的营销无论做得风生水起还是不温不火，都不应该放弃互联网这块沃土。企业务必要借助互联网平台，打造一个专属的商城网站。比如联想在官网中嵌入网上商城；在天猫中有旗舰店；在京东、当当网等电商企业中有专卖店。这些都是传统企业可以借鉴的方式。

当然，针对一些中小型企业，想要发展商城网站，最好在淘宝、天猫、微淘上建立一个电商页面。阿里巴巴的这个平台不但广泛而且十分灵活，用户数量也很庞大，只要企业加以合适的宣传，就可以成为网络销售的“王”。

例如lesmart服饰，这是一家位于青岛的传统服饰店。为了扩大销售，该店在天猫上创建了旗舰店，而且还加入了淘宝旗下的微淘。由于宣传有道，一时间，这个原本不为众人知道的服饰店，在网上却火了起来。网上的火爆同时带动了线下的销售，对这家服饰店来说，靠拢互联网平台可谓是一举多得。

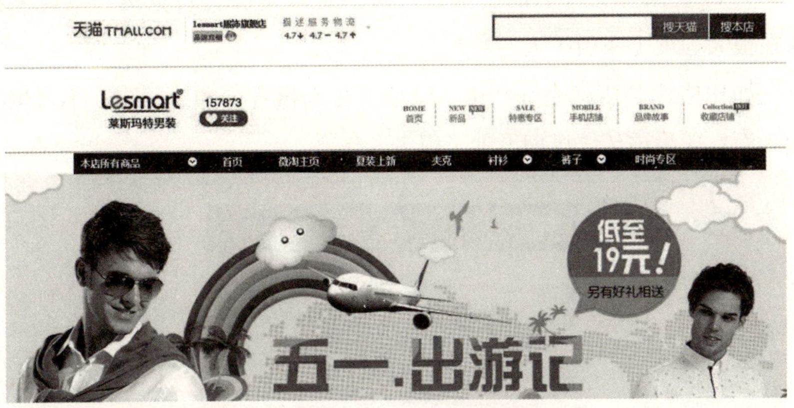

lesmart服饰天猫旗舰店

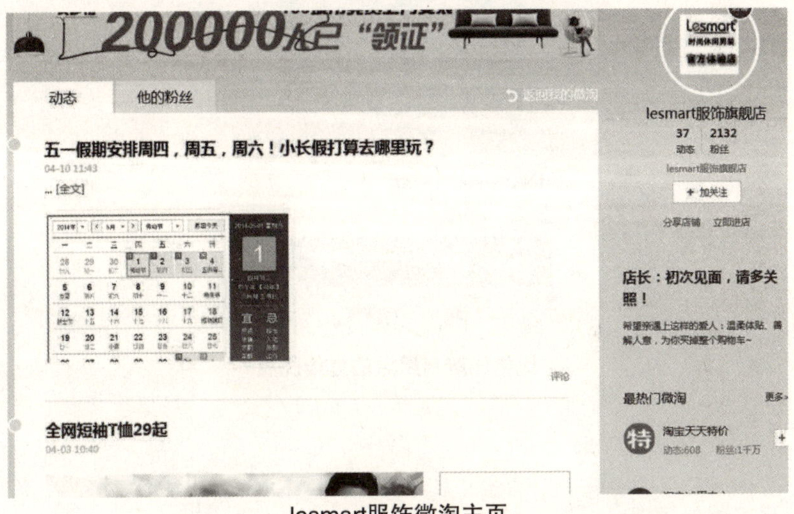

lesmart服饰微淘主页

第二，向第三方平台靠拢，打造移动网络宣传

随着移动互联网的发展，很多传统企业也纷纷向移动第三方平台靠拢，比如微信应用、微博、LINE等。每一种方式和平台都是一种有效的互联网平台，企业只要根据产品特点来选择合适的平台，用对地方，就能够在第三方平台中大展光芒。

喜力啤酒就通过手机应用来给用户呈现出了非常独特的宣传，在欧洲杯时期，用户可以登录喜力啤酒的手机客户端对进球情况进行竞猜，以此来获得积分。这在很大程度上吸引了人们参与。

再比如比格比萨店就充分利用了微信平台来做宣传和搞优惠，不但聚集了很多粉丝，而且还为该传统店面增加了很多人气。

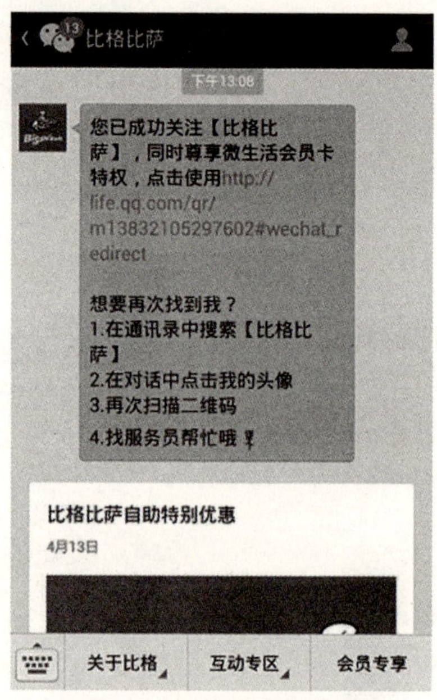

比格比萨利用微信宣传优惠

互联网逻辑新语：

无论是互联网平台还是移动互联网平台，本身都是非常广阔的领域，任何传统企业，都能根据自己的产品和服务特点在这个平台上做出一番成绩。此外值得一提的是企业必须要在线上保持与用户的良好互动。只有这样才能通过平台切实了解用户的真实需求。

3. 打造互联网时代联盟，实现多方共赢

在互联网的世界中，谁离开其他人，都不能独活。这是一个共享资源信息的世界，也是一个共赢的世界。我们经常看到马化腾、马云、雷军等一起参加过多次互联网研讨大会，似乎每个互联网峰会，都离不开这些互联网大佬的身影。这也说明，他们是相互依存、相互共赢的。

传统企业想要在互联网中发展，同样也不能独自“活动”。身在联盟中，就要一起行动，共同实现多方共赢。如果哪天阿里巴巴消失在了网络上，那么随之消失的企业、产业会不计其数。在互联网这个平台上的一切，都是相互交锋存在的。传统企业在转战互联网时，也应该要实现多方共赢，才能真正进入互联网联盟。

唯品会是一家非常火爆的电商网站，在这里，每天都有数十家正品品牌更新产品，而且价格优惠，有些产品的折扣甚至低于3折。畅销产品在几分钟之内就会被抢空。这种火爆形式也让很多传统企业萌生了进入唯品会的想法。

一些传统企业加入唯品会，借助唯品会这个电商平台来促销产品。借助唯品会的声誉和人气，凡是入住这个平台的产品，大都销量很好。而唯品会则为很多大品牌解决了库存问题。

当然，入驻唯品会对传统企业来说是一种促销方式，也是网络营销的一个方法。在这个过程中，我们可以看出传统企业与唯品会平台是捆绑在一起的。换句话说，传统企业想要销量好，就要努力做宣传，这个宣传也间接打响了唯品会的招牌。当然，唯品会的招牌打出去了，那么你的产品自然也就打出去了。这是相

辅相成的，只有这样合作互利，才能实现双方的共赢。

例如来自美国曼哈顿的女包品牌Sondra Roberts就在2012年3月份与唯品会达成了合作协议。而这个来自美国的终端品牌在国内的知名度并不高，而且购买人群也很少。为了能够在国内有好的知名度和销售，Sondra Roberts看中唯品会这个互联网平台，与唯品会签订了合作协议。

入驻唯品会之后Sondra Roberts的销量迅速上升，而且唯品会为其打造的奢华广告也吸引了很多唯品会粉丝的追逐。如今，Sondra Roberts已经成为了很多用户的挚爱。

唯品会独家特卖品牌Sondra Roberts

熟悉唯品会的人大都能看出一点：多数与唯品会合作过的传统企业，大都还会继续与之合作，推出特卖。这显然也说明双方在获得了利益之后，自然会继续寻求合作，实现长久共赢。

唯品会与传统服饰企业的合作，不仅能够说明在互联网中，实现共赢才是最主要目的，还说明传统企业想要在互联网中发展，必须先看好一个有潜力、人气旺的平台。一个网络平台的旺盛与否，直接关系到企业共赢的结果。

互联网企业之间、传统企业与互联网之间，任何一方都不能离开对方而独活。如今互联网的大趋势已经说明，网络营销势必会成为主流营销方式。而且随着移动互联网的发展，手机APP、微信、微博等也会加入互联网营销联盟中。多方面结合，共同打造一个共赢社区是未来企业的发展方向。当然，传统企业想要借助互联网平台打造一个共赢联盟，还需要更多方面的方法和过程。

第一，入驻各大电商平台，互相宣传，实现共赢

传统企业想要在互联网中发展得好，首先就要想办法依附一个网络平台。当然很多大型电商网站是首选。比如京东、当当、唯品会等。企业入驻，交付一定费用之后，电商平台会为企业做一些宣传。但毕竟时间有限，你的产品不可能一直稳居榜首，所以后续的宣传还需要自己进行。而这时，你在宣传时，就会间接对电商平台进行宣传。你依托对方人气，对方依托你的费用和宣传，彼此之间相互共赢，可以促成长久发展。

例如茵曼女装入驻唯品会和当当网之后，就各方面进行宣传。在一些论坛中，企业专员发布关于茵曼入驻唯品会打折促销的信息。这些广告和宣传不但宣传了企业，还宣传了唯品会和当当网，增加了其点击量和访问量，从某种程度上来说，的确实现了共赢。

1.4折起 唯品会茵曼INMAN女装专场 长袖最低69元、外套低至99元 | 当当网茵曼1折起叠加400-150！

分类：国内白菜, 服饰鞋帽 | 标签：茵曼 | 暂无评论
温馨提示：由于淘宝的商品推荐规则调整，必须先跳转到"爱淘宝"中间页，然后点击"去购买"才能到达商品页面购买。

唯品会今日推出茵曼女装特价专场，全场女装1.4折起，长袖最低69元，外套低至99元。茵曼凭借以"棉麻艺术家"为定位的原创设计享誉互联网，是中国成长最快、最具代表性的网络服饰零售品牌。茵曼主张"素雅而简洁，个性而不张扬"的服装设计风格，推崇原生态主题下亲近自然、回归自然的健康舒适生活，追求天人合一的衣着境界。此次茵曼特价专场的折扣还是比较大的，喜欢茵曼的朋友可以来看看，点击查看详情。 **此外当当网的茵曼也正进行清仓活动，全场1折起，再叠加400-150，如果在唯品会找不到满意的，不妨去当当网逛逛。**

茵曼品牌在某论坛上的宣传

第二，合作大过竞争，联手打造多方共赢网络生态圈

马化腾曾说："任何一个市场在发展到一个阶段之后，都会存在一个合理的竞争。互联网刚兴起的时候，就是这样。包括当时做电子商务、团购，彼此之间都杀得很厉害，但是现在都冷静下来了。这个阶段基本过去，现在属于共赢时

代。”

马化腾的这段话也恰恰说明，在互联网平台耸立时期，合作大过竞争。互联网平台逻辑的精髓就在于，企业要打造一个多主体共赢合作互利的生态圈。在将来的互联网平台中，如果有竞争，那么也一定是网络生态圈之间的竞争。例如百度、阿里巴巴、腾讯，这三大互联网巨头围绕搜索引擎、电商、社交三个方面形成了一个强大的共赢生态圈。面对这样强大的对手，恐怕未来任何一个单独的门户，都无法与之抗衡。

互联网逻辑新语：

在互联网平台合作共赢生态圈中，即将转型互联网的传统企业，或者互联网企业，其任务就是尽可能地寻求多方面的平台合作。只有这样，才能在这个生态圈中站住脚。

案例：微信承载起了公司平台应用

在互联网的平台逻辑中，传统企业必须要掌握好其中的要点。虽然平台是互联网的一大特点，而且在这个平台中，用户和企业可以平等地进行直线联系，扫除众多传统企业曾经出现的沟通障碍，但传统企业还应将这种平台逻辑的特点切实地运用在自身企业的转型之路中。

随着移动互联网的发展，互联网的平台越来越多地趋向于手机移动网络，而新平台也如雨后春笋般兴起。其中，对企业来说，最为有利的一个平台就是微信。

微信是腾讯公司旗下的一款手机即时通信软件，最开始微信的确是作为用户聊天沟通而服务的一个软件。腾讯公司后来又为企业用户推出了公众平台。企业可以借助这个平台进行网络新营销。

企业只需要遵守相关规定，申请一个微信公众号，就可以进行营销。在微信中，企业可以将自己的产品信息、图片、优惠活动向用户定时或者不定期推广。由于这个平台主要针对手机，所以，对用户来说，是一对一地与企业进行对话。其私密性和互动性也就比较强。

而且用户还可以通过关注企业的微信，与企业进行一对一互动、咨询问题。当然，企业也可以时常在微信中为用户推出一些有趣、吸引用户参与的活动，增强微信粉丝和人气。

比如杜蕾斯的微信公众号，就经常向用户推送一些有趣味的话题进行讨论。让用户积极参与。杜蕾斯曾发起一次“触景声情”的私密性话题，该话题由于极具吸引力，所以很大一批粉丝积极参与，粉丝与杜蕾斯进行了特殊的互动。而且这种活动方式也将杜蕾斯的那种“情趣”网络营销推广出去，成为了微信营销的一大亮点。

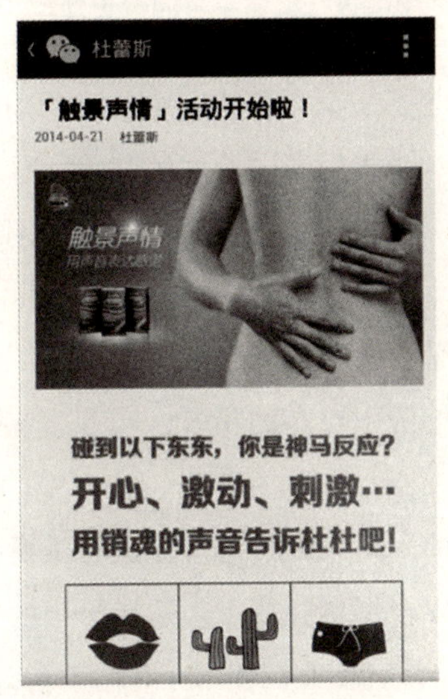

杜蕾斯微信平台推出“触景生情”活动

再比如传统金融行业也可以利用微信来实现营销应用。例如中国银行的微信公众号，用户关注之后，便得到一个手机银行百宝箱，在微信上，用户可以轻松办理相关缴费、贷款、查询等业务。如此一来，金融业的微信公众号，就如同一个完善的公司应用工具箱。

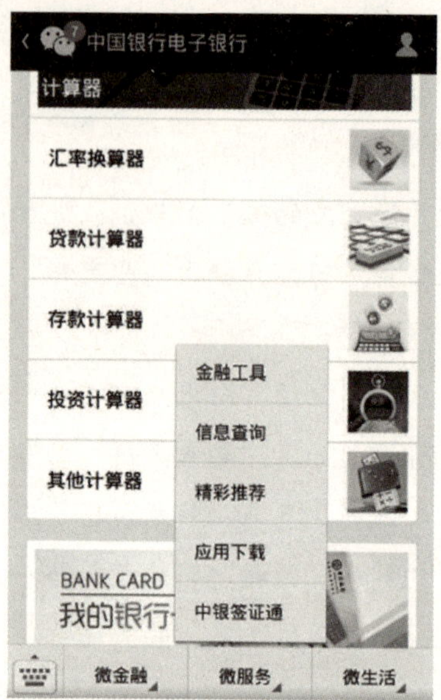

中国银行微信平台的强大功能

微信平台为用户搭载起了一个完备的应用工具，用户可以足不出户就能在微信上办理业务、购买物品、查询资料、获取游戏等。这些强大的功能对传统企业来说，是可望而不可求的。所以传统企业在进军互联网时，可以依靠微信这个平台进行新型营销。

此外，利用微信这个平台来实现网络营销，也是一种非常时尚、流行的营销方式。在很大程度上，能够吸引更多的粉丝，实现企业效率的高效转化，还能为用户培养一大批潜在客户。

互联网平台逻辑包含的不只有微信平台，还有微博平台、论坛、各种社交网站、电商网站等。企业可以根据自身特点来选择恰当的平台营销。当然，以微信平台为例，我们可以总结出传统企业在使用互联网平台时应需要注意的两点：

第一，抓住互联网，尤其是移动互联网的新发展，积极使用新型平台工具

微信是在腾讯QQ基础上衍生出来的一种新型平台工具，只是这种工具对企业来说，要比QQ更具杀伤力。所以很多企业纷纷运用。而那些没有及时运用微信的

企业，则在移动互联网市场中，永远就会少一部分用户。

所以，企业必须要及时关注移动互联网的发展，对一些新推出的平台、社交软件及时抓住其营销意义。这样才能不丢失任何一个领域内的客户。例如2013年在中国兴起的LINE，很多企业就及时关注了这个后来居上的新通信软件，纷纷加入其营销大军，利用LINE平台推广营销信息。例如聚美优品、优衣库等企业，就是第一批运用LINE来营销的企业，并且都取得了不错成绩。

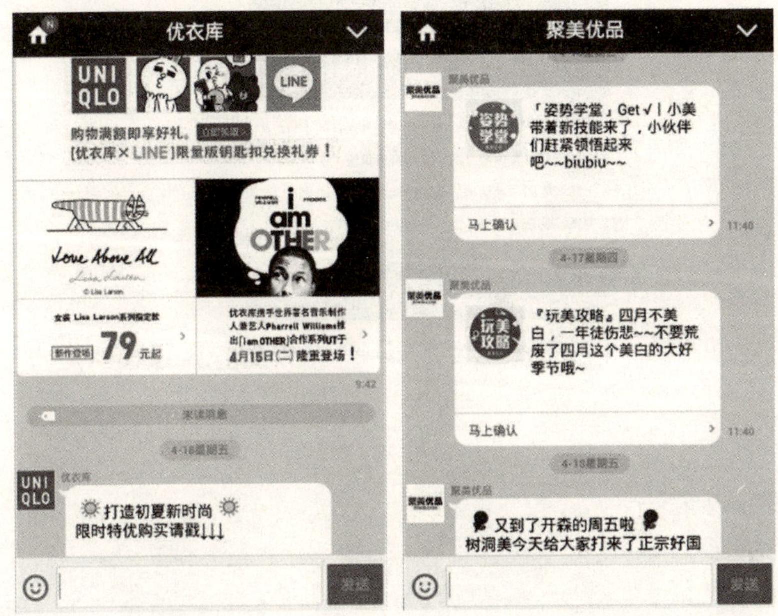

优衣库LINE号宣传　　　　聚美优品LINE平台推广

第二，使用平台营销，必须要有创意，推出吸引用户参与的活动

微信、微博、LINE、易信等各种通信软件纷纷推出，企业尽管都加入营销平台大军，但不见得都能获得每一个平台领域内足够的粉丝，更不见得这些粉丝都不是“僵尸粉”。所以，传统企业想要利用微信、微博等移动平台来更好地营销，就要推出有创意、吸引用户参与的活动、消息。

例如飘柔企业推出与用户主动聊天、为用户唱歌等服务，吸引了很多用户参加；兰蔻化妆品在微信推出关注激活的“小黑瓶”的体验活动……

兰蔻微信“小黑瓶体验”活动

互联网逻辑新语：

不论是使用微信平台，还是微博等其他平台，企业都应该始终秉承“成新营销”的原则来推广活动、产品和服务。如果在这些平台中推广的活动与实际活动不符，那么用户很可能会对企业进行瞬间扩散的负面消息传播，让企业陷入艰难境地。

第7章
奇葩逻辑：将雷点和神秘进行到底

有人说，互联网是一朵永不凋谢的奇葩，任何时候都有雷人的事情发生。打开微博，我们每天都会看到不同的头条消息，而这些头条大都是奇葩无比。这也说明，只有奇葩的东西，才能抓住人们的眼球。

互联网的奇葩逻辑正是基于此，雷人、神秘、噱头组成了奇葩模式。传统企业在进军互联网时，不妨玩一下奇葩颠覆，试着去做一些没有尝试过的“另类”营销方式。

1. 互联网是一朵永不凋谢的奇葩

如果说在互联网用户逻辑中，得屌丝者就能得天下，那么在奇葩逻辑中，整个互联网就是一朵永不凋谢的奇葩。在互联网中，每天都在发生着各种各样的奇闻逸事。今天马云还在阿里巴巴当CEO，明天他就开了菜鸟网络公司；苹果5S还在火爆热销中，苹果6的概念图就已经变了10个模样；网上卖水果已经很奇特，网上卖臭豆腐更是怪异……

这些新鲜又奇葩的事情时刻都在上演，而如果没有互联网，我们就很难知晓，没有互联网我们的信息渠道会很窄，而企业也无法更快地依靠“奇葩”事件打响招牌。

新浪微博在中国的火爆程度犹如美国的推特、脸谱网。在微博的热搜榜，每天都有新鲜好玩的事情。一件奇葩的事情，发生不到一个小时，就会有成千上万人搜索、关注、评论、转发。比如2014年某大牌男明星出轨事件被某杂志在新浪微博上一经传出，整个新浪微博如同炸了锅。热搜榜中，全是该明星的出轨事迹。而出轨事件的三天之后，人们的注意力又开始转移，转移到了小米身上。小米手机于2014年4月8日在官网网站中推出“米粉节”的免费送机活动，该活动迅速在微博中被转发，网友纷纷晒出自己抢到的小米手机，贴图炫耀。当然，这个奇葩事件的最大受益者就是小米，无论骂声还是赞声，都将小米的品牌打了出去。

小米电商部门：十大物流中心1000人，客户服务中心1500人，小米之家及售后中心500人
米粉节对大家来说，是一次大会战！

"米粉节"新浪微博信息

"米粉节"刚过去，4月9日，新华网官方微博发布一条北京三联"深夜书房"的微博，网友又将目光投向了北京三联书店。这种"深夜书房"的奇葩营销将三联书店推向了互联网的风口浪尖。网友们你一句我一言地评论这种做法正确与否，而更有一些网友亲自体验发表感慨……

新华网V：【一夜书香，夜夜书香】4月8日，注定是个值得纪念的日子。从这天起，北京三联韬奋书店开始为期10天的试行24小时营业，每晚9时至次日上午9时为夜读时间，一切顺利的话，将从18日起正式"24小时不打烊"。一张小桌、一盏台灯、一杯清茶，"书虫"们，快来你们的"深夜书房"猫着吧！http://t.cn/8somIQ8

三联书店的"深夜书房"

这些大大小小的奇葩事件，每天都在微博上演，很多上班族早上到公司后的第一件事就是打开微博，浏览奇葩消息，这也似乎成为了人们的一种生活方式。

新浪微博只是代表了互联网的冰山一角，在互联网中，每天也都在上演着各种各样的奇葩事件。有人称互联网本身就一朵永不凋谢的奇葩，永远都有惊喜给你。而企业想要利用这朵奇葩来做营销宣传也未必不可行。

互联网的信息资源共享特点造就了奇葩不断产生和传播，而这也正诠释了互联网奇葩逻辑的来源。同时还给那些想要转型互联网的传统企业一个颠覆性的启发：想要出名，必要的时候要变成一朵奇葩。这样不但大放异彩，而且还会在短时间内“出名”。那么，企业怎样来利用互联网这朵奇葩呢?

第一，利用社交工具制造“奇葩”话题

在互联网中，社交网站和社交软件中的信息传播速度是最快的，也是最广泛的。因此，企业可以借助这些软件来发送奇葩消息。比如在微信朋友圈、微博、豆瓣上发送一些奇特话题，吸引人们关注。

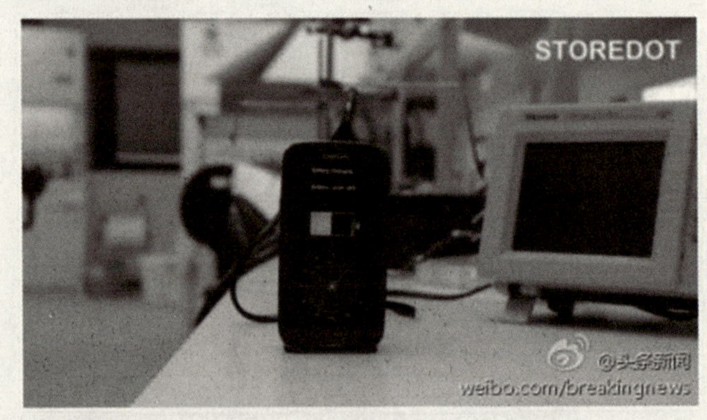

“超级充电器”成为新浪微博中的热门话题

例如以色列一家科技公司，研发出了一种超级充电器，可以让手机在30秒之内充满电。虽然这个消息并未证实，但是“超级充电器”在微博上的搜索已经快要居于榜首。各大媒体微博也纷纷转发和报道。由此可见，这家公司以及还未面世的这款产品已经被人们所了解。可想，如果产品真的进入市场，一定会被一抢而空。

第二，借助奇葩话题来渲染企业

企业还可以借助网络上频频传出的奇葩话题来渲染自己的企业和产品。正如一位知名时尚达人所说：“不是名牌不要紧，也要和名牌扯上关系。”当你的企业或产品与互联网中正在流行的奇葩话题扯上关系时，那么多少都会引发人们的关注，如果运用巧妙，还可以让自己“喧宾夺主”，意外出名。

在北京有家山东饿面馒头店，由于馒头口味独特，吸引了很多人排队购买。有网友将照片发到微博，后经某微信大号再次发布，结果引发了人们的热议，一家馒头店就这样出了名。还有很多网友纷纷寻求照片中显示的便利超市，甚至有人扒出了这家超市的名字、地址。

互联网逻辑新语：

企业虽然可以借助一些奇葩话题来渲染自己，但是一定要遵循“择优录取”的原则。一定不要与一些负面、不良影响的奇葩信息扯上关系，否则会殃及企业声誉，让自己得不偿失。

2. 更多个性化，更多可能在这里发生

有人说，互联网是一个创造奇迹的地方，但是更多人认为，互联网本身就是一个奇迹。在这个平台中，蕴含着各种各样的奇葩事件，任何不可能的、你想不到的事情都能在这里发生。

最早一批做电子商务的人曾感慨："在十多年前，客户在网上买我们的东西，还只能去银行通过汇款，我们去邮局寄物品给客户。"可如今，我们想要在网络上买东西，只需要用鼠标点一下，在网上即可用支付宝、网银等支付，快递同城当天可到。这些在以前都是不敢想的，但是在今天却成为了再平常不过的事情；十多年前登录QQ还需要很复杂的过程，而且聊天很不方便，而如今用手机能随时随地聊天，还能免费语音通话、视频……这些都是依靠互联网而发展起来的。过去传统企业只是依靠传统的媒介做广告来吸引用户，而如今可以借助互联网来快速招揽批量粉丝。

当然，互联网也可以让企业由不出名到一夜惊喜，只要你够个性、够奇葩，就能够在这里被认可。

很多人都喜欢在网上玩游戏，玩家可以扮演多种角色，在游戏中充当英雄、拯救者，这让玩家玩既刺激又过瘾。但你有没有想过一款没有竞技、没有打斗、没有规则、没有目的、没有悬疑的游戏?

Minecraft（我的世界）就是这样的一款游戏。它有的只是一些五颜六色的方块，可以让玩家用这些方块随心所欲发挥，自由组建。

与其他热门游戏相比，Minecraft无疑是一朵巨大的奇葩。很多人不禁疑惑：

这样单调乏味的游戏也有人玩？

事实上，这款游戏不但有人在玩，而且还十分受欢迎。举一个简单的例子，有一群粉丝，利用这些方块，足足花了一年时间，组建出了魔幻电影《权利的游戏》的Westeros大陆，从而受到了万千粉丝的追捧。很多人纷纷效仿他们来组建各种游戏、电影、小说，甚至自己想象中的景象。有《魔戒》中的中土世界、刚铎国、洛汗国等，还有《哈利·波特》中的一些特殊场景……

显然，Minecraft已经成为一款个性化且十分酷的游戏。至2013年年底，这款游戏已经售出1300万份，累计玩家超过7000万人。而它的创始人马库斯·佩尔松也成了百万富翁。

佩尔松以及各位游戏开发者一致认为，这款游戏之所以能够获得成功，主要来源于互联网。由于游戏没有任何规则和目的，所以很多玩家纷纷在推特、脸谱网以及各大网站上建立论坛，讨论如何玩这个让人抓狂、奇葩的游戏。这些论坛和讨论的内容信息在互联网上的传播速度飞快。佩尔松说：“我们很难用一些数字来说明这个游戏的价值，但值得注意的是，这款游戏已经成为互联网中最奇特的游戏，人们在疑惑中找到了兴趣，找到了答案。”

2012年Minecraft的营业额约是1.5亿英镑，而这些收入大部分都是纯利润。这也说明，佩尔松的公司几乎是全世界最赚钱的企业。这种成功也意味着即使是小的创造力和很奇葩、个性的东西，也完全能够依赖互联网而生存下来。

在互联网中，只有想不到的，没有做不到的。在这里任何个性、奇葩的事情都能发生。而这对那些即将转型进入互联网的传统企业来说，无疑是多了一份信心和勇气。马云也曾说：“很多传统企业之所以‘触网身亡’的原因就在于，他们不敢改变，不敢创新。”其实，只要企业能够把握住互联网的奇葩逻辑思维，“玩”出个性，“玩”出酷炫，就一定能够成功。当然，想要“奇葩”附身，在互联网中也需要一些独到的方式。

第一，宣传、促销、主打，都要与众不同，不走寻常路

互联网的奇葩逻辑从某种意义上来说，就是越与众不同的东西，越能引起关注。因此，企业利用互联网做产品服务宣传时，也要与众不同，不要走普通

路线。

比如乔布斯研发出iPhone手机之后，由于其外形时尚，性能出众，所以大家在购买手机时，多数都选择iPhone，甚至智能手机的市场一度都被iPhone所占领。文艺青年几乎人手一部。为了让自己的手机出众，其他品牌也纷纷推出独特的个性款手机来吸引人们的眼球。比如LG曾推出过一款屏幕可弯曲的手机；三星推出超大屏幕的智能手机……这些厂商在宣传时，更是卖力气，在网络、微博、论坛中不断发一些奇葩的广告视频、图片来吸引人们眼球。这些个性与众不同的手机对被称为“街机”的iPhone造成了很大冲击。也正因如此，智能手机市场逐渐由iPhone一家独大变成各种手机各展风采。

第二，互联网营销需要创新精神

企业在互联网营销中，如果只是按部就班或者学习和模仿那些已经知名的企业，就不会引发某种效应和轰动。所以，在互联网营销中，需要有创新精神，才能产生粉丝效应、围观效应。

一家叫“爱衣微”的洗衣店是一家传统企业，但却利用移动互联网进行了一次奇葩营销。该店主在微信上开展了免费上门取货、送货的服务，而且还推出支付宝支付、微信支付。更是在包装袋上印刷洗衣店的微信二维码和微博地址。用户只需要扫描一下二维码，就可以使用微信免费预约上门服务。客户不用出门、不用跑到干洗店，也不用寻找车位，只需要微信下单、预约、支付，洗衣店自然会派人上门服务。这种新型的O2O模式，用在洗衣店身上，着实是非常奇葩的。

所以，传统企业不要继续“一本正经”地搞营销，必要时候走走雷人、奇葩的路线，能给自己带来更多客户。

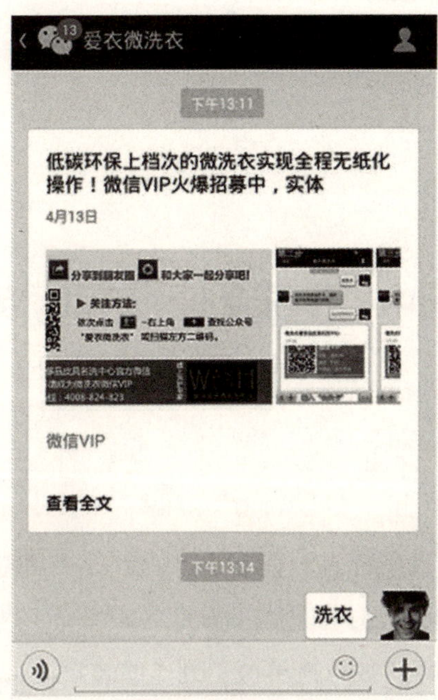

爱衣微洗衣店微信

互联网逻辑新语：

企业可以借助互联网来实行个性化、奇葩的营销和宣传，但是企业不能因为过分追求“雷人”而本末倒置，影响自身的形象和声誉。企业务必要在企业性质保持稳定，主流客户不会流失的情况下采取个性奇葩的行为。

3. 在互联网中，传统企业也可以“另类”起来

在互联网中，任何事情都有可能发生，这正是奇葩逻辑的含义。对传统企业来说，线下的营销往往针对的只是一些老客户。而在互联网这片广袤的沃土上，隐藏的客户不计其数，如果能够吸引到这些客户，对传统企业来说将是巨大的收获。

但是，互联网本身毕竟是一个开放、共享的平台，如果传统企业还是按照传统的老套宣传和营销，恐怕不能吸引互联网的主力军。怎样才能吸引到大批互联网客户呢？下面我们来看一个十分有创意、显得有些另类的企业。

在北京、上海的潮流花店中，野兽派这个名字十分新潮且时尚。野兽派花店创办于2011年年底。与很多传统花店不同的是，对于来自网络的预约，野兽派会为用户送上独特的花束。

大多数的传统花店，往往是用户去店里选花，花店为其插好，包装好即可。而野兽派从用户购买，到插花，再到服务都非常“另类”。

野兽派花店送出的鲜花都是独一无二的，野兽派有独特的包装盒，而且还会根据用户在网上发来的需求、故事、心情来创作专属的花束。

比如在2012年父亲节，野兽派在微博中推出了“给爸爸的信”专题。野兽派为用户挑选独特的花送给父亲。而且在花束中还附送一个漂流瓶，为用户写下对父亲说的话。

店主对此有非常感人的解释：“很多朋友认为，随着年龄增长，与妈妈撒娇似乎还很容易，但是对爸爸撒娇却有点难，于是我们可以为用户代写他想对父亲说的话，

放入漂流瓶中。”这种走情感另类路线的野兽派的确赢得了人们的认可和追捧。

在野兽派的经营中，店主还曾遇到过一个客户，想要表现出莫奈《睡莲》的花。于是花店精心为其打造了一个鲜花丛林绽放的《睡莲》。这不但是一种创意，更是一种另类思维的表达。

野兽派花店凭借着这种另类的营销和做法，赢得了网络消费者的认可。在微博上，这个花店的粉丝已经达到了数十万，互动率也非常高。

野兽派网店

野兽派花店的做法也给很多传统企业带来了希望，传统企业为何不可在网络中一展风姿呢？用另类、奇葩的想法来包装自己的产品和服务，让用户为之抓狂和兴奋。

纵观传统行业，其实时刻都面临着巨大挑战和危机。淘宝、天猫、京东等电商对传统零售业的挑战十分严重；而传统运营商，电信、移动等面对腾讯的微信却也感到力不从心。这些颠覆和挑战都对传统企业带去了很大的撞击。

现在很多传统的报纸、杂志，其销量、读者量都在下降，各种传统行业似乎都危在旦夕。这也激发很多传统企业不得不转型互联网，获取互联网的粉丝。但是网海涛涛，想要引起人们的关注，需要的是另类，是奇葩，只有这样传统企业才能在互联网中实现翻身。

第一，线上线下双结合，用二维码代替发传单

传统企业在线下的宣传方式，除了做媒体广告之外，可能最主要的宣传方式就是发送传单。但是这对传统企业来说有两大弊端：一是需要支付高额人力、印刷等费用；二是传单被用户扔掉的概率很大，起不到太大作用。而且从另一方面来说，发传单更是一种十分“俗不可耐”的营销方式。

企业想要让用户注意，或者引发线下以及线上的用户同时关注，就需要“另类”一点，可以选择利用二维码来代替传单。企业可以在传统店面常用的物品，如宣传册、包装袋等上面印刷二维码，让用户扫描即可登录企业网站、微博、微信。此外，企业还可以在网络中利用论坛、微博等来宣传企业微信的二维码、网店地址以及实体店等信息。

凡客诚品包装盒上的二维码

此外，企业想要更“另类”一点，还可以将二维码制作得奇特一些，这能够从更大程度上吸引客户。

第二，在网络中推出独一无二的订制服务

野兽派花店就是利用网络来推出了独一无二的订制鲜花服务，让每个用户都可以拥有与众不同的另类鲜花，保证了用户之间“不撞花”。传统企业也必须把握消费者追求个性、追求订制的心理，在网上推出订制服务。比如常熟国际饭店

就在微博上推出了“私人订制”宴会活动，引发了人们的围观。

饭店订制宴会服务

这对某些传统企业来说是非常“另类”的服务。比如传统服装店、帽子店、饰品店等，都可以通过建立网站，打造订制另类服务赢得客户。

互联网逻辑新语：

传统企业在网络上的另类营销，不但可以让企业在短时间内引发围观效应，还能激发互联网粉丝对企业的认知和欣赏，能够让传统企业焕发商业“第二春”，甚至还能打造另一个品牌王国。

4. 打造土豪模式，引围观

在互联网中，企业可以制造另类，也可以当一朵奇葩，成为互联网中的亮点。传统企业可以借助互联网这个开放的平台打造一个与众不同的商业模式，营销产品，赢得用户好感。

当然，奇葩不是人人都可以能做出色的，另类也不是人人都能玩得转。对传统企业来说，如果想要将互联网的奇葩逻辑落地实施，还需要引发用户的围观。当然，制造噱头、事件也可以让用户围观，但是持久度却不够。如何才能让用户持久关注呢？企业可以打造一个土豪模式，让用户产生兴奋、向往，甚至还能让用户不断吐槽。比如iPhone5S土豪金手机自从推出之后，就不断赢得人们的围观和热议，推出半年之后，人们对这款土豪金的围观热度依然不减。

这就是土豪模式带来的长久吸引力。那么企业该如何打造一个土豪营销模式呢？先看一个比较有意思的案例。

烟台杰瑞石油服务集团作为一个传统的老牌企业，2014年却在网络上赢得了一片喝彩。2013年年底，杰瑞集团发年终奖时，一改往日的现金、红包、手机等礼品，而是采用送汽车的“土豪”形式，引发了人们的围观和热议。

杰瑞集团是想通过这种“土豪年终奖”的形式吸引更多年轻人加入杰瑞。为了能够更好地宣传这个信息，杰瑞集团制作了一个又奇葩又土豪的视频上传到了网络中。在视频中，杰瑞集团以《爸爸去哪儿》为题材，重新改编了歌词，另外还以烟台的魅力景象和杰瑞发轿车的土豪年终奖作为视频背景。

温馨而又熟悉的歌曲和土豪奖品，将这个视频推向了围观高台。这个视频上线不足两天，点击率便突破10万次。而且还在微博、微信、人人网上形成了热门围观。很多观看过视频的人纷纷上网查询杰瑞集团，甚至还给这家集团打去了电话，询问是否会招人。

通过网络平台，这个充满“土豪”意味的视频迅速引发了人们的围观。不仅如此，杰瑞集团的人气和品牌声誉也逐渐响亮，甚至成为了当地年轻人找工作、就业的首要之选。

杰瑞集团的“土豪年终奖”

仅从发放年终奖的这个事情中就可以看出，超越普通，打造一个不一样的年终奖也能够引起人们的关注，而更何况是发汽车这样的“土豪年终奖”。每个人在内心都对好东西羡慕，产生欲望，为之疯狂，这是人之常情。如果企业可以抓住用户的这种心理，打造一个土豪般的网络营销，那么就一定会引发用户围观和参与。

越是奇葩的东西，越能引起人们的围观和注意。企业可以充分发挥自己的想象力，再结合实际考察，来打造一个超级土豪的模式。

第一，让用户参与赢取土豪大礼

企业想要在互联网中让用户积极参与，并且引发围观，那么就要给用户一些意外的惊喜和优厚待遇。当然，如果你只是发几张代金券或者送几次体验，恐怕不能引起人们全面注意。想要让用户达到围观状态，就需要给用户送出土豪大礼。

小米手机在2014年4月8日这天推出“爽爆了，米粉节”时，凡是在当天参与购买手机的用户，都有机会获得免单礼包。这种手机免费送的土豪模式不但引发了人们的围观，而且还让很多同行企业观摩学习。

再比如某游戏公司在网上推出“玩游戏送土豪金”活动，用户参与即可获得抽奖机会，有iPhone5S以及百万大奖等用户拿。

这些方式都是土豪模式，能在很大程度上将粉丝吸引过来，形成围观，企业的名声、人气将大大提高。

第二，巧借“土豪事件”来引围观

企业除了可以在送“土豪金”等环节中依靠有诱惑力的奖品来吸引用户之外，还可以借助一些“土豪事件”来形成围观，引发追捧效应。

例如在2013年某车展上，就发生了一件非常引人奇特的事情，一位衣着朴素、气质普通的大妈背着黄金来逛车展，并且买下价值500万元的宾利豪车。这件事情被人传到了网络上，一时间点击率飞速上涨，人们在对“土豪大妈”围观的同时，亦对宾利汽车产生了兴趣。这就是借助“土豪事件”来引发围观的有效案例。

互联网逻辑新语：

在互联网中，打造土豪模式并非就是要求企业一定与金钱、黄金等这些沾上边。企业还可以借助名人效应、奇闻逸事、网络红人等新鲜事件来制造出引发人们关注的“土豪范儿”事件。

案例：百雀羚，一天卖出380万的私家秘籍

奇葩逻辑，在互联网中的意思显而易见，就是要走个性网络营销路线，越个性就越能吸引人。很多传统企业正是因为活动策划准确，所以凭借奇葩逻辑顺利跻身互联网，并且取得了佳绩。例如将近百年历史的百雀羚化妆品。

百雀羚是一家有着80多年历史的老牌传统化妆品企业。在大家眼中，百雀羚一直是一种非常传统的品牌。但是很多人却并不知道，百雀羚早已经加入了互联网的大军，成功转型网络营销，并且还取得了很不错的成绩。

比如2014年3月8日“女人节”这天，百雀羚就依靠互联网逻辑卖出了380万元的好成绩。下面我们就来看一下，百雀羚是如何做到的。

百雀羚没有像其他企业一样，在节日期间搞一些俗套的促销活动。百雀羚想了一个新招：卖自信。

百雀羚网店的负责人认为，再好的化妆品，也只是让消费者在外表达到光鲜亮丽。而真正美丽的人，需要的是一种由内而外的自信。所以百雀羚就卖自信。如何卖呢？百雀羚想要找一个代言人来宣传“3月8日这天的自信营销”，但是百雀羚并没有找明星，也没有找大腕。让人惊奇的是百雀羚在2月28日这天，在天猫旗舰店的首页打出了“选择百雀羚，美过黄永灵”的广告。不只是在天猫，在所有电商网站，只要有百雀羚的地方，都放上这个广告。一时间，“黄永灵”这个名字在百雀羚的粉丝之间被传遍。

未见其人，先闻其声。人们在没有看到黄永灵庐山真面目之前，纷纷猜测黄永灵是谁。有些人甚至在网上询问百雀羚的客服，但是客服秘而不宣，只是告知在3月8日定会揭晓。很多粉丝猜测黄永灵是百雀羚的新代言人，可能是某位明星，甚至还有人猜黄永灵是内地版《来自星星的你》的女主角……

百雀羚奇葩广告

3月8日这天终于到来。在大家翘首以盼下，黄永灵的真容被揭开。原来，这个黄永灵不是明星，也不是大腕，而只是百雀羚的一名普通员工。就在粉丝们感到落差心理时，百雀羚及时送上了有关黄永灵的自信美：黄永灵虽然是一个普通的员工，但是她依靠自己的努力，一年就当上了文案部的主管，成为了最有自信的“女汉子”。

没错，百雀羚传达的信息就是自信才是一个女人最好的护肤品。就是这句话给众多消费者带去了希望，带去了自信。有了这种“解释内幕”之后，百雀羚在网络上逐渐火爆起来，黄永灵代言的这个百雀羚虽然没有大折扣，但却吸引了大批消费者购买。仅一天，百雀羚就卖出了380万元。

百雀羚的这个互联网营销可能不是最奇葩的，但是却给传统企业一个深切的启发：卖产品不如卖服务，卖服务不如卖神秘。

互联网是一个神秘莫测的世界，企业的营销也是如此，如果都走一样的折扣、促销路线，那么不足以吸引用户眼球。所以，企业务必要走一走雷人路线，而这也正是互联网逻辑下的奇葩逻辑方向。

第一，用情感兜售产品

传统企业想要在互联网中制胜，不只是要在节日、店庆等时段来打促销、折扣低价，还需要借助情感来兜售产品。百雀羚2014年3月8日这天的“自信营销”，就是借助了情感来兜售产品。

当别人在用低价、折扣来吸引用户时，你却出其不意地进行情感营销，首先在吸引力方面就能抓住用户的眼球。在情感兜售方面，企业可以考虑一些积极正面的情感因素，例如百雀羚的“卖自信”，再比如杜蕾斯的“谈情说爱”，都是依靠奇葩的情感营销来吸引用户。

第二，采用秘而不宣的出奇营销方式

百雀羚在打出“选择百雀羚，美过黄永灵”时，曾有很多粉丝询问客服，黄永灵是谁。但百雀羚却一直秘而不宣，对于黄永灵的身份始终保密，这就形成了一种神秘感。你越是不告诉对方，对方就越想弄明白。于是越来越多的人参与猜测黄永灵的身份，这就为企业聚拢了一大批潜在客户。

因此，企业落实奇葩逻辑的最好方式就是秘而不宣的营销，将雷点和神秘进行到底，才能让用户尖叫起来。

互联网逻辑新语：

企业虽然可以借助雷人奇葩的方式进行网络营销，但是在互联网逻辑下，奇葩也是有局限的，如果企业将营销方式过分奇葩化，造成恶劣的负面影响，那么对企业来说将得不偿失。因此，企业需要掌握奇葩的度，进行正面积极的个性化营销。

第8章 免费逻辑：用“免费”将用户领上道

免费逻辑在互联网中是非常重要的一方面，实施免费目的是为了能够将用户领上道，表面上是免费却能够获得更多的流量，获得用户点击、搜索、浏览、关注乃至购买。

马云曾说：“在阿里巴巴我为用户提供免费开店，但是想要让店面搜索靠前，让消费者更多看到你的产品，就需要你去购买另外的增值服务。”免费对互联网企业来说，实则是收费的第二方式。

传统企业想要在互联网中打出一片天地，就需要学习和运用这种免费逻辑，实现“最昂贵的免费”。

1. 互联网就是一场免费的“盛宴”

免费——商业的未来。这句话被很多人拿来运用。也正是因为这种“免费”形式的到来，才让全球网民开始了互联网的栖息生活。

从2002年163邮箱与263邮箱的对决，再到2003年淘宝打败易趣……胜利者的杀手锏和秘密武器正是免费。在当今互联网，无论你想要在网络上寻找什么应用，几乎都是免费的。免费应用的覆盖人群越来越广，以前那些收费的领域逐渐被吞噬。这也充分说明，当今的互联网本身就是一场免费的“盛宴”。

众所周知，智能手机普及之后，人们上网的工具便发生了一定变化，人们开始通过手机上网、下载。而基于此，移动互联网的发展也十发迅猛，众多应用软件比比皆是，应用软件的开发商为了用户可以更多地下载自己的产品，纷纷向用户推出免费下载、使用模式。于是出现了类似微信、LINE等的免费软件。人们不但可以借助它们来聊天、查询资料，还能免费语音通话。

与此类似的一个社交软件就是Facebook。在全球手机聊天趋于免费形势下，Facebook也毫不示弱，于2014年全面推出了免费语音通话功能。Facebook旗下的Messenger，正是这个免费形式的来源。

安卓手机和苹果手机均可以在相关应用软件商店下载Messenger，新版本中，Messenger有一个拨打电话的图形，用户可以借助这个图标与对方语音通话。

只要用户有WIFI和电信数据上网，就可以利用Messenger进行免费的语音通话。这项免费通话功能，不只是对美国地区，还面向全球各地。你可以随心所欲地与全世界各个角落里的人进行免费语音。

美国有关专家认为，Facebook推出这种免费语音通话业务势必会对传统的固定电话收费业务产生冲击。而且在互联网的大环境下，免费的业务终究会覆盖和吞噬那些收费的业务。

Facebook的这种做法毫无疑问是符合互联网免费模式的发展，也是未来互联网商业竞争的一种有力武器。

Facebook推出的免费语音应用Messenger

看到Facebook，不免让我们想起了微信，这也是一个可以免费语音、聊天的通信软件，而它在2013年年底，使用的数量已经突破了5亿。这说明，免费带来的诱惑力是如此巨大。为了迎合互联网的这种发展态势，各大通信软件也纷纷推出这种免费语音功能，以此来争取更多客户。

众多周知，互联网的一个最大特点就是虚拟化和数字化。每项互联网产品的研发成本都是固定的，所以其产品当然可以为用户提供免费下载，网站也可以免费访问。业内人士曾经打了一个比方：如果你的研发成本是1000元，那么有1000人使用，成本摊到每个人头上是1块钱；而如果有1万人使用，摊到每个人头上的成本就可以忽略不计。但是有了这1万个用户之后，无论你在电商、增值服务，还是在广告方面，用户都有给你做贡献的机会，所以这1万人为企业带来的实际收益会远远超过当初的成本。

从这一点来说，互联网的免费模式是可以推行的。很多传统企业往往对这种免费模式感到怀疑，认为是骗局。事实上，传统企业在转型互联网时，大可不必担心，因为很多知名的互联网企业的巨大成就，都是建立在免费基础上。一旦企业推出的免费产品的品质声誉超出那些收费企业，那么它带给用户的体验和吸引力将是巨大的。所以传统企业也完全可以利用互联网办一场免费的“盛宴”。

第一，借助互联网平台向用户抛“免费”绣球

互联网这场免费“盛宴”对传统企业来说，非常值得依靠和使用，首先，互联网本身就是一个免费平台，用户可以免费访问网站、下载软件。所以，传统企业可以在这方面下功夫，建立自己独特的网站，然后经过推广和宣传，让更多用户浏览你的网站，熟知你的产品。时间久了，如果你的产品在品质等各方面优质突出，那么就一定会引发人们的良好口碑，甚至还会因此产生“品牌效应”。到时候，客户不请自来，也无须企业寻找中间商，更无须企业花费过多的费用。

比如必胜客快餐，虽然这是一家传统企业，但是却利用互联网的免费发布和浏览方式，打造了网络订餐方式。由于必胜客推广得好，人们只要一提起比萨，就会想起必胜客，去必胜客网站或者手机应用软件中订餐的人自然就会很多。

必胜客手机客户端免费信息多多

第二，“零付费”吸引用户

“零付费”是全新的互联网商业模式。无论是在移动互联网，还是在PC端，企业都可以使用“零付费”模式来为用户送上更好的体验和服务（当然，企业的最终目的就是吸引更多用户）。一旦达到某种规模，那么用户的价值也就慢慢凸显出来。

暴风影音是一个专做视频播放的主流软件。在这里，暴风影音向用户推出的就是完全“零付费”。产品下载和使用都是免费，而且用户还可以进行分享和转发。在手机暴风影音中，同样有“零付费”，为用户提供更方便的免费服务。这种“零付费”的模式逐渐吸引了更多客户，由此暴风影音的优势和品牌也就凸显出来，其价值也越来越不可估量。

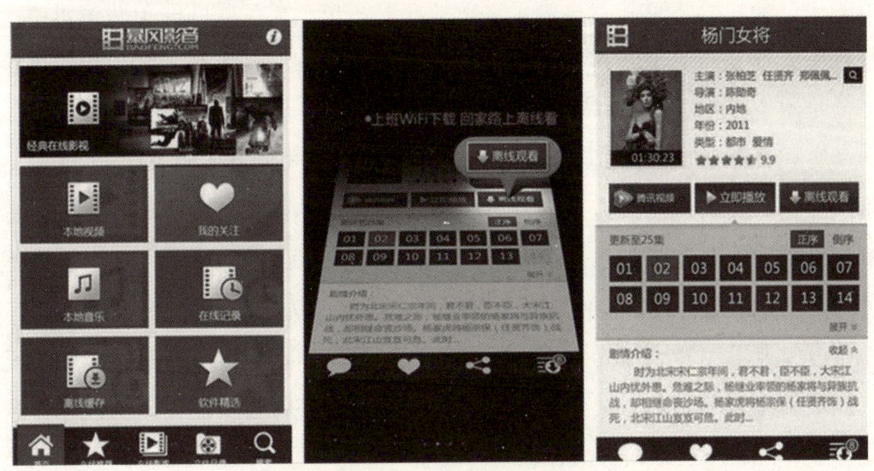

手机暴风影音“零付费”观看

互联网逻辑新语：

免费逻辑是互联网的一大主流趋势，传统企业必须要及时拥抱互联网的这场“盛宴”。传统企业在使用免费逻辑时，必须要将用户至上体现出来，这样才能真正博得用户的心，将“免费”优势发挥到极致。

2. 免费是为了更多地获取流量

互联网的免费，虽然是一场“盛宴”，但却并不是真的百分之百免费。从某方面来讲，免费其实意味着是为了更多地获取流量。在互联网的免费逻辑中，免费往往是企业获取流量的首要策略。在互联网中，其产品大都不会向用户直接收费，而是用免费的这种策略来吸引用户。

淘宝、百度、360等企业都是依托免费逻辑而起家、发家的。比如360杀毒软件推出之后，免费试用的方式便立刻吸引了众多用户青睐。而那些收费的杀毒软件则逐渐被淘汰。也许有人会问，360如果百分之百免费，那么它“吃”什么呢？任何互联网企业都一样，他们在免费的背后，其实是为了更多地获取流量。

曾有专业营销专家认为：“流量意味着体量，体量则意味着分量。”也就是说，越是那些人群密集、目光聚焦的地方，金钱也必将会追随而来。没错，流量就是金钱，流量入口，其价值也就不言而喻。

在淘宝免费开店出现之前，人们想要在网站上卖东西，或者开辟一个企业专业网站，是需要付费的。而马云的阿里巴巴则似乎看透了互联网的免费逻辑优势，于是推出了在淘宝网免费开店的模式。

这一消息出来之后，很多商家产生了一种“不开白不开”的想法。不管有没有买家、客户，先在淘宝上开一个店。因此，卖家迅速聚集到淘宝上面，一时间，淘宝如同炸了锅一样，卖家扎堆开店。有了卖家之后，买家也就自然而然地前来。

马云当初在推出免费开店政策时，已经想到了如何用免费来赚钱。没错，用户在淘宝上随便搜一个店、产品，随后就会出现几千乃至上万个结果，用户如何选择呢？

这正是马云“免费逻辑”的突破口，免费开店没有问题，但如果想要将自己的产品排在搜索结果的前面，就需要交一些增值的其他服务费用，比如诚信通、入驻天猫等。

如今，淘宝网已经成为中国最赚钱的互联网企业之一。而这恰恰就是依托在免费的基础上建立起来的。很多人认为马云料事如神，可以用“免费”来赚更多钱。而马云本人却并不这么认为，他曾在一次大会上说：“我只是用免费开店来增加更多的卖家，卖家多了，之间的竞争也就更多，想要活下来就需要另辟道路。”

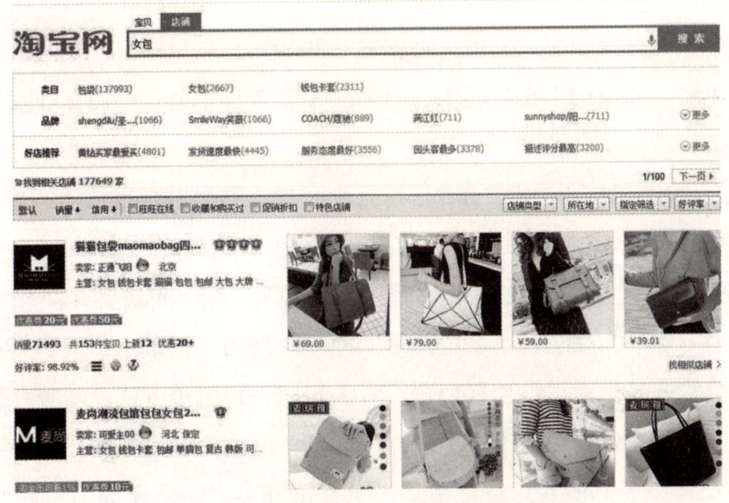

有十几万家“女包”店铺在淘宝开店

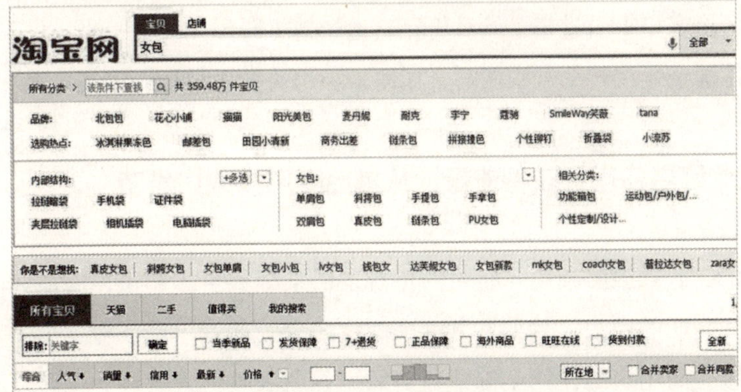

淘宝搜索“女包”产品有几百万件

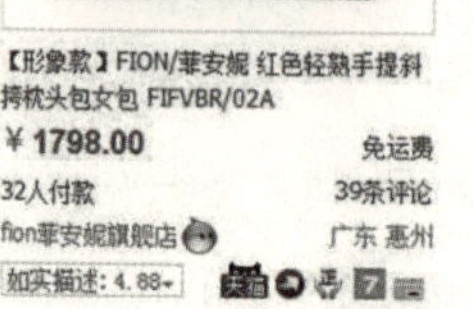

淘宝搜索“女包”结果中有相关付费认证的企业靠前

传统企业大可以学习马云的这种精神。2009年，克里斯·安德森曾经推出过一本叫《免费：商业的未来》的书，给当时很多传统企业、电商企业点燃了免费的火热欲望。

其实，安德森的核心内容并非是要求企业百分之百地免费，而是要更巧妙地运用免费吸引客户，让客户支付其他额外费用。商家采取免费模式，并非是为了慈善，而为了更好、更快地发展。没有一个商业模式是彻底免费，都需要有收入来源。

其实用一句话来总结就是，免费是一种互联网的营销策略，就是企业向用户提供一些免费产品，而以此获得用户或者流量的一种营销方式。随着互联网和移动互联网的迅速发展，免费策略也成为各大企业的主流营销模式。许多企业都通过这种形式获得了更多客户、订单、流量和潜在客户。天下没有真正免费的午餐，免费并不是真的免费，而是企业为日后的盈利做铺垫。换句话说，就是先用免费的东西将客户吸引过来，然后再在其他的地方赚回来。

那么传统企业在转战互联网时，如何来利用免费更好地获得流量呢？

第一，伺候好免费用户获得流量，从其他渠道收取广告费

传统企业如果想要利用互联网的免费逻辑来赚取更多流量，就需要学习一些大型互联网企业的做法。例如谷歌这个全球最大的搜索引擎，在这里，每天都有上亿人使用。而用户的使用全都是免费的。谷歌的收入来源在于那些依附谷歌做广告、推产品的企业。谷歌对这些企业收取费用。

谷歌完全没必要去“伺候”那些付费的企业，而是却想方设法地来“伺候”那些免费的用户。因为谷歌明白，只有把免费的用户“伺候”好了，用户数量上来之后，自然会有大批企业等待付费推广产品。

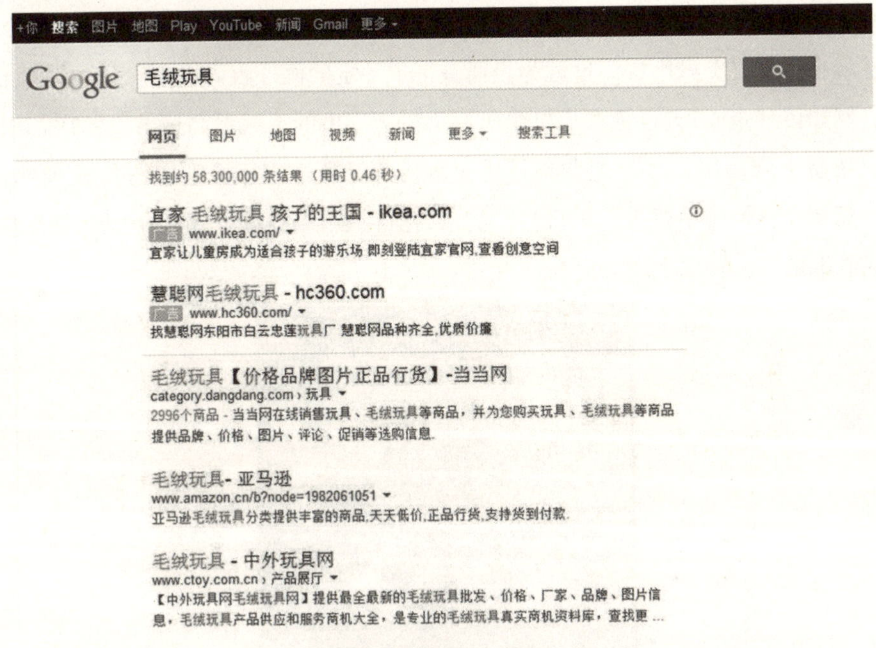

谷歌的搜索结果中出现广告

类似的还有一些免费视频网站，比如优酷、乐视等，还有电子邮件等。在视频网站人们可以免费看一些视频，但网站在播放视频前会先播放一小段广告。这些互联网企业都是遵循了“免费是为了更好地收费”的原则。

优酷网视频前的广告

第二，入驻手机应用软件商店，依靠品牌效应来收取广告流量费

如今移动互联网发展迅速，企业可以创立自己的APP，只要企业的声誉、品质突出，就能吸引更多用户免费下载。用户下载并且使用得多了，那么有些企业自然就会想要付费做广告。这就为企业赢得了一定的额外收入。

例如传统企业7天连锁酒店，由于在手机应用中的下载量高达上百万次，用户可以免费下载使用，并且免费预订优惠酒店等。所以很多企业也纷纷找到7天酒店，想要在它们的手机手用中打自己的广告。当然，随着用户量的增多，7天连锁酒店收取的广告费用也就会更高。

7天连锁酒店手机客户端中的广告

> **互联网逻辑新语：**
>
> 企业可以借助让用户免费试用的特点，来加大网站、应用的点击量或下载量，继而吸引其他企业来做广告，收取费用。而这就需要有一个前提：企业要将品牌推广出去，产品和服务要精致。这是后面所有工作的基础。

3. 规划更好的互联网免费模式

在日常生活中，我们经常会经历很多“免费”模式。比如我们在商场中会看到企业在免费送礼包，搞活动；店面新开张，送纪念品等。这些免费的东西都能够让用户为企业带来更多的后期消费。

这些都是传统企业的“免费”营销模式，而在互联网上面，企业依然可以将“免费”进行到底。具体的方式可能有些传统企业非常熟悉，也正是这些免费模式，让用户感受到了非同寻常的网络尊贵待遇。

一家传统的眼镜店为了迎合互联网的发展，开通了电商网站，试图发展线上眼镜业务。

然而，这家眼镜店在网上的销量和声誉并不如意，不但用户访问量低，销售量也很差。为了获取一定的流量和后期的客户消费，该眼镜店采取了免费模式营销。

首先，企业在网站上推出了各项免费服务，比如保护眼睛的日常小知识，还有维护眼镜的方法。甚至还为用户提供当下热门的一些免费电子书下载。其次，该眼镜店还开通了微信公众号，只要用户关注微信公众号即可免费在线下获得眼镜布。该眼镜店还推出会员政策，用户只要在微信公众号上注册会员，即可在线下享受折扣优惠和免费领取眼镜盒等礼品。

为了增加眼镜店的营业额，企业还进行了O2O的电子商务免费营销。用户通过网站或者扫描二维码可以免费领取电子优惠券，然后在线下享受一定优惠。

经过这些初期的免费活动之后，该眼镜店的品牌效应逐渐显现出来。很多用户获得免费服务之后，便开始向身边的朋友宣传，这就让企业获得了更多的客户群。而客户群增加之后，企业再用收费的优质产品来超越免费的东西，促使用户后续消费。

后来，该眼镜店在客户访问和产品销量上都有了飞速发展，甚至人们一提起眼镜店，就会想到该眼镜店。

其实，从这家眼镜店的事例可以看出，免费模式的实施其实并不难，但一定要做好细节把关。马化腾关于微信营销曾经说过这样一句话：“收费的东西和免费的东西区别在于价值。”初期企业可以借助免费的东西来吸引和招揽客户，而后期企业需要用优质的收费东西来取代免费物品，让客户花钱来消费。

初期的免费非常重要，因为只有将客户“领上道”，才有机会获得客户后期的消费。传统企业在向互联网转型的道路上，更应该将免费策略发挥到极致。在各个电商网站免费策略的基础上，要规划出更好的免费模式，才能在竞争中获得优势。

第一，前期免费模式，吸引更多用户

上述的眼镜店，在前期推出了一系列的线上免费模式，从而吸引了更多客户，还形成了良好的口碑传播。传统企业在转型互联网时，应当先是通过免费的产品、服务来吸引更多客户。互联网逻辑中的那句名言“先圈用户再圈钱”说的就是这个意思。

初期的免费模式在一定程度上让用户尝到好处，接下来企业的后期收费也就更加顺利。比如赶集网。2014年3月，赶集网在手机应用客户端中推出“手机找房

就送钱”活动。这个活动非常吸引人，吸引了众多用户关注和使用，为赶集网吸附了大量的用户。

赶集在手机客户端推出“手机看房就送钱”活动

第二，让用户免费入会，树立企业“高大上”的好口碑

企业还可以推出让用户免费成为会员、尊享优惠等服务，以此来树立企业的高端大气上档次的好口碑。让用户成为企业的在线会员，不但能为企业带来资深用户，还可以获取用户资料，推行一对一的尊贵服务，让用户成为企业的忠实会员。

这种做法可以引起用户的“尊贵感”，同时也让用户对企业品牌产生好印象，方便打响企业的“高大上”口碑。例如中国南方航空在微信平台就推出了“微信专属入会，500里程免费送”的活动。这让很多经常在天上“飞”的客户产生了兴趣，从而加入会员，享受免费的同时，还为中国南方航空宣传了好口碑。

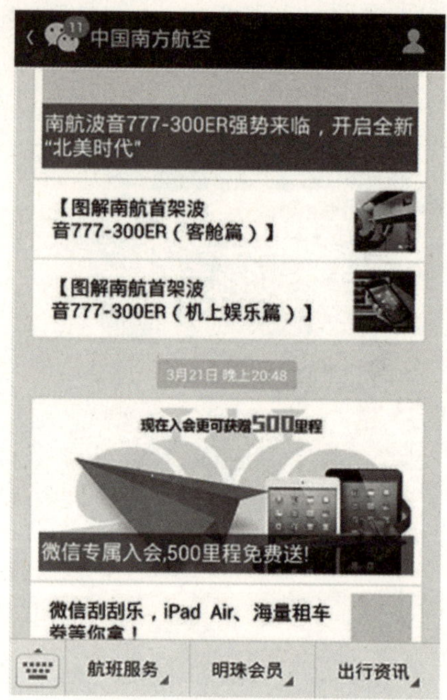

中国南方航空推出微信活动

第三，推销付费产品

有了前期的免费做铺垫，“圈”到客户之后，就要着手推销付费产品。通常的策略是为用户提供出击免费产品之后，推出升级服务和产品，当然这些都是免费的。而且企业必须要记住，收费的产品或者服务，一定是那些免费产品和服务不能取代的。换句话说，就是要凸显出收费产品的优势和价值，这样用户才能心甘情愿来消费。

歌华有线公司在线上也开展了一系列的营销活动，而免费营销模式则最具吸引力。在歌华的微信公众号中，歌华向用户持续推出订购和续订歌华宽带部分产品，免费获得歌华宽带电视机顶盒一台。

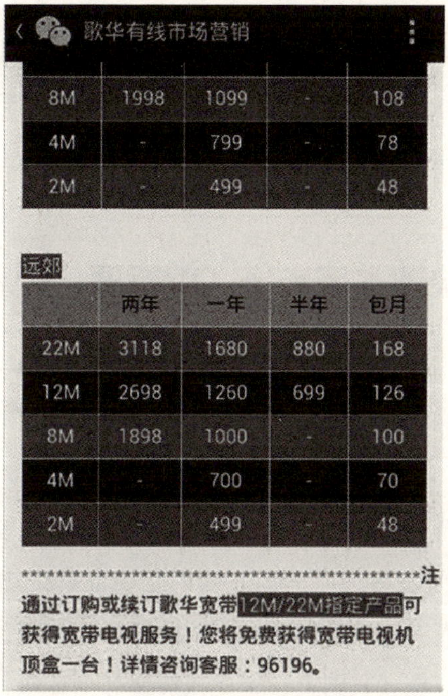

歌华有线市场营销

8M	1998	1099	-	108
4M	-	799	-	78
2M	-	499	-	48

远郊

	两年	一年	半年	包月
22M	3118	1680	880	168
12M	2698	1260	699	126
8M	1898	1000	-	100
4M	-	700	-	70
2M	-	499	-	48

**注
通过订购或续订歌华宽带12M/22M指定产品可获得宽带电视服务！您将免费获得宽带电视机顶盒一台！详情咨询客服：96196。**

歌华有线微信公众号中的“免费”模式

互联网逻辑新语：

在初期为用户提供免费产品或服务时，为了能够吸引客户，引发好评，企业必须在产品和服务方面做到极致。即便是为用户白送，也要注重质量。如果企业免费送出的产品或者服务品质很差，则很容易引发用户反感，对企业造成负面影响。

4. 想要快速占据市场，就需要“免费计划”

很多从事互联网商务的企业人一致认为，互联网的商业模式无非有三种：电子商务、广告以及增值服务。所有的互联网企业都是依靠这三种方式来占有市场、获得利益的。然而，这三种商业模式的前提却也相同，那就是必须要有一个巨大的免费用户群体。在互联网上，企业只要拥有了客户，收费获得利润的机会就越来越多。

企业想要快速占领市场，就需要开展“免费计划”，吸引更多客户。在互联网中，企业首先强调的不是如何获得利润，而是如何通过免费计划来获得用户和利润。来看下面这个企业是如何利用“免费计划”做到的。

聚美优品作为一家知名的化妆品时尚电商企业，在创始人陈欧的带领下，不但将企业做得风生水起，更是拉拢了一批又一批的忠实客户。很多人不禁想知道聚美优品是如何将网站做大做强，占领化妆品市场的。

聚美优品千元流量免费送

这不得不说起的就是聚美优品的“免费计划”。2014年4月1日，也就是愚人节这天，聚美优品在LINE和微信公众号上推出了千元手机流量免费送的活动。

毫无疑问这是一个非常大的噱头，聚美优品在微信公众和LINE上的粉丝本来就很多，他们大都也是忠实客户。而聚美优品借助愚人节这样特殊的节日再次为大家送上这样爆炸性的消息，无疑是向用户丢了一个大大的糖果。

很快，那些本已经是聚美优品的粉丝便纷纷参与进来，申请并且互动，以获得这样惊喜的大礼包。而那些不是聚美优品的粉丝在这时也都关注聚美优品，成为粉丝，参加互动投票活动，享受所在地区的免费服务。

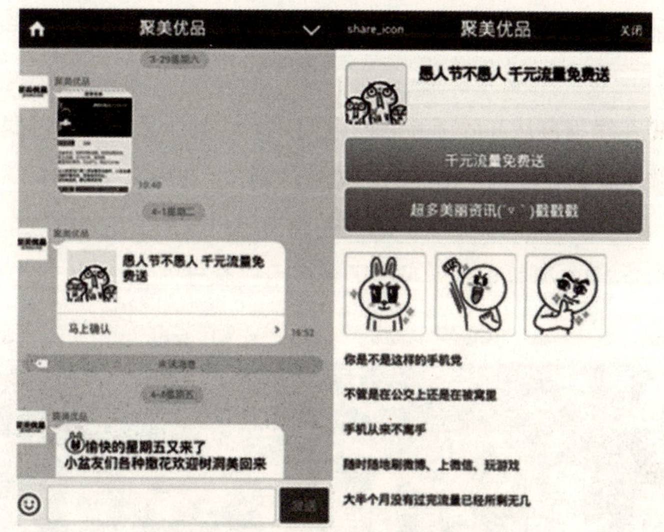

聚美优品在LINE中的送流量活动

最终，聚美优品的这种“免费计划”不但为企业获得了更多客户，而且在电商网站中的口碑也火热起来，其市场占有率也越来越大。

聚美优品的这种“免费计划”也给了那些“沉默”电商企业和即将转型互联网的传统企业很大启发。过去，传统企业为了快速占领市场，总是将产品放在第一位，于是在研发产品、服务方面做得很出色，力争用过硬的产品来赢得人们的认可。

然而这种方法在互联网的营销中却显得有些落伍。因为在互联网逻辑中，用户逻辑是一切逻辑和策略的前提。也就是说，企业的所有策略都要围绕着用户来展开，因此，互联网企业想要生存、占领市场，就要“讨好”客户。而“免费计划”正是其中最有效的方式之一。像聚美优品这样，给用户一些免费产品、服务，激发用户兴趣，即便用户没有立刻在聚美优品购物，那么聚美优品的这种“良好服务”也早已在用户心头加深。

虽然“免费计划”的做法多种多样，但在总体上还是有章可循。

第一，借助节日加大“免费”力度，喊出“免费”口号

企业可以借助节日在手机应用、微信、微博等各种渠道中推出“免费计划”。为了能够更好地吸引用户，企业还可以加大宣传力度，将宣传语起得有噱头、有吸引力。

比如国美在线，自从开辟了互联网电商之后，其产品就一直占据着很大市场份额。而这最主要的原因就是国美的“免费计划”。2014年4月18日，是国美在线4周年店庆，在这个特殊的节日里，国美在线为用户送上了免费抢红包的活动，这一活动在2014年4月初刚推出，就吸引了众多用户参与。

国美在线店庆日抢红包免费活动

第二，借助时事、娱乐明星联手“免费”计划，扩大粉丝面

企业想要更好地实施“免费计划”，还可以借助当下热点时事，或者热门明星、抢手影视剧等来联手打造“免费计划”，进一步扩大粉丝面和市场占有率。

乐蜂网在这一点上就做得很好。2014年3月21日，获得戛纳电影奖影帝的廖凡主演的电影《白日焰火》在影院上映。借此机遇，乐蜂网携手这部影片的创作方推出了“你约会，我们请你看电影”的免费活动。这个活动不但吸引了乐蜂网的粉丝，还吸引了大量电影爱好者参与。乐蜂网也因此在很大程度上获得了市场的关注。

乐蜂网携手《白日焰火》推出免费计划

互联网逻辑新语：

企业推出“免费计划”的目的是为了吸引更多用户、占据市场比重，因此企业在推出“免费计划”时，一定要注意，免费内容和用户实际体验到的内容一致，否则会让用户产生反感，从而失去市场份额。

案例：360杀毒软件，免费杀毒，却赚了钱

企业在互联网中，想要赢得更多用户，就需要为用户提供一种“免费计划”。但是很多人，尤其是传统企业便很纳闷：企业推出了免费，还如何赚钱呢？这个问题很有代表性，很多互联网企业都是通过免费获得互联网市场的，他们究竟如何赚钱也成为很多人关心的问题。在分析这个问题之前，我们且看下面这个企业的做法。

2009年10月，360推出了永久免费杀毒软件。这对互联网的网民来说是一大惊喜，以前的收费杀毒软件终于可以换掉了。然而，很多人在欢喜的同时也对360产生了疑惑：推出免费杀毒软件之后，企业如何赚钱？这种商业行为靠谱吗？

作为一个企业来说，毕竟还是要以赚钱为主，搞免费究竟如何来赚取利润呢？首先，360的这种“免费”会迅速普及，赢得众多客户的下载，这就使360获得了大量的装机量。作为杀毒软件企业来说，本身就属于高利润企业，因为这种企业只要开发出杀毒软件的内核，就可以只依靠这个内核来赢利。可以说，360杀毒软件的实际成本只是服务器的成本和营销成本。因此，360所需要担负的成本就很低，而360完全能够玩得起这种免费模式。

360仅依靠庞大的装机量就能获得巨大的流量和良好的口碑，所以360赚钱的方式就有了多种：

第一，凭借良好口碑和庞大装机量，吸引更多大企业请他们做网站安全维护。360的超强技术团队研究出了免费的杀毒软件，在获得市场认可和用户支持之后，很多大公司也纷纷前来寻求合作。有些企业是请360为他们做网站维护，有些公司则希望360能够帮助他们开发特定软件。这对360来说，都是高额收费项目。

第二，依靠广告赚钱。360杀毒软件用“免费”吸引来大批用户，获得数千万乃至上亿的装机量，这就为360聚拢了很高的人气。企业的招牌打出去了，自然就会有人来寻求广告合作。比如在360安全浏览器导航中，就有非常多的企业、电商、游戏在其中做广告。而360强大的点击率则会大大提高这些企业的知名度，由

此360赚的钱也就越来越多。

第三，用户越多，360的商业价值就越大。360董事长周鸿祎曾说过：“免费永远都是360的一种商业模式。免费做杀毒，是360为用户送上的一个免费盛宴，这也是我们永远保持不变的模式。”显然，360是想用免费来赢得用户的心。在互联网逻辑中，谁赢得了用户，谁就能获得商业渠道，渠道为王，商业价值也就自然浮现。

360 浏览器导航中的广告

从360的这种商业模式来看，表面上360是免费的，但实际上名利双收，赚到了钱还赢得了客户的支持和信赖。这无疑是互联网企业的典范和楷模。那些想要从事互联网的传统企业更应该从中领悟出“免费”的巨大效益。

在互联网的免费逻辑中，依靠免费计划和模式来赢得用户，就是赢得互联网这块沃土。百度、谷歌、QQ等无一例外。这些大牌企业的赚钱模式都是从“免费”而来。那么企业具体该如何来做到呢？

第一，用“免费”将人气聚过来，“钱”便自然而来

360免费杀毒软件就是利用这一点先积累了大量用户，将人气打出去之后，

便自然而然地出了名，那么各种赚钱的模式也随之而来。比如广告、流量、名气……

新浪微博是新浪推出的一个社交网站，它在中国的影响力犹如美国的推特和脸谱网。自从新浪微博推出之后，便很快占领了市场。人们纷纷建立微博账号，写日记、见闻、心情，尤其是一些明星大腕的账号，其粉丝数量都达到了上千万。如此火爆的场面让新浪微博获得了大量的人气和用户，但也让很多人不免感叹，新浪如何赚钱？其实细心的人也许早已发现，在新浪微博的页面中，有很多广告，比如淘宝网、京东商场、热播影视剧等。这些都是新浪企业的收费来源。

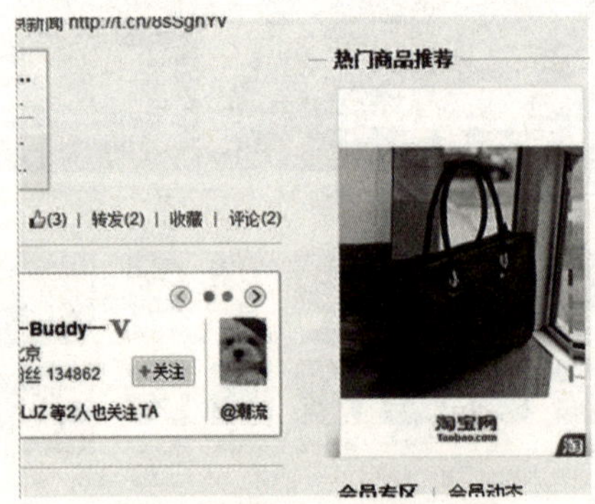

新浪微博首页右侧的广告

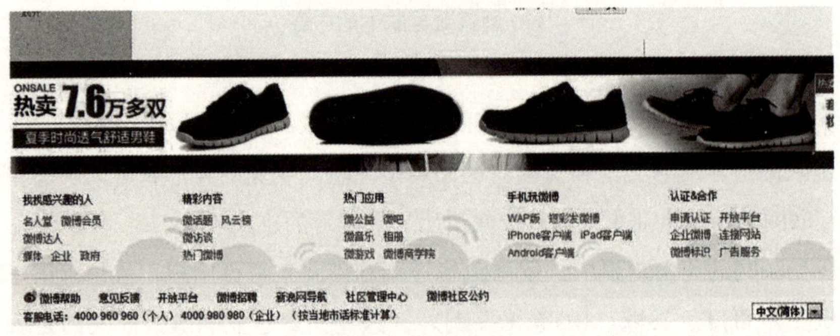

新浪微博下端的广告

第二，“免费”需要有噱头，才能赢得人们注意

当下互联网的发展趋势中，免费模式已经成为众多企业的惯用模式，越来越

多的企业都在变相采取“免费”措施吸引客户。究竟怎样的“免费”才能更好地赢得人们注意呢？事实证明，有噱头、有创意的“免费模式”更能吸引人们关注。

例如格林豪泰酒店在推出网络营销之后，在微信公众号和其手机应用客户端中，就推出过多次“免费入住房间”赢得了用户的热切关注。而很多同类企业也都推出过“免费模式”。所以格林豪泰认为一定要将“免费”打造得不一样才能吸引更多客户。2014年3月底，格林豪泰推出了“美人，送你一晚免房，你可愿意否？”的免费活动。只要用户将自己的睡颜照片发给格林豪泰，就有机会获得豪华套房免费住的惊喜。这个活动赢得了很多人的热切关注。

格林豪泰酒店微信推出送房服务

因此，企业在制造“免费”话题时，一定要够噱头、够创意，这样才能充分吸引用户关注。

互联网逻辑新语：

360 用“免费”模式获得了用户，也获得了利润，这样名利双收的结果势必会引发互联网企业的追捧。但企业在实施这一模式时，需要格外注意，不能因为没有用户而半途放弃“免费”模式。毕竟吸引用户、获得支持，需要一个漫长过程，企业千万不因为急于求成，而乱了方寸。

第9章
口碑逻辑：每一个客户都是你的自媒体

互联网的一大特点就是传播力度强，如果你的产品好，很快就会被传播、宣传；而如果你的产品不好，那么也会短时间内传遍网络。因此，传统企业进军互联网时，不得不考虑一个因素：口碑逻辑。

只有将产品做好、宣传到位，才能真正博得用户喜爱，用户喜爱了，好的口碑、正面影响就会扩散。很多企业，比如黄太吉煎饼，之所以会在网络中红火，就是因为它利用了互联网的口碑逻辑来扩展了营销范围，成为口碑营销的支配者。

1. 让老百姓驾驭的媒体才是好口碑的基础

企业在营销过程中，口碑占据的力度和作用是非常重要的。以过去的解释，口碑就是人们对某企业、产品或者服务形成的舆论和看法。显然，从这一点来讲，口碑的传播主体是消费者。然而在过去的营销界中，很多企业却错误地将这种口碑营销当作是企业自己的炒作。

而现在互联网的营销大趋势已经势不可挡，谁也不能否认互联网已经成为最体现民众信息的一种渠道。有互联网专家认为，互联网是当今社会中唯一一个可以由老百姓来驾驭的大众媒体。

也正因此，企业才会小心翼翼地“讨好”消费者，希望消费者能够为他们带来好的口碑，而不是负面的丑闻。互联网既然有信息共享优势，那么对消费者来说，驾驭口碑，互联传播就是消费者的自主权。因此，企业的产品一旦不好、服务不到位，消费者就会有话要说。

2006年，在网络上有一个非常让人抓狂的事件：“雅阁女”走红。这名女子在网络上发布自己的视频，视频内容中宣扬的都是“拜金”思想。该女子还声称：“月薪少于三千都是下等人。”

据悉，这名“雅阁女”喜欢日本本田雅阁汽车，她在网络中声称自己是一位高品位的白领，开高贵的雅阁汽车，甚至因此还砸烂一辆蹭到自己汽车的QQ汽车。

这一视频随后引发了百万网民的“讨伐”。当时该视频在某网站中的点击率最高，甚至一度超过600万次。当然，网友看过之后对“雅阁女”无不大骂，对其反驳。

在天涯、搜狐等各大社区网站中，对“雅阁女”的大骂也无休止。“雅阁女”成为了网络的公敌。

但是没多久，便有人发现这其实是某网站的炒作行为。该网站是一家视频网站。而“雅阁女”最初的视频就是来自这个网站，而且每一个视频中都有这个网站的标志。显然，这些视频是经过特殊处理的。一时间人们对“雅阁女”的不满迅速转移到了该网站。

各大网站、博客纷纷大骂该视频网站，甚至有网友称这个网站是垃圾网站、流氓网站，强烈要求人们卸载该网站的应用。

最终，该网站虽然通过“雅阁女”的事件而在短时间内获得了超高点击率，赚了钱。但是却毁了自己的名誉。很显然，这个网站是捡了芝麻丢了西瓜。

上述这个网站的炒作被老百姓的口水所淹没，最终淡出了人们的视线，不再被人们推崇。这个网站的做法完全是互联网口碑营销的一大失败案例。而这个失败恰恰就是老百姓揭穿的，企业的真相、负面口碑也是老百姓推出的。因此，各大网站、互联网传播就成为了老百姓真正驾驭的媒体。

企业优秀，老百姓自然会叫好，网站转发，四处宣传，树立良好口碑。而企业如果如同上面那家视频网站一样，制造出“雅阁女”等事件，那么负面口碑也随之而来，网络唾沫更超乎企业想象，不但淹没你，还让你难以翻身。

因此，传统企业如果想要在转型互联网时有一个良好的口碑，就要杜绝像“雅阁女”这样的事件或者炒作。企业即便是要“炒作”，也应该做一些积极正面的消息。因为互联网不是企业的，而是全社会信息共享的一个渠道。那么如何才能让网民正面宣传，形成良好口碑呢?

第一，企业打造积极正面的“炒作”，杜绝“垃圾行为”

如今，移动互联网来势汹汹，一个微博、微信，就能给企业造成一次特殊传播。因此，互联网可以说是“传播学”中的一次大颠覆。而这次颠覆是消费者、老百姓来控制的。

发一条微博就能有十几万粉丝看到，发一个微信信息，朋友圈里一大堆朋友都能看到，一传十十传百，大家你一句我一句，任何事情都有可能发生。

所以企业必须要学会打造一些正面的“炒作”，而要扼制那些“垃圾行为”。比如企业可以像中国南方航空公司在微信上推出的“微信专属入会，500里程免费送”主题活动。用户在看到或者体验之后，就会对这家航空公司产生非常好的印象。甚至还会因此而转发到朋友圈、微博等网站，进一步拓展企业的良好口碑。

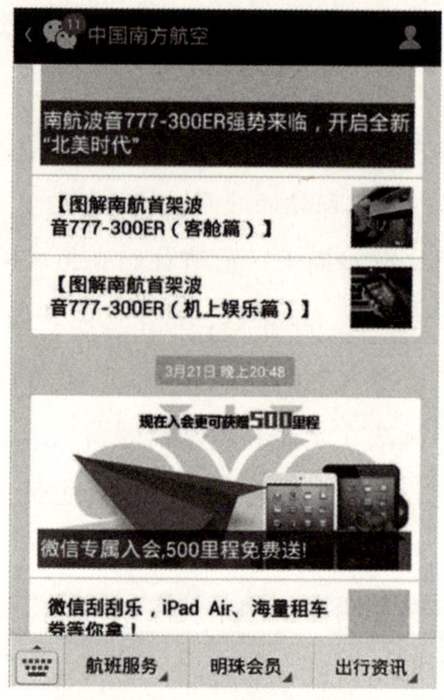

中国南方航空公司正面活动

第二，多听取网民提出的中肯建议和评价

网络是一个信息大共享的平台，所以各大互联网论坛的基本功能就是互动。用户参与互动，发表言论、看法，这些都能对企业造成好口碑、负面口碑。所以企业必须首先意识到互联网是一个由老百姓驾驭的媒体，然后再秉持这一点去论坛、网站中听取网民提出的中肯意见和看法。尤其是在评论中的激烈辩论，这些都包含着百姓对企业的心声和意愿。而这对企业来说是很宝贵的。

想要让百姓对自己企业有一个好的口碑评价，就需要多了解百姓的意见和意愿。这样才能更好地完善自己，给百姓呈现一个良好的效果，赢得好口碑。

互联网逻辑新语：

互联网是一个人人都可以自由发言的地方，即便你的产品、服务再好，也不可能让所有人都喜欢你。人无完人，企业不要过多计较那些少数拿“板砖”对你的消费者。只要在大方向做得好，赢得大众消费者口味就是好口碑。

2. 给用户想不到的惊喜

想要让用户成为企业的“代言人”，替你说出产品的好处，推广品牌，那么就需要给用户制造惊喜，而且这个惊喜还应当是让用户想不到的。惊喜越大、越神秘，用户宣传的力度也就越大。

小米手机创始人雷军认为，口碑是源于超预期的。很多互联网企业为了营造口碑，总是在夸大自己的卖点，他们认为如果不去夸大，那么企业就得不到用户关注。结果最后导致用户的实际体验与推广宣传的内容相差很远。这样做实际会造成一种负面口碑。这对营销者来说，其实是一次失败的营销。

如何才能真正获得用户的认可和好口碑呢？雷军认为要准备两条营销线路：一条是明线，以过硬的产品来赢得用户关注；另一条则是给用户一些想不到的惊喜。譬如可口可乐企业在手机营销中的做法：

可能少有人知道可口可乐这个传统饮料企业已经早已经走上了互联网营销的道路。可口可乐结合易迅网和微信展开了秒杀活动。

天底下没有免费的午餐，但是却真的有免费手机。可口可乐在2014年3月推出了购买可口可乐可揭盖赢千元手机的惊喜活动，而且中奖率非常高，每天都会送出300台智能手机。

2014年3月3日起，用户只需要购买定制版的可口可乐，就可以通过瓶盖中的字符串参与3月3日至5月31日举办的为期90天的下午3点秒杀惊喜活动。

惊喜包括9.9亿瓶可口可乐饮品、9.9亿张易迅现金券、27000台限量版可口可乐三星定制智能手机。在活动期间，易迅网还会每天推出超过5万件低于3折的超低商品供用户选购。

用户在线下购买可乐之后，可以直接用微信扫描产品的二维码，通过手机登录个人易迅网账户，输入瓶盖内的13位参与码，就可以进行这项秒杀惊喜。同时，还能免费获得一张易迅网5元优惠券。

每天300台智能手机，对用户来说，无疑是一个非常大的惊喜，很多企业也在互联网举办过送礼惊喜，但一般都是一些简单且低廉的礼品。可口可乐结合易迅网的这次惊喜却超出用户想象。据悉，在这次活动推出之后，可口可乐的销售量比平常多出数倍，甚至人们还纷纷在网络、微信上转发这些“惊喜”。无疑，这也为可口可乐和易迅网做了一次很好的口碑宣传。

易迅网与可口可乐联手为用户送惊喜　　可口可乐微信0元抢手机惊喜

其实可口可乐的这种做法早在2013年年底就做过。当时临近圣诞，可口可乐和易迅网联手推出下单送可口可乐圣诞礼花瓶活动，当时对可口可乐来说所取得的效果非常好。而为了更好地将互联网的口碑逻辑进行下去，2014年可口可乐的这次揭盖赢手机的惊喜秒杀更是让用户超乎想象，其效果也将更上一层楼。

在互联网营销中，传统企业想要让用户为你做口碑宣传，制造惊喜是非常有用的一招。当然，对企业来说重中之重就是要如何制造一个神秘且让用户抓狂的惊喜。你的惊喜制造得越大，那么口碑营销的效果就越好。

第一，颠覆传统惊喜，向重视客户靠近，送上惊喜

在用户与口碑的建立中，小米手机创始人雷军就非常重视“人不如旧”的观念。雷军曾说：“在做天使投资时，我总是会给忠实的老客户便宜，而第一次跟着投资的人总是最贵的。如此一来，人们获得了好处，从而就会想进入这个圈子。那么贵的价格也就是等于是新人的入场券。”他还说：“很多企业总是对新客户免费，对老客户不停地收费，我不赞同。为什么我们就不能给忠实的客户免费，而是对新客户收费呢？”显然，雷军的这种说法，可能在表面上会放慢产品扩张的速度，但是从长远来看，照顾好了忠实客户，给老客户不断制造惊喜，那么带来的就会是持久性的口碑，对企业品牌文化的形成有非常重要的作用。

传统企业在进入互联网时，必须要颠覆一些惊喜模式，着重重视那些忠实客户，为他们送上意外惊喜。比如某KTV推出微信会员老客户独享唱歌优惠惊喜。这对老客户或者微信会员来说是一次特别的惊喜，那么用户在享用的时候也会因为心情好而自发宣传企业。

第二，惊喜要神秘，而且还要引起效应和轰动，才能更有利于口碑宣传

也许传统企业并不清楚怎样为用户送上意外惊喜，让他为你宣传产品。甚至传统企业以为只要用户买就送，或者发一些赠品等惊喜就可以打动客户。如今，互联网企业纷纷在做类似的惊喜活动，想要在这种惊喜中脱颖而出，要么就要做到像可口可乐这样下血本，送智能手机；要么就要送一些好玩有趣的惊喜。

其实传统企业不妨先来看看一下亚马逊中国网站（原名为卓越亚马逊，2011年更名为亚马逊中国）在2007的做法。在2007年当时的卓越亚马逊就很注重网络逻辑中的口碑营销。为了给用户制造惊喜，卓越亚马逊曾经请明星来做卓越的快递员，为用户送货上门。譬如当时非常火爆的超级女声冠军尚雯婕就曾经化身卓越亚马逊的快递员去北师大送过卓越亚马逊的产品。用户开门看到是自己喜欢的明星为自己送上礼品时，就会非常开心，当然，开心之余，也会对卓越亚马逊产生莫名的好感，自然就会为卓越亚马逊做一些适当的口碑宣传。

而在2014年初，百事可乐、天猫网站也携手明星黄晓明做了一次快递大使的

活动。明星穿上工作服，骑车为偏远地区为用户送上爱心乐宝。这份感动和惊喜也让更多人对天猫和百事可乐赞叹不已。

明星化身快递送惊喜

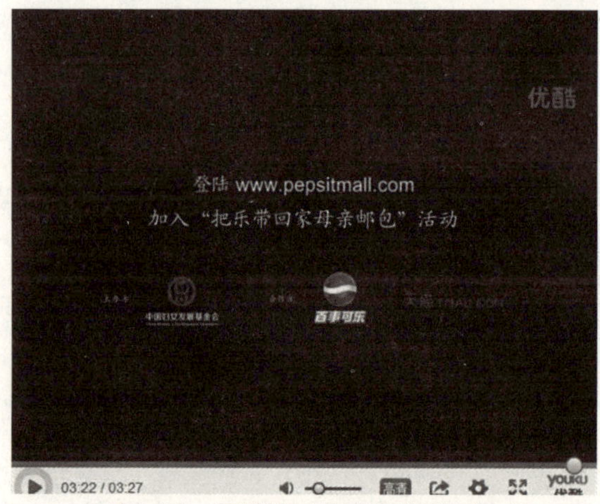

百事可乐、天猫携手黄晓明送爱心包裹

互联网逻辑新语：

互联网的口碑逻辑核心来源于用户，所以企业只有将用户“伺候”好了，才能得到更多的口碑惊喜。企业千万不可单纯地为了获得口碑，而夸大自己的产品卖点，否则造成负面口碑将功亏一篑。

3. 让每个人成为自己的王

马化腾曾经在一次会议中这样说："互联网改变了人们的生活，在未来，互联网还将继续改变每一个企业，传统企业如果还不能好好地利用互联网这个口碑平台，那么就一定会落后，甚至被淘汰。"

其实，在互联网中，传统企业完全可以逆袭成功。具体的做法就是需要让用户成为企业的代言人。借助口碑营销来宣传企业，不但节省企业广告投放费用，还能够达到一种前所未有的极速推广效果。

在互联网的口碑思维下，如何让用户为你宣传呢？企业必须意识到，用户不可能为了企业而白白宣传。所以企业必须要给用户一点"好处"，这种"好处"可以是看得见的，但也可以是看不见但却无比高昂的：让他做自己的王。

美国通用雪佛兰汽车作为一个传统的工业企业，在互联网的大趋势下也走上了互联网的营销之路。而作为一个汽车企业，在互联网营销中，雪佛兰走的路线更加趋向于口碑营销。

为了能够让雪佛兰的客户，甚至不是雪佛兰的客户看到雪佛兰的伟大，雪佛兰专门采访了一个对雪佛兰非常喜爱的普通市民。在采访中，雪佛兰为这位参与者提供了自由发挥、演绎、讲说等各种方式。俨然这个采访对这位参与者来说是一次非常刺激的独角戏，而为他搭戏的绿叶竟然是雪佛兰这个百年汽车品牌。

通过采访，这位市民热切地表达了他对雪佛兰的喜爱，甚至还在采访中诉说了他与雪佛兰的亲密故事。

随后，雪佛兰公司将这段采访录像以及雪佛兰的一个礼包邮寄到了这位参与者家中。雪佛兰这样做只是出于友好目的，并没有要求这位参与者为雪佛兰做任何事情。

这位普通市民看到雪佛兰对自己如此重视，并且在看了采访之后，更是觉得自己犹如贵宾一般。他内心无比兴奋，甚至还将这个录像带当作是自己触电的“处女秀”。

由于兴奋和得到了尊重，他自然而让然地将这个视频上传到了自己的推特、Facebook等社交平台上。

很快，这位市民的好友纷纷看到了这个视频，他们不但对这个视频给出了评论，还分享转发。一时间，这个视频的点击率就达到数万次。一个月之后，这个参与者竟然在某些汽车圈子、网站、论坛中出了名。而与此同时，雪佛兰的良好口碑和高大上的品牌形象也被宣传出去了。

雪佛兰的这个事情巧妙地说明了，良好的口碑是靠经营出来的。而让用户成为自己的王的感觉，则更是激发用户为企业做出高度评价、演绎的前提。换句话说，就是让用户感受到企业对他的高度尊重和实际意义的体验。

其实，没有用户会真心关心企业产品本身，他们更关心的是产品能不能给自己提供应有的价值，能够解决什么问题，能不能让自己成为“焦点”。所以，传统企业在向互联网转型时，一定要瞄准口碑逻辑中的这些方面，为用户提供一个可以当“王”的机会，让他自己来全面诉说产品的各种情况，以此来引发用户的“自我”体验和获得自我高尚价值。

那么企业该如何来让每个人都成为自己的王呢？如何来让口碑营销自然而然地散播出去？

第一，让忠实普通消费者来代替大牌明星，为产品做代言

也许有些企业认为，想要将产品营销出去，就要借助大牌明星来代言。没错，这是一种可行方法。但是，想要获得口碑营销的巨大效益却不仅仅是这一个方法，而且从经济角度来说，请大牌明星代言产品或者推广的费用比较高。

企业可以另谋新招。企业不必请大牌明星也依旧可以将口碑营销出去。比如可以像雪佛兰一样，让忠实的普通消费者来代言产品。找一位或者几位忠实的普通用户，不管是对他们采访，还是为他们制作个别的“特辑”，都要从中体现出

该用户的“主角”意识。这样就能够让用户感受到自己是“王”的感觉，有一种超级明星的体验。

如此一来，这位参与者不但自己会感受到被重视的感觉，而且还会被一些草根网友转发、点击。而企业产品在这些“采访”中，也就能够将产品的品牌、价值推广出去。口碑营销也就完美形成。

第二，鼓励用户写出产品体验的过程

马云曾指出：“在互联网营销中，没有用户会喜欢你空洞泛泛的产品介绍，而淘宝却很注重用户的感受是什么。”没错，在淘宝中，每一个用户都是“王”。他们可以对商家提出要求、建议。甚至还可以在产品评价中写好评、差评、不足。正是凭借这样的方式，淘宝的商家才会越来越精细，企业对产品的体验、服务也越来越好。

因此传统企业在互联网中可以学习这种方式：鼓励用户写出产品体验过程以及评价。当然这个前提是用户可以自由发挥，完全体现出他的自由意志和“王的权力”。

口碑逻辑中，最重要的就是用户的好评，如果用户写下了自己的使用心得、体验，那么不但可以为其他用户提供购买、使用的参考，还能有众多人的追随、回应、评论。同时，还能让写体验的人有一种被重视的感觉，体验到“楼主”“王”的尊贵感。

比如，在京东商城，很多网购的人都会评论晒单、写体验。而且如果你的体验写得好、有参考性，那么还会有很多用户追随、回应。让你成为一个被公众拥戴的“王”。而对京东来说，评论、写体验的人越多，那么京东的口碑就越有机会推广出去。

互联网逻辑新语：

企业必须要注重用户的体验，尊重用户的“权力”和权利，只有让用户真正发挥出他“王”的风范，才能让用户发内内心地对企业产生好感，才会主动推广、宣传。所以企业一定要认真观看用户的一些评论、追加信息，这样才能推出更好的服务和产品。

4. 是专家，同时也是百科全书

传统企业在转型互联网的初期，往往会将很多推广、营销放在硬件上，比如华丽的网站、先进的系统等。但是一个企业如果想要在网络营销中获得成功，还需要依靠良好的口碑。而这也是互联网口碑逻辑的重中之重。

企业如何来为用户提供一个良好的口碑前提呢？首先是企业必须对自身产品负责，要做到全面了解，甚至成为产品的专家，这样才能够为用户提供一些专业的解答和咨询。用户在全面了解产品之后，才会对产品形成一个好印象，才会在购买使用之后对产品做出好的推广。而事实证明，很多互联网电商企业都十分重视这种口碑营销。

聚美优品是一个专业化妆品电商网站。之所以聚美优品会在电商网站中迅速崛起，离不开企业的良好口碑推广。

而经常去聚美购物的人可能都明白，聚美优品的口碑其实不是自己宣传的，而是完全依靠粉丝、用户宣传。那么是什么让粉丝们自愿去分享这些产品、大力褒奖聚美呢？

其实来源于聚美优品为用户提供了一个可以咨询、鉴定、了解化妆知识、对产品深度认识的平台。在聚美优品的网站首页中，我们可以看到一个“口碑show”的专区。在这里，全都是用户购物之后的体验、分享、晒图等内容。更重要的是用户可以在这里找到聚美的“专家”，进行咨询和了解关于化妆的一些知识。

比如在“正品鉴定中心”，我们可以看到关于如何鉴定正品化妆品的方法和要领。聚美为用户提供了很多各种方法，并且附以视频的形式来让用户跟随学习。当然，这种也方法也从侧面反映了聚美优品产品均是正品。间接地为聚美做了良好的口碑宣传。

而且，聚美优品还在这个版块中为用户提供了很多关于化妆的知识，甚至还有专业详细的步骤，正确引导用户来化妆。

聚美优品正品鉴定中心

另外，聚美优品在手机微信中为用户提供一些化妆品的专业解答。在微信中，有一个专属“美丽攻略”，在这里用户可以看到很多专业的化妆知识，以及如何来护肤、展现美丽等知识。

聚美优品正是凭借着这种专业化的解答和服务，才真正赢得了用户的喜爱。很多人认为，聚美优品不但是一个卖化妆品的好网站，更是一个化妆百科专家。

聚美优品的良好营销告诉传统企业这样一个道理：为用户提供货真价实的干货，才能让用户真正依赖你；如果你只是华而不实，那么用户无法信赖你，更不可能会对你的企业进行口碑宣传。

因此，企业需要为用户提供专业化的咨询，让用户在你这里可以解决一切疑难问题。如果将这种模式打一个比方来说，那么显然让用户在你这里买东西就是满足用户的物质需求，而让用户在你这里了解到专业知识，提高产品认识，就是满足其精神追求。传统企业想要在网络中做大做强，需要对用户的物质需求和精神需求两不误。针对这一点，企业可以进行如下一些做法和安排。

做法一：为用户提供一个专业化的咨询平台

显然，聚美优品就是为用户提供了一个专业的咨询平台，从而在化妆品电商网站中成为与众不同的佼佼者。企业也需要为用户提供一个专业化的资讯平台，以此来获得用户的良好口碑。

而且这也是很多电商企业的本职所在。企业可以在这些板块中因势利导，而用户提供专业解答，帮助用户分析情势，提出合理建议。比如Mtime时光网在微信公众号中，有两个专业化的电影专业资讯平台："新片动态"和"网友热评"。用户可以在这里第一时间了解新电影的动态，也可以在这里查看网友们的热评，从而分析出哪部电影值得观看。

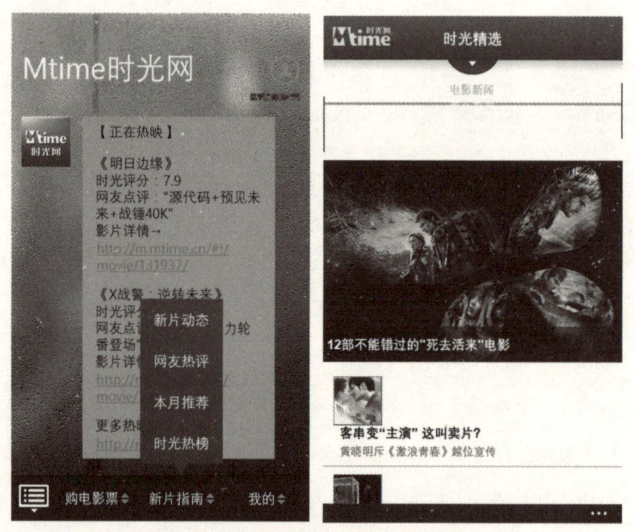

Mtime时光网的微信平台功能设置

据悉，这个平台对很多电影发烧友来说是一个非常专业的平台，这里有关于电影的公平客观评分，还有很多知名的影评人对电影的评论、解说、分析，为用户提供了一个有价值的观影指南。

做法二：请真实的专家来坐镇，引发专家效应

企业还可以借助真实的专家来坐镇，为用户解决问题，达成好口碑。比如很多服装、化妆品电商网站中会请一些网络达人、产品专家、知名博主来坐镇，为用户定期推出一些专业化的解答和告示。

这些专家在网络中有着较高的知名度和影响力，他们会和网友、用户进行互动评论，为企业品牌的互联网传播画上一个圆满的句号。比如著名时尚品牌蔻驰在微信公众平台中就加入了“着装搭配”“纽约故事”以及“时尚博主”等版块，来为用户送上专业的时尚造型、穿衣方面的知识和经验。尤其是在“纽约故事”版块中，有来自世界顶级名模分享在纽约的走秀故事、穿衣分享、品牌故事、纽约街拍时尚等内容。这些内容都让用户仿佛置身纽约街头，看一场专业的时尚秀。

蔻驰微信平台功能设置

互联网逻辑新语：

让消费者和专家来说话，是企业互联网口碑的主题，也是口碑逻辑展现的关键。如何吸引用户以及消费者参与到专家、消费者的交流中是核心之重。企业首先就是要将产品服务质量提上去，然后才能进行口碑营销的主体。

5. 紧急应对网络负面口碑的三个妙招

企业很想在互联网市场中分得一杯羹，有时会借助一些活动和模式来打造口碑营销。但是在这个过程中，很多企业并不懂得口碑逻辑的核心，从而弄巧成拙，造成了负面口碑，导致企业品牌和形象一落千丈。

而今在互联网的世界中，网络负面口碑的传播更是以点对面的广泛传播来突袭企业，不但传播面积广，而且其传播速度也非常快。因为用户会用更低廉的传播成本来广阔制造舆论压力，用户参与这种传播的频率也会非常高，最终给企业造成不可挽回的后果。一旦负面营销形成，企业就很难再“转正”。但是，很难并不代表绝对不行。只要企业能够及时回头，及时采取紧急措施，就能够顺利应对这些网络负面口碑。比如下面这个案例：

2002年对苹果公司来说，可谓是“多事之秋”。当时，该公司生产的新款iPod刚上市不久，就引发了负面口碑。有人在网络上发布了关于“iPod见不得人的丑闻”视频，发起人主要是曝光了iPod存在电池质量问题。

一时间，苹果公司的产品遭到了营销阻碍，负面消息接二连三不断出现，这对苹果的声誉造成了很严重的打击，甚至有人认为苹果的品牌形象可能会崩溃。

就在这时，苹果公司却勇于站出来做了一番解释，并且迅速做出应对负面口碑的对策，平息了这场负面口碑风波，而且平息之后，还巧妙地再次宣传了自己，使苹果转危为安。那么苹果公司是怎样做呢？

首先，苹果公司很认真地听取了这些投诉者、负面口碑发起者的问题和心声，并且在短时间内，快速修复了电池问题，还勇敢地站出来承认失误；其次对造成损失的用户进行赔偿，同时苹果也还推出了更人性化的新服务——以99美元替换旧电池的服务。

经过苹果公司的这些处理，这次负面口碑带来的危机终于过去，苹果公司也逐渐走上了一条更人性化、科学化的道路。其实苹果公司之所以会出现这次负面口碑，其原因在于苹果公司没有及时重视投诉者的问题。而后来苹果公司又快速扭转了形势，就是源于苹果公司敢于承认错误，仔细听取投诉，快速做出回应补救措施。而且苹果公司还借机来进一步宣传了最新的科学化和人性化的方案措施。

2002年苹果推出的iPod 2代

其实从苹果公司应对网络负面口碑的事件中可以看出，企业遭遇负面口碑并不要紧，只要重视并及时应对，就能扭转乾坤。当然，在互联网大背景下，任何企业都意识到信息传播速度之快的结果，谁都不想因此“中枪”。但企业在互联网中难免也会碰壁，尤其是传统企业。因为销售战术、产品推广、服务等各方面都很可能会有瑕疵，俗话说“百密一疏”，难免会有疏漏而引发负面口碑。从上述苹果处理负面口碑的事情中，我们也可以得出面对负面口碑时，企业应对的具体妙招。

妙招一：对负面口碑反映速度要快，快速分析原因

如果你的企业不幸“中枪”，遭遇了负面口碑，那么不要惊慌，而是要及时快速地对负面口碑做出反映。具体表现就是要快速分析事件的原因，从而才能快速做出对策，在最短时间内平息负面口碑。

2004年某媒体曝出了关于高露洁牙膏致癌的负面消息。这对这种行为，高露

洁非常重视并迅速应对。高露洁对这种负面口碑进行了全面的分析，在第二天他们就发表声明是媒体恶意诽谤，并且还借助权威媒体《南方周末》进行了详细的调查报告，否定了负面消息。

随后，高露洁还召开了新闻发布会，在会上，权威专家和机构出具了关于高露洁的有利声明。随后高露洁也及时调整了各大电视、网络广告，在广告中加入了权威认证。通过这些做法，高露洁的负面口碑逐渐被消除。

妙招二：积极培养消费者对品牌的忠诚度

企业要想不被负面口碑打倒，就需要积极培养消费者对产品的忠诚度。让这部分消费者与企业保持良好的信赖关系，从而在企业遭遇负面口碑时，也能争取到更多的支持者。

比如企业可以培养一些“口碑用户”，对那些喜欢自己产品和服务的老客户进行独特的照顾，可以给他们一些优惠、会员特殊服务等。当他们得到了好处和独特的照顾，那么企业如果出现一些负面口碑，他们也会在第一时间站出来，为企业扭转局面。比如宝洁公司的微信账号宝洁生活家就培养了几十万的“口碑用户”，这些用户为宝洁在网络营销过程中立下了汗马功劳。

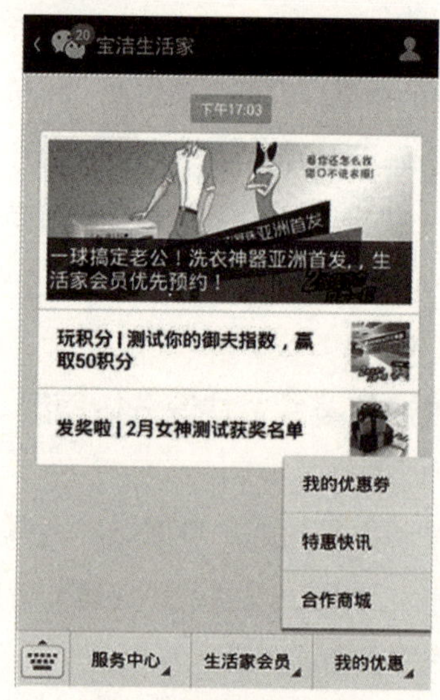

宝洁在微信平台的账号

妙招三：在应对负面口碑时，抓住时机，采取措施鼓励正面口碑宣传

通常情况下，企业在应对负面口碑时，都只是想要快速解决当前问题，但少有人知道，其实应对负面口碑的这个过程也正是企业进行正面口碑宣传的大好机会。比如苹果公司在应对负面口碑时，就借机来宣传了苹果更人性化的一些服务。而再比如海底捞这个被人们无数赞扬的火锅店，也曾遭遇一些负面口碑，比如有人在微博上称，去海底捞吃饭等位子比去月球还慢。这一消息给想要去海底捞的消费者造成了一定困惑。但是海底捞却在应对这个负面口碑时，巧妙地宣传了一下正面口碑：等位子时，叠一个千纸鹤，可以抵0.5元现金。

这种方法不但轻松平息了海底捞的“等位慢”负面口碑，而且还为海底捞带来了更多的客户。

互联网逻辑新语：

企业还要关注互联网中的一些意见领袖，他们的说法和评论往往对企业的影响很大。所以企业要善于识别这些网络“大咖”，并且鼓励个别的网络意见领袖来发表关于企业的正面推广，传播积极的口碑，加强顾客对企业的好感。

案例：黄太吉，从煎饼里吃出来的好口碑

在互联网口碑逻辑中，用户至上是最根本的基础，所以企业在进行各方面运营和营销时，都应该注重良好的口碑宣传。有时候，落实口碑逻辑并不需要刻意地宣传、推广，而更多的是要让用户感受到完美体验，让用户自己说出去。例如2013年很流行的“黄太吉煎饼”。

黄太吉是一个传统餐饮店，主营煎饼。对很多人来说，卖煎饼应该是一个小摊，但是吃过黄太吉、熟悉黄太吉的人却并不这么认为。因为在消费者心目中，黄太吉是一个极现代、时髦的煎饼店，而且服务态度好，煎饼口碑出众，经营理念也比较先进。为什么一个卖煎饼的店会有如此好的口碑呢？下面我们来详细分析一下。

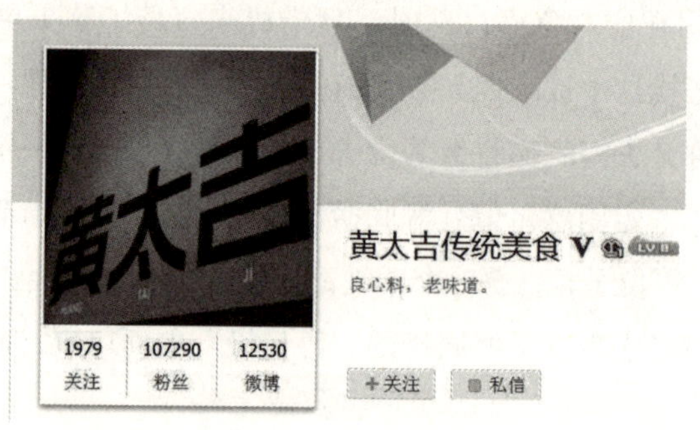

黄太吉的官方微博

首先，黄太吉注重互联网的口碑逻辑，抓住了微博、微信等互联网营销平台。黄太吉微博上的粉丝超过了10万人，而且黄太吉的创始人赫畅认为无论卖煎饼，还是任何营销，都应该将用户放在首位。所以，在微博中，黄太吉积极宣传煎饼新品、店面优惠、好玩消息等。此外，黄太吉微博的最大优势就在于，用户而每一条评论，博主几乎都会一一回复。如此一来，这就让黄太吉的粉丝觉得自己被高度重视，而且博主也可以充分了解用户的需求和想法。因此，微博不但是黄太吉的一个营销平台，更是拉近与用户之间距离的一个工具。有了这样的铺垫，黄太吉微博的粉丝便非常忠诚，甚至还会一一宣传黄太吉微博。

其次，黄太吉在线下的营销也充满好口碑。黄太吉店面所在的位置由于不是很宽阔，门口不能停车，所以很多开车前来用餐的人，往往被贴罚单，有些人就因此说："吃黄太吉的代价太高了。"黄太吉立刻针对此事做了安排，赫畅用心做了一个停车公约，第一条：守法停车；第二，如果不得不停在店门口，那么前来点餐的人可以凭借罚单换一份南瓜羹。

这种贴心的做法立刻让黄太吉的形象高大起来。对餐饮业来说，对用户的服务只是停留在用户在店内的时间。但是在赫畅看来，如今是互联网的时代，营销应当按照互联网的逻辑来落实。用户的消费时间变长，不只存在于进店时间，更存在于用户用餐之后的时间。用户可以在微信、微博等社区网站中对黄太吉进行评价。如果黄太吉做得不好，那么用户就会“骂”自己，会迎来负面口碑。所以，黄太吉充分借助互联网，与用户几乎不断线，用好的服务造就了用户对黄太吉的好口碑。

黄太吉的成功，最重要的是来源于该店跳出了煎饼行业的既定规律，运用互联网的口碑逻辑来塑造了自身的商业蜕变和转型成功。

黄太吉的创始人赫畅自身并没有将黄太吉看成是一个标准、传统的餐饮业。在他的成功经验中，最吸引人的就是互联网的口碑逻辑和良好的营销服务。其实，小米、阿里巴巴等这些大型互联网企业也正是依靠互联网逻辑而形成的。而黄太吉的成功，则验证了传统企业依靠口碑逻辑也能成功。

从黄太吉的成功营销中，我们可以得出两点对传统企业很有帮助的口碑营销方式。

第一，企业传播要进行2.0双向互动

黄太吉煎饼的成功，让传统企业不得不明白一件事：在互联网逻辑下，企业想要经营得好，获得良好口碑，不能只进行以前的单项沟通，要与客户进行2.0的双向互动。企业完全不需要自己来说自己有多好，而是借助互联网来让用户说。

微信、微博、陌陌、LINE等这些社交通信软件，都能成为用户宣传的工具。而企业也必须要借助这些互联网平台来与客户拉近距离，实时沟通，才能让用户为你宣传。当然，想要做到这一点，还需要给用户一个宣传的理由，比如在产品质量方面做到优质，在服务方面做到完美……

第二，线下为用户提供人性化服务

黄太吉为开车用户提供“凭罚单换取南瓜羹”的服务，充分体现出了黄太吉的人性化服务，也让传统企业尤其是餐饮业看到了不一样的营销：线下营销服务是口碑宣传形成的前提。因此，传统企业必须要做好线下的人性化服务。

有一家美容店充分借助互联网逻辑，在线上运用微信来推广服务和产品，在线下为用户提供多方面的服务，用户甚至还可以携带家属前来做体验活动。这种人性化的服务，吸引了不少用户的青睐，因此也获得了良好的评价。

互联网逻辑新语：

传统行业，尤其是餐饮业，往往很难借助互联网来转型成功，而黄太吉借助互联网口碑逻辑来逆转成功的事例不但消除了传统企业的疑惑，而且还给传统企业带去了希望。因此，企业只要在服务、营销方面做得成熟稳重，再配合互联网营销平台来与用户搞好关系，就能引发好的口碑影响。

第10章
符号逻辑：给企业贴上一个尽人皆知的标签

百度的符号是搜索引擎，网易的符号是邮箱，腾讯的符号是社交娱乐，新浪的符号是微博……这些标签是用户为企业加上去的，当然也离不开企业自身的专注发展。

如果一个企业四处“沾水”，各个方面都想要涉猎，很可能最后一个标签也没有。而那些专注一点，给自己只贴上一个符号的企业，只要坚持下来，往往就能做大、做强。所以，传统企业想要在互联网中生存下来，获得竞争优势，就需要给企业贴上一个尽人皆知的标签。

1. 每个互联网企业都有一个独特符号

每一个互联网企业都有一个独特的符号，这也是他们的标签、身份。比如一提起京东商城，我们就会产生“家电网商”的概念；一提起百度，我们脑海中立刻会蹦出“搜获引擎”的字眼；谈到微博，我们就会想起新浪……这都是它们的符号，也代表着它们独特的产业链。

在互联网中，方方面面都有人涉及，但是否能够形成一个独特的王国，做到京东、百度等互联网企业这样，这个问题似乎很难回答。每一个踏入互联网企业的人多多少少在开始前都有一番规划，但是在网海中挣扎、奋起过程中，却很容易偏离最初的轨道，这边沾一下，那边碰点边，结果什么都做不好。而那些形成独特符号的企业，必定有它们独特的方式和方法。比如阿里巴巴。

马云在做阿里巴巴之前，曾经也很迷惘，到底该如何做一个自己擅长的事情。最后他考虑到一点：全世界的电子商务基本都是在为一些大企业服务，而大多数的中小企业却无法进入电商这个领域。于是马云认为，中小企业的市场存在很大空间。

当时，很多做电子商务的企业，都想要“傍”上那些犹如“鲸鱼”般的大企业。而马云则剑走偏锋，他不会走进“红海”中与这部分人“抢生意”，他决定进入几乎没有竞争者的“蓝海”专捕那些“虾兵蟹将”。

马云想要将全球的中小企业在进出口方面的信息汇集起来，然后形成一个开放的平台，让他们来交易沟通。马云认为，通过互联网可以将零散的中小企业黏合起来，这样就能与那些“大鲸鱼”对抗。马云下定决心要做一个中小企业的电子商务拯救者，于是他带领自己的团队在杭州建立了阿里巴巴。

阿里巴巴一经成立，马云就设定了一个明确却坚定的方向：为全亚洲，乃至全世界的中小企业做一个最大的网上商业机会信息交流平台。本着这种为中小企业服务的目标，马云越走越坚定，在不断摸索和探索中形成了阿里巴巴独有的特点和符号。

现在，任何一个没有资金、没有店面甚至没有固定货源的人，都可以在阿里巴巴开店、起家。这就是阿里巴巴带给人们的符号，也是阿里巴巴为85%中小企业所做的贡献。

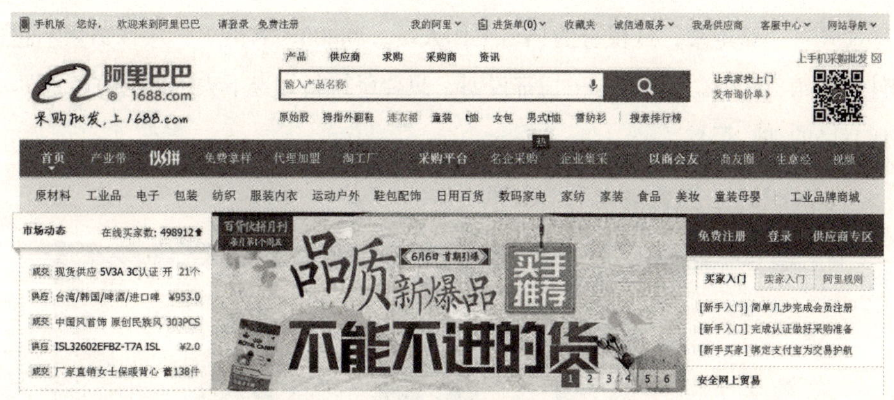

阿里巴巴网站

阿里巴巴的符号就是为中小企业服务的电子商务平台。而从马云以及阿里巴巴的发展来看，企业想要形成自己独有的符号首先就要有一个目标。如果当时马云在做电子商务时，也是奔着那15%的大企业市场而去，那么如今以中小企业为主的电子商务平台也依然会出现，但却未必是阿里巴巴。

对传统企业而言，互联网中的独特符号标签也如同线下的经营如出一辙。如果你一年做建材，来年又做汽配，然后又继续更换主产业链，那么最终贴在你身上的标签符号一个都没有。传统企业转入互联网也是同样的道理。想要有一个独特的符号，需要做到以下两方面。

第一，明确自己的目标，坚定走下去

虽然，企业在走进正轨之前需要一定的摇摆期，也会对未来的道路动摇，但是无论企业如何选择，最终选择做其一时，就要明确目标，坚定走下去。

大家一提起凡客诚品，就会将“服装零售”的符号加在它身上。凡客诚品的创始人陈年在确定要做互联网服装零售业务时，内心非常坚定。虽然在这个过程中，出现了很多竞争者，也遭遇了很多风险和阻碍，但是凡客却坚持住了。2011年，陈年回顾发展史时说：“回头看，当初几十家服装零售电子商务企业，仅在两年期间就都倒下去了，因为他们没有坚持住自己的目标。”

而凡客一路走来，从仅有的15名工作人员，到800多名员工；从日销量不超过20件到年销售额6亿元……这一切都说明，只要坚持目标走下去，就会在互联网中形成自己的独特符号。

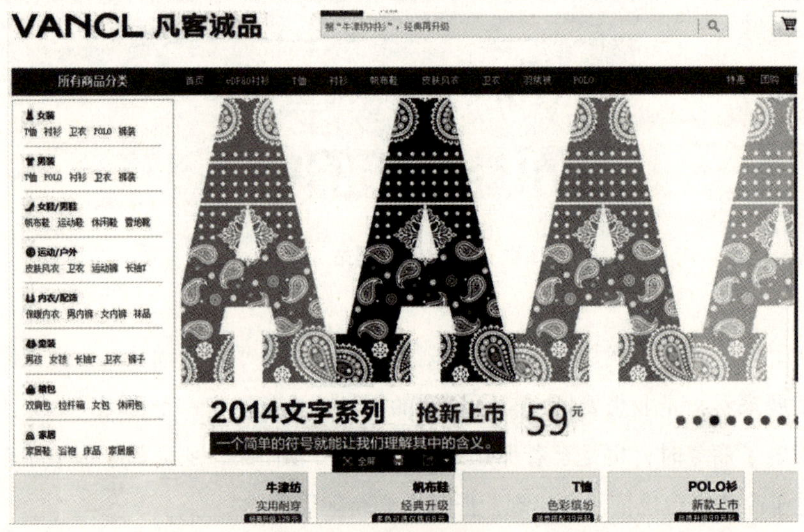

凡客诚品官网首页

第二，进入基本无竞争者的“蓝海”打造符号标签

想要让别人在人海中发现你，需要大喊你的名字，或者向路人说明你的独特特征；而想要让人在一个空旷的地方找到你，只需要看到你。同样，在充满竞争

者的扎堆中，想要标新立异不容易，但是在竞争相对较少的领域却很简单。

马云当初就是明白了这个道理，所以才进入基本无竞争者的“蓝海”开拓大片疆域，插上了自己的标签。而在如今的互联网世界中依然如此，虽然很多领域都充满竞争者，但网海涛涛，广阔无边，总有一片领域是少有人涉及的。进入这片领域，然后坚持走下去，就一定可以形成互联网中的独有符号。

互联网逻辑新语：

在互联网中，如果没有一个特定的符号，那么企业是不可能长久的。这也是互联网符号逻辑的一个深层含义，意在要求每个进入互联网的企业都需要找到自己的定位和目标。

2. 找到自己的符号点

想要在互联网中获得一方沃土，需要的不仅是好的创意和营销，更需要让用户给你贴上一个好的符号标签。就像提到唯品会，大家就会想到正品折扣店一样。这种符号和标签对企业来说是一种可以让企业快速获得互联网影响力的方式。

但在互联网的大环境中，很多企业的经营效果却很差，原因在什么地方呢？其实更多问题出自企业如何来利用互联网的符号逻辑来找到属于自己的符号点。那些成功的互联网企业，即便是走入了充满竞争者的“红海”，也能够出类拔萃，傲然挺立。

提到避孕套，可能大家首先想到的就是杜蕾斯、多乐士等品牌。但是在2013年却出现了另一个新型、时尚、潮流的避孕套企业——大象。这家依托互联网起家的公司创业时，仅有6名员工。

有人对大象品牌的理解是，这完全是模仿马佳佳创立的成人情趣用品店的互联网逻辑模式。但如果分析大象的创业和互联网营销模式，你会发现，这是一个非常单纯且标签性很强的品牌。

2013年6月，陆川和他的伙伴决定开创一个避孕套企业。陆川认为一定要给自己设定一个方向，而这也成为了后来大象的符号标签。陆川认为要做一款让用户用得爽、好玩的避孕套。市面上的避孕套虽然已经很成熟，但是在用户体验方面还不够好。陆川决定走一条有个性的道路，让用户一眼记住。

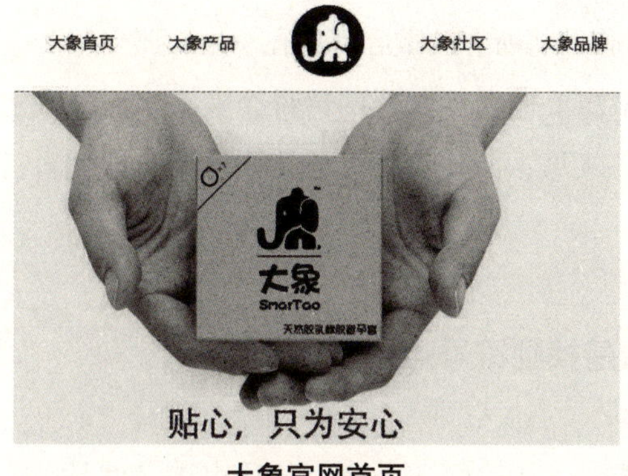

大象官网首页

陆川为公司确定了一个品牌口号：好玩，好用。这恰恰是大象的符号标签。这种想法也获得了泰山兄弟基金创始合伙人陈亮的认可，当时便决定投资大象。陈亮对此表示说："我们看重的不只是一个好的项目、好点子，更是有商业感和产品感的企业，大象就是如此，陆川很快就找到了大象的符号点，这一点很难得。"

在大象产品设计上，陆川也有独特的标签，以往的安全套大都采用扁平化包装，没有压缩。而大象的设计却是采取正方体的绿色包装盒，而且有棱角的细节设计让整体的设计感突出。此外，在产品质量上，大象更有保证。大象注重用户体验，力求打造好玩、用得爽。所以采用0.03的超薄工艺，利用马来西亚质量最好的橡胶原料制成，增加了33.3%的润滑剂……这些都超出了同类产品，让用户在使用起来倍感舒爽。

在互联网营销中，陆川更是着重突出互联网的符号逻辑，主打"好玩，用得爽"的符号，用户在舒爽体验过程中，会加大对大象的口碑宣传，因此大象的用户也就越来越多。甚至人们一提起"用得最爽的安全套"就会想起大象。

对大象这个项目，陆川认为首先要将企业的符号和标签精心经营，只有将符号打响，才能有一个好的开端。说到这里，我们不免想起很多曾经触电互联网却最终倒闭的企业。总的来看，那些"阵亡"的互联网企业，多数都是因为模仿别的企业、营销范围太广而导致企业营销业绩下降，以惨败收场。

企业在互联网中的经营，会不断出现一些问题。企业在解决问题的时候，需要的是一种互联网的逻辑思维。而符号逻辑则在很大程度上贯穿整个企业的兴衰过程。我们现在回头来看微信，最先想到的符号就是社交通信；看淘宝，首先想到中小企业电商；看当当网首先想到网上书店；看一号店，马上会联想到网上超市……互联网离不开符号，你若将所有的重心都放在一处，那么想失败也很难。

因此，这给很多想要进入互联网的传统企业一个非常大的启发：不要急于做自己未曾规划的全部领域，而要集中专注一个方面，找到自己的符号点，这才是首要之重。

第一，专注和执着是找到符号点的前提

大象之所以会成为“用得爽避孕套”的代言人，就是因为其创始人陆川坚定要走这条路线，这就是大象的符号；苹果手机虽然只有一个主题概念手机，但却因为外观时尚而走在了智能手机前端……因此，企业只要专注和执着，就一定能够找到符号点。

丽华快餐是北京一家以“快”为符号的餐厅，丽华餐厅在互联网的营销更是以“快”为先。用户在互联网订餐之后，企业承诺五环以内的订餐，均都能在半个小时之内送到。所以很多白领上班族中午订餐时，首先想到的就是“丽华快餐”，只因它快、准时。

而丽华餐厅的互联网营销之所以会成功，完全在于该餐厅专注和执着于“快”这一点，久而久之，形成了自己独特的符号，加深了用户印象。

丽华快餐网上订餐页面

第二，调查市场，以用户需求和体验为符号基点

大象避孕套的成功，主要在于创始人根据市场调查，发现了用户对安全套的需求，注重用户使用体验，从而打出了自己“用得爽”的符号。因此一个企业想要快速找到属于自己的符号点，就需要下功夫，调查市场，以用户的需求和体验为符号基点，这样才能形成自己独有的标签。

如今一提起腾讯QQ，我们立刻就会联想到“社交”“聊天”符号。而QQ在找到这个符号之前正是考察了市场和用户需求。当时，人们在互联网上的聊天并不是即时的，大都通过电子邮件、网络论坛等形式，这种方式很不方便，也不够即时。所以腾讯决定要走一条即时通信的路线。为满足用户需求和体验，QQ横空出世，成为了即时通信聊天的符号。

互联网逻辑新语：

符号逻辑所表达的含义就是希望企业能够在互联网中走出一条专注、极致的独特路线，在这条路线中符号是标志，是用户寻找到你的标签；有了符号，才能有企业的位置。因此企业在经营业务、策划营销之前，首先就要找到自己的符号点，这也是让用户认可企业的大前提。

3. 一样的平台，独一无二的符号

许多传统企业初涉互联网时，很担心一个问题：自己在互联网方面的技术不强。因此很多企业都将精力和重心放在了技术开发上。结果呢？企业网站虽然“唯我独尊”，但是用户访问量却很少。为什么呢？因为他们没有开拓出网络市场，自然就谈不上赚钱了。

尤其是传统企业，必须明白，在互联网中创业、扎根，需要的不只是技术，更重要的是营销。那么如何才能让用户知道你，前来购物或者咨询呢？需要的是企业的影响力，而影响力从何而来呢？没错，就是一个简单的符号。企业要形成一个独一无二的符号，才能够让用户在互联网这个大平台中快速想到你、找到你。比如下面这个企业。

顺丰优选是顺丰快运旗下的一个电商网站，在这里，用户可以买到很多国外进口食品。而且凭借着快速送达、产品丰富的特点，顺丰优选已经进入到了各大城市的核心消费者人群。

在网络上做电子商务，是很多互联网企业也是很多传统企业向互联网转型的首选。但是如何才能在这个一样的网络电商平台中，打造独一无二的符号呢？

顺丰优选在这一点的做法很值得传统企业学习。首先，顺丰优选所经营的业务并不是服饰、鞋包、化妆品等，而是食品，这使顺丰优选在电商空间资源方面有了一定优势；其次，顺丰优选选择的并非是生鲜食品，而主要以国外进口食品为主。在顺丰优选的电商平台中，有60%～70%的产品是进口产品，来自全球60多个国家和地区，覆盖的产品类别有母婴食品、酒水饮品、营销保健品、休闲食品等，这在很大程度上提高了顺丰优选的档次。最后，顺丰优选针对的客户主要是中高端人群。

此外，顺丰优选还根据顺丰速运的优势全面保障送货水准，让用户可以更安心地购物。这些优势都成为顺丰优选独一无二的标签，也让顺丰优选的电商之路越走越宽，形成了高端进口食品的独特符号。

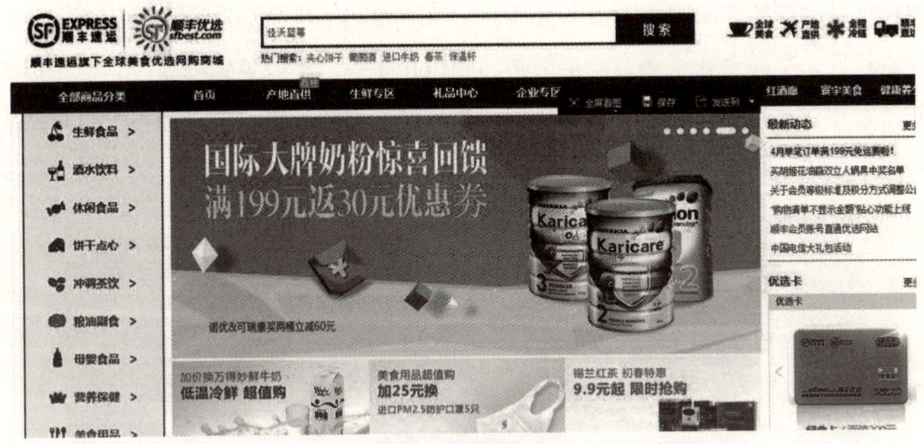

顺丰优选首页

顺丰优选的成功来源于它的独特和个性，在互联网电子商务这个大平台中，企业品种多种多样，但想要走出独一无二的符号，却很难。而顺丰优选的案例恰恰说明，只要企业在经营过程中，对产品、消费者把握到位，就一定能够有一个独一无二的符号。

一样的平台，不一样的符号，成就不一样的企业。这就好比互联网中的旅行网站平台众多，比如携程、艺龙旅行网、去哪儿网等，但为什么这些企业都能“存活”下来，就是因为他们有一个独一无二的符号。比如携程网，预订酒店非常方便，只需几个简单的步骤就可以，所以预订酒店便捷就成了携程网的符号；而艺龙旅行网的独一无二之处体现在它预订多样化上，任何条件、任何要求都能在艺龙中寻找到；去哪儿网则突出价格优势……

在互联网这个大平台中，同类企业有很多，但想要有一个独一无二的符号，则需要更多的努力和方法。

第一，找到独一无二的定位

找到一个独一无二的定位是传统企业落实互联网符号思维的一个重要前提。定位准确分为两方面：市场定位准确，用户定位准确。通过顺丰优选的案例我们可以看出，顺丰优选在这两方面都做到了独一无二。

而类似的企业还有唯品会。在电商大平台中，服饰企业多得已经数不过来，但是唯品会却能够赢得上百万粉丝青睐。这主要在于唯品会对市场和用户定位准确。首先，唯品会在市场方面走的是品牌折扣路线，不做单独的品牌，而是招募品牌合作；其次，唯品会针对的是中端用户群，那些想要买大牌却不舍得花钱的用户很纠结，唯品会抓住了用户的这种心理，专做正品折扣特卖，这在很大程度上吸引了一大批粉丝的关注。

唯品会网站首页

通过这两方面的定位，唯品会找到了独一无二的符号，也做到了独一无二，成为电商领域的成功者。

第二，根据自己的独特优势做独一无二

雷军曾说过一句话激励很多80后、90后年轻人：“每个人都有自己的优点，

无论你是卖房子的，还是做设计的，都不能忽视自己内在的力量，这就是你的独特之处。”

在互联网企业的经营中也是如此，企业不能一味模仿其他企业的做法，而忽视了自身的优势特点，只要找到自己的优势，并且将优势发挥到极致，那就是独一无二。现如今智能手机浩如烟海，但是小米手机却凭借着“高配低价”的优势获得了米粉们的认可和支持，这就是优势带来的独一无二符号。

因此，企业务必要根据自己的独特优势而选择经营的领域、方式，这样才能将业务做到极致，做到真正的独一无二。

互联网逻辑新语：

在互联网这个大平台中，企业的形态、性质各色各异，想要在同类企业中做得出色，就要有独特眼光、定位；想要有一个独一无二的符号，更需要发挥出自己最大的优势特色。这是在新时代对传统企业进军互联网的一大考验，也是称霸互联网的条件之一。

案例：细数百度、搜狐、腾讯那些独特的符号

每个企业几乎都有多个产品或服务项目，但是从企业的成功和知名度来看，每一个企业都有一个专属的符号、标签。例如苹果公司生产电脑、MP3、手机等产品，但是一提起苹果，大家想到就是iPhone；李维斯旗下也有手表、包等产品，但是一提起李维斯，人们立刻就会想到牛仔裤……而在互联网逻辑影响下，互联网企业自身也都形成了一个专有的符号。

提起百度，人们首先就会想到搜索引擎。在生活中人们的对话似乎也能体现出这一点。比如：“你知道这玩意怎么使用吗？”“百度一下。”百度是全球最大的中文搜索引擎，李彦宏当初创立的时候主要秉承着让用户简单操作，快速查询的目的。

百度搜索主要分为十大类：新闻、网页、贴吧、知道、音乐、图片、视频、

地图、百科、文库。而且百度还支持多种高级检索语法，让用户快速搜索到想要查询的结果。

Bai百度

新闻 网页 贴吧 知道 音乐 图片 视频 地图 百科 文库 更多>>

百度一下

我的导航

百度搜索引擎

搜狐是一个家喻户晓的名字，而且其影响力和公信力也非常大，在整个娱乐界、体育界都是屈指可数的。搜狐作为中国最大的门户网站，以真实和权威的咨询为用户提供了丰富多彩的新闻、体育、财经、IT、汽车、论坛等信息。而且随着互联网的发展，搜狐在视频方面也加大了开发，搜狐视频已成为各大门户网站中最重要的视频网站。

搜狐门户网站

腾讯是一个集娱乐、游戏、新闻、通信为一体的门户网站，也是中国浏览量最大的门户网站。腾讯旗下的QQ通信工具是中国最大也最具影响力的通信工具。

只要一提起腾讯，人们就会想起“QQ、微信”，所以“QQ”就是腾讯的标签和符号。

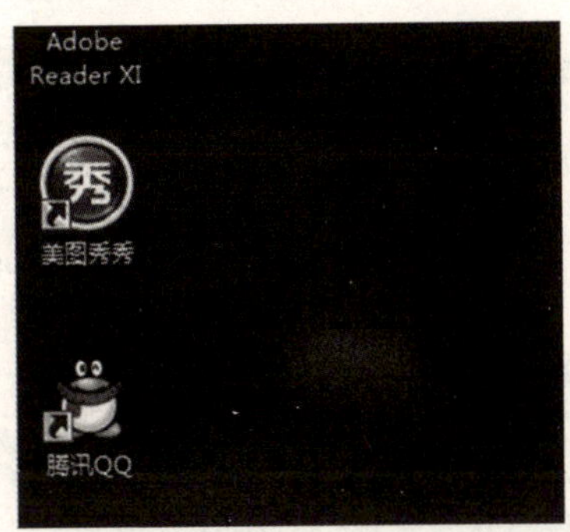

QQ的小企鹅已成为腾讯标志

这些网站，虽然都是中国最具代表的门户网站，但是在互联网世界中，却各自有不同的符号和标签。百度代表搜索引擎，搜狐代表视频、论坛，腾讯代表QQ、娱乐，网易是邮箱，阿里巴巴是电商……

这也说明，尽管在互联网如此浩瀚的大海中，只要用户可以专注一点，给自己的企业贴上一个独特的标签，就能够赢得一片天下。当然，企业贴上这个标签之后，还要朝着这个标签和方向努力，要将这个符号打出去，才能真正获得互联网的认可。也许有些传统企业很困惑，旗下产业众多，如何才能将一个标签、符号打出去呢?

第一，找到一个最具代表性的产品、服务加大互联网宣传

传统企业往往涉及的点面很多，想要在互联网中取得良好营销结果，就需要找出一个最具代表性的产品、服务来加大网络宣传。在如何挑选的问题上，企业可以客观衡量自身产业的最大优势、最标志性的产品等。有了和这个最具代表性的产品之后，用户就可以加大在微博、网站、微信等方面的宣传。

例如优购网，这个网站其实卖的东西包括鞋子、服装、包、化妆品等。但是在其主打营销时，却格外注重鞋子。因为优购的最大进货源和输入源就是鞋子，所以鞋子是该网站最具代表性的项目。而也这由于这个原因，大家一提起优购，立刻就会想到鞋子专卖。

优购网，主打鞋子产品

第二，坚持走独特的标签路线

很多企业往往在产业、服务方面涉猎很多领域，但往往没有一个项目可以打出知名度。而百度、搜狐、腾讯这些门户网站，却能够让用户一眼抓住其标签。这不只是说明它们专注一点，还说明一点：坚持。李彦宏在创立百度时，想法很坚定，就是要为用户打造一个方便查询、搜索的网站。所以李彦宏没有去涉猎太多的互联网功能，而坚持走这条独特的路线，最终成功了。

这也给很多企业以指引，选定自己最具代表的项目、产品之后，就一定要坚持走独特的标签路线，不能半途而废，更不能在发展的道路上过多涉猎，只有极致专注才能获得独特的符号。

互联网逻辑新语：

在互联网、移动网络高速发展的趋势下，很多企业涉猎范围和领域越来越广，不管什么项目、产品都想尝试，因此企业想要成为下一个百度、搜狐实属不易。而那些在互联网中依然可以傲骨挺立的企业也告诉我们，只有坚持独特的符号路线，专走极致，才能成为互联网中的胜者。

第11章

极速逻辑：快是一种手段

雷军曾说过："小米的成功来源于专注、极致、口碑、快。"雷军的"七字口诀"也成为互联网逻辑的经典模式。在这个七字口诀中，快是一种有效的手段。有位互联网大佬说过："互联网中，根本没有想的工夫。"你今天的创意，如果想要明天实施，很可能等不到明天，就会被他人所实施。

因此，企业一定要超出用户预期，用快速来实现企业的迭代、颠覆。本章将重点介绍企业如何运用"快"这种极速手段让用户第一时间尝到"新鲜感"。

1. 打造“东京式”的快速网络营销模式

小米的“不到三年估值百亿美元”故事切切实实给很多企业带去了新的想法。尤其是在互联网思维大行其道的形势下，传统企业也纷纷打算步入这个领域。有些人看到小米的极速模式而感到不可思议，但同时也认为自己可以借助互联网达到同样效果。

所谓极速逻辑也就是指在互联网发展中，企业必须在专注的前提下，不断要求自我突破和创新，产品更新、企业服务、用户体验等方面都要快起来。人人网创始人陈一舟曾说：“互联网变化太快速，有时候，你的产品还没等上线，就已经落后了。”

而在这里我们认为想要将“极速逻辑”发挥到极致，就需要企业极力去打造一个“东京式”的快速模式。所谓“东京式”是台湾地区著名互联网教父级人物詹宏志提出来的。在詹宏志的眼中，东京是一个节奏非常快的地区，这里的人们无论走路、做事，都非常快，快到让你一旦想停下来歇歇脚，很可能就会被人海淹没。所以詹宏志认为，在互联网中，企业想要生存，就必须要打造“东京式”的快速网络营销模式，哪怕是一个小小的餐厅。

雕爷牛腩是中国第一家轻奢餐品牌。所谓的轻奢餐其实就是介于快餐和正餐之间的一种用餐感受。其创始人是淘宝阿芙精油的创始人雕爷，他由于对互联网营销非常在行，所以决定将传统的牛腩店进行O2O模式再造，并将互联网逻辑的一些模式嫁接到牛腩店的经营当中。雕爷牛腩从开业之后便受到了很多人的追捧。这家餐厅还利用了互联网的快速逻辑来营销，成为了互联网营销的典型代表。

雕爷牛腩做餐厅的方式充分结合了移动互联网。雕爷牛腩利用互联网来提升用户体验，让用户快速体验改进的产品。具体的方法就是利用微博、微信等工具来牢牢地抓住客户，及时快速地作出让客户满意的服务。

首先在菜品方面，雕爷牛腩秉持的原则是极致，而并非是追求数量。所以雕爷牛腩只有12道菜，而且通过微博、微信等平台，用户可以对这些菜做出评价和回应。如果一旦发现客户不满意的地方，或者粉丝说哪个菜不好吃，那么这道菜立刻就会被改进或者被去掉。

比如说曾有人建议雕爷牛腩的“泰国公主牛腩”菜有些油腻，雕爷牛腩立刻就对这道菜进行了改进。并且在微博中及时向用户传达了更改后的新品，赢得了粉丝的赞赏。

雕爷牛腩新浪微博

客户的反馈为雕爷牛腩的营销改进提供了基础和前提，而也正是雕爷牛腩快速更改、及时更新的方式也使雕爷牛腩得到了用户的一致好评。很多用户认为雕爷牛腩的这种快速做法是餐饮业少有的模式。而其实，对雕爷牛腩来说，它不过是遵循了互联网逻辑中的极速逻辑，将客户的意见、体验、服务放在了第一位。

显然，雕爷牛腩网络营销的成功绝对不是偶然，是互联网的极速逻辑让雕爷牛腩做到了“东京式”的模式，为用户及时送去更好的用餐体验和服务。不断更新和优化产品以及服务，是这家餐厅的成功要素。所以，传统企业也务必要学习这种极速模式，让自己的企业借助互联网来快速迭代，打造让用户满意的企业。

因此，传统企业在进入互联网行业中时，一定要注重快速迭代的逻辑。千万不要“守株待兔”般等候客户、等候市场。而“东京式”的极速模式正是企业要进入的一种全新营销状态，让企业各方面都“跑”起来。

第一，“唯快不破”要快速对用户的需求做出反应

雕爷牛腩之所以很成功，就是因为它能够及时快速对用户的评价、需求做出反应。所以企业想要让用户满意，就需要“快”速反应。具体的方式，首先借助微信、微博等平台来及时对消费者的反馈信息进行阅读和积累，这样才能更快地做出反应和应对；其次，对团购网、网站的用户评价及时回应，以此来改进产品、服务。

例如北京木屋烧烤店在美团网非常受欢迎，其价格便宜，菜品实惠，这些都为木屋烧烤带来了大量粉丝。但是为了更好地进行营销，木屋烧烤专门成立了网站评测员，也就是在团购网站中及时观看粉丝评价，对此进行整理，然后做出快速反馈。企业随后即可对用户的评价做出实际性的改进。

第二，企业自身要不断推陈出新，新版“产品”要及时推出

企业只有及时更新换代，推出新品，才能更贴近消费者。尤其是互联网行业，日新月异，如果你的产品、服务还停留在原点，那么用户是不可能对你始终如一的。而这也是为什么小米手机的操作系统坚持每周都要迭代更新，微信在一年之内开发了44次，很多智能手机在一个星期之内就有50个系统漏洞进行更新修复的原因。

裂帛这个服装原创品牌，在天猫上的销量一直居高不下，其最根本的原因就是裂帛的服饰每周都会有数十新款上线。用户似乎在其网店中看不到一件衣服持续摆设一周。正是因为这种极速模式，造就了裂帛的高销量。

裂帛服饰天猫旗舰店每周一上新产品

互联网逻辑新语：

传统企业的营销思维讲究的是大而全，在各方面决策中都要全盘考虑，甚至还要进行周密严谨的控制，因此调动各方面资源来达到快速迭代有些难度。而互联网则是日新月异，其更新速度非常快。所以传统企业想要突破传统，进军互联网领域，就需要快起来，产品、服务、体验更新频率需要以“周”甚至“天”来计算。

2. “小步快跑”是企业需要掌握的营销刀法

如今，在互联网商业中，迭代、更新、快速是企业不断进步和发展的过程。而“十年磨一剑”的模式早已经被甩出了几十条街。“小步快跑”显然已经取代了“十年磨一剑”的方式。李彦宏曾说：“在互联网中生存，根本不允许你停下来。”而企业如何在大形势下不让自己“累死”却还要挺住呢？李彦宏认为“小步快跑”是最好的方式。

如果说在互联网中要做一盘菜，这盘菜用哪种方式做出来最好吃？快餐肯定不行，吃得快，消化得也快，而且一不小心还会吃成个大胖子，不利于瘦身；油炸不行，太油腻，让人想吐。而“小步快跑”则似乎是最经得起拿捏的，而且也不油腻，不会变胖，还能奈饿。

在互联网中，“小步快跑”究竟是什么样的呢？哪些企业曾经借助小步快跑来实现成功营销的呢？

说起龚海燕，可能大家首先想到的就是世纪佳缘这个征婚交友平台。的确，龚海燕还在读研期间就借助互联网的大趋势开创了这个独特的交友平台。自从创立世纪佳缘之后，龚海燕就没有一天“闲”过。她总是积极研究互联网的各种发展模式，并且从中了解到在互联网世界中，如果你不能及时跟上步伐，那么很快就会被人追赶上。所以“小步快跑”成为了龚海燕的制胜关键。

世纪佳缘有了一些成绩之后，龚海燕并没有因此而停滞更新发展，她无时无刻不思考如何体现出网站的特色而且还能赢利。于是龚海燕又创办了独立的婚庆网站，利用庞大的会员资源发现更多增值收费项目。龚海燕还不断与诺基亚等手机合作，开设更多独特的增值收费项目。

世纪佳缘网站

尽管如此，在浩瀚的互联网中还是迅速崛起了一大批交友征婚企业。为了能够更好、更快地走在这一领域前列，龚海燕开始增设一些线上虚拟礼品、VIP会员、线下见面会等增值业务。后来龚海燕又快步跟随形势，进军了高利润的婚庆市场，创办了独立的婚庆网。

经过龚海燕的这种“小步快跑”，世纪佳缘成为了中国婚恋门户网的领头羊。然而龚海燕却在2012年12月宣布辞去世纪佳缘CEO的职务。其中的原因众说纷纭。但是我们看到的却是龚海燕在辞职的第二天马不停蹄地投入了互联网的第二次创业之中，进军教育市场。

龚海燕创办了“梯子网”。这个网站是免费向学生、教师提供各种优质资源的平台。在梯子网的营销中，龚海燕更是发挥了“小步快跑”的模式，每一刻都在研究如何让梯子网更好地走下去。因为她深知，在互联网中，自己如果停下来的话，就等于被淘汰。

龚海燕的成功毫无疑问是因为她看透了互联网的快速发展，所以无论是在经营世纪佳缘的时候，还是在经营梯子网，她都坚持互联网逻辑中的“极速逻辑”，坚持“小步快跑”的步伐。

曾有人问龚海燕，为什么不停下来歇一歇，而是马不停地去创业。对此龚海燕很严肃地回答："如果我调整一年，那么在线教育这个企业可能黄花菜都要凉了，到时候我又得重新找别的方向。互联网局势这么残酷，你稍微晚一步，很可能就永远翻不了身。"

完全依托互联网的企业，都必须要快速迭代，用"小步快跑"的方法来经营，更何况是传统企业这个"老慢牛"。如果传统企业不实行"小步快跑"，恐怕永远都赶不上互联网的"快车"。当然，"小步快跑"也需要企业讲究方法和步调。

第一，产品需要不断运营、持续打磨

好的产品不是运营出来的，而是开发出来的。传统企业想要在互联网中多的一片天地，就需要注重产品的快速打磨。在互联网中，用户的需求非常多，而且不断变化，所以企业必须对产品、服务及时调整，而在调整过程中，还需要对产品持续打磨，让它更加光亮。

微软早年研究的WindowsXP非常成功，用户使用方便。但是到如今，我们再看一下自己的电脑，有几个人还在使用WindowsXP？显然Windows7、Windows8早已占据了操作系统的新市场。

再比如谷歌，它每过一段时间就会进行一些小的改变，前提是为了迎合用户需求。而这就是互联网的极速逻辑新思路。企业必须要根据用户建议不断对产品进行"小步快跑"般的打磨，只有这样，企业才能在互联网市场中有竞争力和优势。

谷歌搜索页面

第二，坚持每周、每天有新改变，但是不要轻易改变大方向

很多互联网企业每天都会向用户发出更新、上新的消息提示，但是却不改变其大方向。这其实就是“小步快跑”的典型刀法。例如唯品会、聚美优品等网站，每天都会有新品牌、产品上线销售。用户可以每天在固定时间段在这些网站上寻找到不同的新品。但是，这些电商网站却始终没有在大方向的改变，唯品会依然主打正品特价，走高端路线。而用户之所以会喜欢唯品会，就是因为唯品会能够在保持大方向不变的情况下，每天都有新品牌。

唯品会每天十点上新品

这样不但可以维持住老客户，还能用这种独特的“小步快跑”方法吸引更多的新用户，对企业来说是一种非常有效的极速营销模式。

互联网逻辑新语：

传统企业虽然可以采取“小步快跑”这一模式，但是如果企业跑得过快，或者不成规律，那么很可能会让用户产生错乱感，同样会对企业的网络营销不利。因此，在“小步快跑”过程中，要把握好度。

3. 互联网世界中没有“想”的工夫

从最初的农耕社会，到工业社会，这个过程是非常漫长的，超过了几千年。但是从工业社会到信息社会却只经历了几百年。然而，信息技术从科学实验室走到商业中仅仅用了几十年。那么现在的互联网时代，我们又该如何预测接下来的变化呢?

曾经有人说，互联网的快，让人窒息，让人几近拼命。没错，综观互联网社会中的知名企业，无一不在继续前进、探索。

百度创始人李彦宏在美国本来可以有一个体面、收入稳定的工作，与家人一起享受美国舒适的生活。互联网的飞速发展让他变得异常兴奋，他决定搭上互联网这列快车，创办了百度，成为中文搜索引擎的霸主。但是，不要以为李彦宏从此可以高枕无忧。

面对互联网的快速发展，李彦宏如今忙得每天连饭都顾不上吃，甚至连健身师都要随时跟着。怪不得他经常发出感慨：“互联网是在变化太快，连‘想’的工夫都没有。”

的确，当今社会是互联网的天下，每一个想要在互联网圈子中分得一杯羹的人，都必须要“快”起来。互联网的极速逻辑正是表达了这种“快”的精神，如果你稍微停下来去“想”，那么就很可能已经落后了。

一提起酒红冰蓝这个名字，很多人可能不是很熟悉，但是熟悉电商网络、互联网营销的人马上想到的是微博女博主酒红冰蓝。

2009年之前，酒红冰蓝还只是一个默默无闻的草根网站站长，而2009年之后，酒红冰蓝变成了拥有众多粉丝的微博认证账号以及山鲁佐德企业管理有限公司的CEO。而这种巨变则正是互联网带来的。

酒红冰蓝原名是肖俊丽，在2009年之前，她非常喜欢逛一些网站、论坛，而且还做过电商网络营销。但是这些工作都不能让肖俊丽感到“刺激”。2009年新浪微博横空出世，这对肖俊丽来说是一个绝佳机会。她认为互联网发展快速，如果不能及时抓住这个平台，很可能自己到最后连杯羹都吃不到。所以肖俊丽很快注册微博，并且在微博推广各种产品，由于她以前做过电商，所以她懂得如何通过微博做推广。后来肖俊丽便主攻时尚产品的营销市场，凭借出色的营销模式，她旗下的几个微博私号的粉丝量很快达到了上千万。

正当肖俊丽风生水起的时候，新浪推出了企业版微博。显然这将对肖俊丽的微博营销产生一定冲击。但是肖俊丽没有停下来，而是顶着压力应对新形势，研究代理企业微博的问题，而另一边，肖俊丽也在积极备战自己独立的时尚电子商务网站，试图从微博中导出粉丝流量。对此肖俊丽认为：“在互联网飞速发展的情况下，不能把所有的宝都押在新浪上，还有很多平台，更要快速及时抓住。”

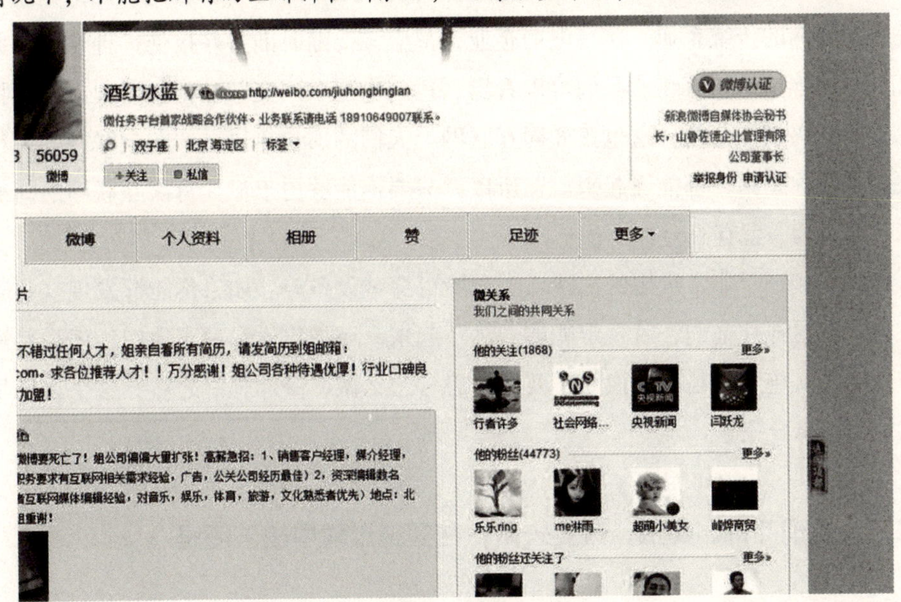

酒红冰蓝新浪微博

于是，她创立了山鲁佐德企业管理公司，成为一名天使投资人，而且她时刻都在关注互联网的变化，一旦有情况就要立刻应对。用她本人的话来说："千万不要去想接下来该怎么选择，而是直接去做，因为有时候大形势容不得你去想。"

现在我们可以假设一下，如果新浪微博推出之后，酒红冰蓝没有及时去运用，而是在思考怎样选择、做什么……那么酒红冰蓝这个名字如今可能就只是那部小说的代言词而已。

所以，互联网发展的大局势，不容许我们有"想"的工夫。你必须要在新媒体商业的风口浪尖上，与巨人进行舞蹈、抗争，才能有机会占据一席之地，否则在你"想"的空隙中，你就会被大风大浪吹倒。

作为即将转入互联网或者在转型过程中遇到困难的传统企业，是不是从酒红冰蓝的故事中寻求到了某些启发？下面我们来总结一下一些具体的方法。

第一，随时随地接受变化和拥抱新事物

互联网行业是一个充满变数且随时都会发生变革的行业。因此，无论是想要进军互联网的传统企业，还是电商企业，都应该要随时准备好接受这种变化，并且及时拥抱接纳新事物。我们可以看出，每一次互联网变革，都会涌现出一大批优秀的新兴创业公司，这也正如同互联网上人们的那句热语："在互联网的风口浪尖上，你是猪，都能飞起来。"所以，只要你能够勇于抓住每次互联网的新变革、新事物，就有机会青云直上。

比如2013年非常火爆的比特币、智能可穿戴设备等。如果你能够发现这些新机遇，及时抓住他们，就一定能够"飞"起来。而如果你发现了他们，但是并没有及时去实施，而是在犹豫要不要做，思考怎么做，等你想好之后，这个市场早已被别人瓜分完了。

第二，发现商机、契机，就要去做，在实施过程中击破困难

从酒红冰蓝的经历中我们可以看出，一旦发现了商机、新平台，就要去做，不要进行过多思考。如果企业怕在实施过程中遇到问题，那么就在实施过程中解决，只靠想，永远想不到所有的问题，也不能预防所有危机。

小米创始人雷军在做手机之前，曾经就职于金山软件。很多人以为雷军将金山软件上市之后会好好休息一番。但是他却没有，因为他发现了智能手机的优势和契机。

一次他与好友聚会，在聚会期间，他从身上拿出好几部智能手机向朋友介绍智能手机的优势和功能。朋友看出他是想做智能手机，但朋友当时很不看好雷军的这个计划，因为当时雷军并没有在智能手机方面的经验和核心技术，所以朋友奉劝雷军仔细想想。

但是雷军并没有过多时间思考，而是马不停蹄地投入到智能手机的创设之中。在这个过程中，雷军的确也遇到了很多问题，但是这些问题也都在这个过程中一一击破了。如今，小米已然在互联网中闯出一条全新的路子。

互联网逻辑新语：

传统企业在利用极速逻辑展开营销时，一定要注意，抛弃原本瞻前顾后、犹豫不决的做法。需要果断一点，不要将过多时间放在“想”上，而是要放在“做”，哪怕是错了，及时回头对企业也是一次历练。

4. 走错方向不要紧，及时选择依旧来得及

在互联网的极速逻辑下，很多专家提出了一个十分有见解性的看法：传统企业走错了不要紧，即使回头选择还来得及。

我们能从运用互联网思维的企业身上看到一个特点：快。新生代竞争者进入这个领域的门槛越来越低，而且只要你有想象力和决心，就可以迅速崛起。但是我们不得不承认，也有很多人在尝试走互联网道路时，遇到了很多苦难，甚至走错了方向，但就是因为他们没有及时回头重新选择，而又耽误了另一个可能发展的方向。而那些走错方向，还能及时回头进行选择的互联网产业才是真正值得传统企业学习的。

方太厨具是中国一家有影响力的厨具企业，作为一个老牌传统企业，在线下的营销方太早已驾轻就熟，成为厨具界的领头羊。方太领先线下销售之后，在一段时间内曾经认为，传统企业做到如此就可以了。

但是互联网却在这时候迅速发展，厨具品牌也都纷纷选择了网络营销，有些企业甚至还免邮费，免费人工上门服务。这对方太的打击着实不小。方太没有再继续“骄傲”下去，而是及时选择了可行的网络营销道路。于是在2011年2月和2014年年初分别设立了天猫旗舰店和e商城两个在线购物平台。用户可以在这里进行在线购物。方太走的一直是高端路线，显然为自己在网络营销中赢得了一片沃土。

但是随着互联网快速发展，很多同类企业也在发展又倾向于大众路线。而这时的方太似乎只适用于高端，甚至被很多平民化的用户所“鄙视”。

这时，方太电商部门的负责人认识到自己似乎走偏了方向。方太没有无动于

衷，而是及时回头做出了新选择。比如在天猫商场中，方太加入了各大促销活动，甚至还推出“租”厨具的方案。另外，方太也加入了大众得不能再大众的“聚划算”，向用户推出优惠购物。

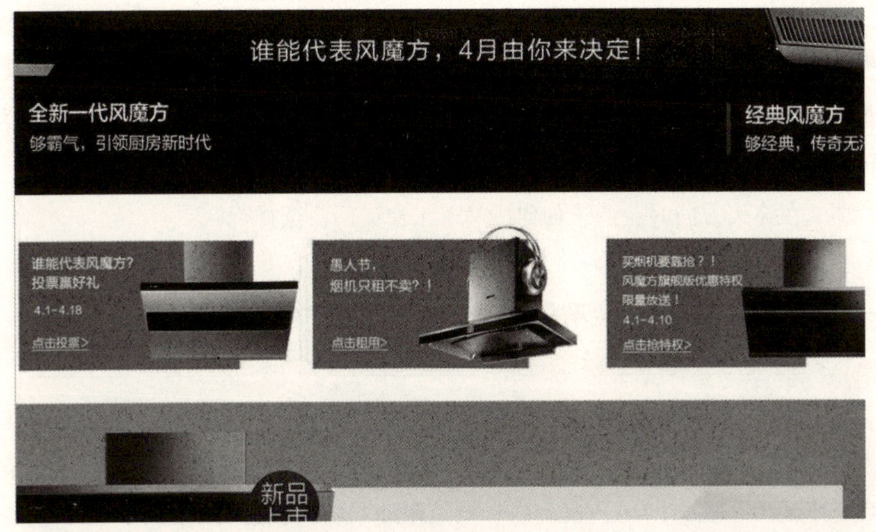

方太天猫“租”计划

方太“聚划算”

通过这种及时更正和重新选择，方太再次创造了在互联网营销方面的新传奇，成为网络评选最受欢迎厨具之一。

互联网是一个神奇的平台，从方太的经营方式来看，只要你能“知错就改”，就来得及走回正轨。

而很多传统企业在转型互联网中，一旦碰触到障碍，便不知所措，甚至因此而失去信心，不敢再“触网”。其实，互联网的极速逻辑并不只是表现在你要快速跟上它的形势，还表现在当你走错方向时，及时更改，选择新的方向，同样可以转败为胜。

那么在迷失方向时企业该如何冷静下来快速回头选择呢？

第一，意识到互联网企业不只是一个做网站推广告的形式

很多传统企业以为转型互联网只是花一笔钱来做个网站，然后再花笔钱在网上大量投放广告。以为这样就能够打开市场，吸引订单。这是一个很明显的错误理解。事实上，建立网站和投放广告只是跟随互联网快速发展的一部分。企业必须要意识到做互联网企业不只这些，还要定位目标客户，对产品介绍要清晰，网站搭建要科学、营销工具、平台等方面都要跟上形势。

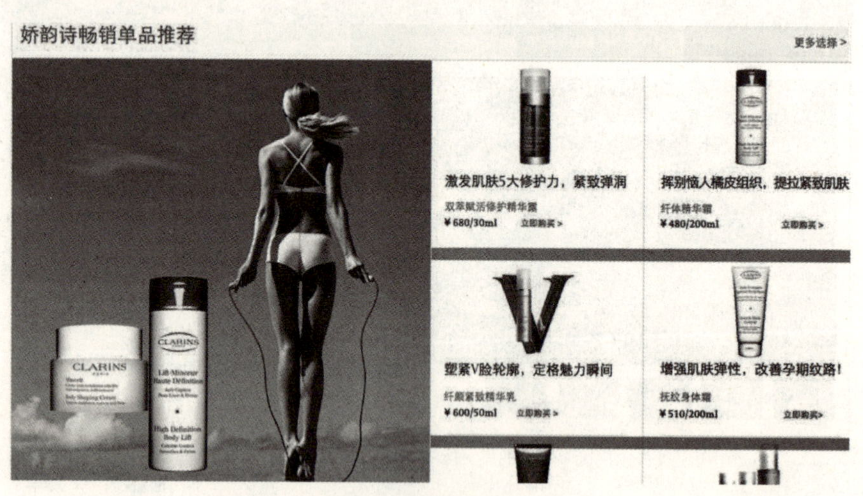

娇韵诗畅销单品专区

企业只要及时更新自己的思想，快速选择新的营销面，就还有机会，甚至还

会在互联网中翻身。比如法国娇韵诗在淘宝网旗舰店中的营销。一开始该企业只是花钱做广告，但是在网站中对产品介绍以及优惠信息等都很不明确，所以订单并不多。后来，娇韵诗及时更改了方向，选择在网站中加入热销单品、组合套装、明星套装等版块之后，用户的选购率也逐渐上升。

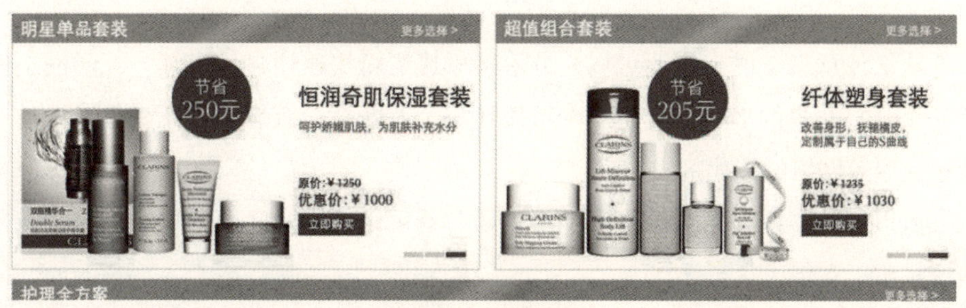

娇韵诗明星套装

第二，不要一味模仿其他成功电商，应及时根据自己特点来调整网络营销

许多传统企业在进入电商之前，总是以京东、天猫、唯品会等为榜样，甚至对自己的电商模式也全套照搬。其实这是传统企业对转战互联网的一个小小误解，电子网络不是仅仅在网上做零售或者模仿某个电商网站就够了。

事实上，这些传统企业走入了一个错误电商经营误区，因此必须要及时调整。具体方式就是根据自己的企业特点来及时调整营销策略，而如果不及时更改调整，一味模仿，那么只能是失败营销，就算是成功，也会是“京东第二”。

互联网逻辑新语：

传统企业在进军互联网时，如果遇到困难，千万不要因此而失去“信心”，其实众多大牌电商品牌也都是探索摸索而成，期间遇到的错误、迷失也很多。只要及时选择、调整路线，依然能够来得及开拓互联网的一方沃土。

案例：LINE，从《来自星星的你》蹿红的通信软件

从某种意义来说，企业可以充分落实极速逻辑快速让自己走红。互联网不仅是一个开放共享的平台，更是一个可以让一个有新意、有想法、充满趣味性的产业迅速遍及网络的催化剂。

所以，只要你有好玩的、有趣的东西，就可以借助互联网的这个极速逻辑来快速推广、宣传，直至爆红。

2013年年底韩国SBS电视台播出的《来自星星的你》蹿红，风靡全亚洲。影视剧的热播往往带动一波时尚购物潮流。于是男女主角的很多服饰、智能装备等，在网络上爆红，成为网购的大热门。

其实，借这部剧蹿红的不只是这些，其中还有一个应用软件——LINE。在《来自星星的你》中，女主角和男主角最常用到的通信方式就是那个有绿色显眼标志的LINE通信软件。通过镜头，我们能多次看到LINE的特写。

LINE是由韩国互联网集团NHN旗下日本公司推出的一款即时通信软件，与中国的微信、QQ类似。这个软件于2011年中旬才被推出，而且当时仅在少数地区被使用，因此，当时LINE的反响并不大。

但是随着《来自星星的你》的热播，这个通信软件在亚洲蹿红，尤其是中国，到2014年4月，全球注册LINE的用户已经超过了4亿。

用户只要有智能手机，并且联网的情况下，就可以使用LINE与好友进行随时随地的通话、信息聊天。而其中免费使用无限制的通话和信息，是最吸引人们的一大优势。而这个被大多数粉丝所视为是聊天神器的LINE，还有更大一个优势：250多款表情聊天贴图，其中馒头人、可妮兔、布朗熊和詹姆士都大受好评。而随着《来自星星的你》的火热，LINE还推出了剧中女主角的卡通贴图、百变贴图表情，让用户可以多了一种心情传达聊天方式。

另外，LINE还推出很多好玩有趣的小游戏来供用户下载使用，这也博得了用户的喜爱。如今，很多电商、传统企业也都很看好这个通信软件，纷纷加入其

中，向用户及时推送产品动态和优惠信息。比如优衣库、聚美优品等企业都开通了LINE账号，吸引了大批粉丝关注添加。

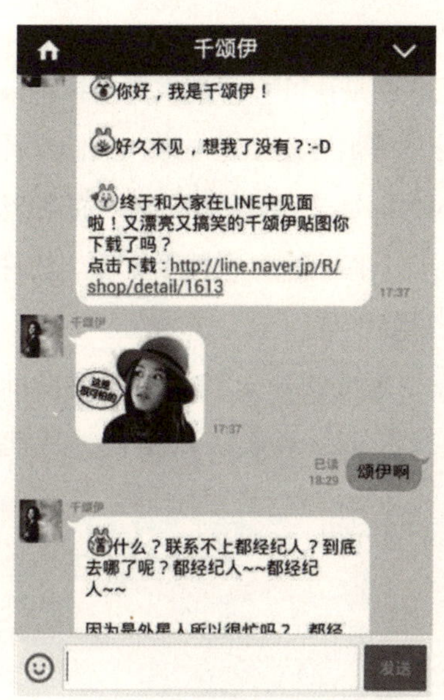

LINE聊天模式

LINE表情

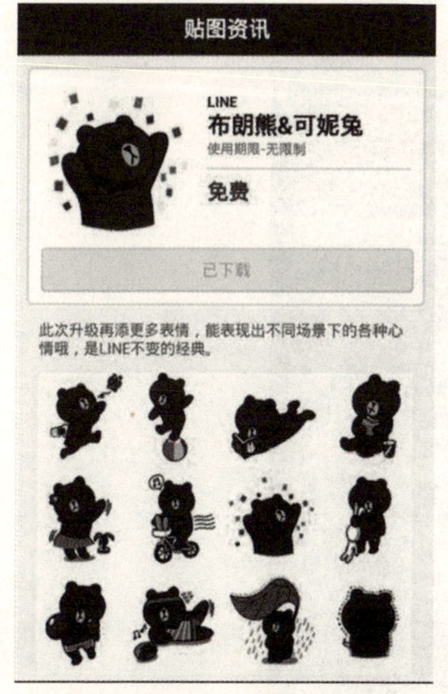

LINE布朗熊免费表情

优衣库的官方LINE账号

这个2011年才推出的聊天工具，在当时的手机社交应用软件排名是20名，而随着《来自星星的你》的热播，在短时间内便一路攀升，爬到了通信社交软件的第二名。

LINE的成功，其实说明一个显著问题：互联网是让LINE迅速发展最终蹿红的主要因素。在互联网中，LINE的良好优势和优秀口碑被迅速传递出来，人们对此产生了一种围观状态。而且最初下载和使用LINE的大都是《来自星星的你》的粉丝，他们用过之后觉得不错，便会快速推荐给其他用户，而且也会在网上宣传。软件本身的优势，再加上粉丝的好评和推广，LINE想要不红也难。

因此，我们可以看出，一个产品、服务，想要快速走红，就需要借助互联网，进行各方面大力宣传，让产品优势展现出来，形成口口相传，从而快速普及。

第一，借助网络热门话题来制造宣传

企业可以借助当下流行的电视剧、电影、事件、人物等话题来制造一些热点宣传，通过这些热点宣传来快速让自己的产品走红。

借助《来自星星的你》制造游戏宣传

例如360在手机助手中推出很多款热门卡通游戏，而起热门走红的原因也来源于《来自星星的你》。360借助《来自星星的你》中男主角都敏俊来宣传，打造出“都教授喊你一起玩转动漫”活动。这个活动引发了很多智能手机用户下载游戏。

第二，产品优势需要放大宣传

从LINE的蹿红，我们可以得出一点：LINE上百种的表情贴图，是其最大的优势之一。所以，LINE无论在《来自星星的你》这部剧中，还是在推广软件时，都将这项优势放大宣传，甚至在电视剧中，还特意给了LINE一些关于表情的特写。

因此，企业想要借助互联网的极速逻辑来快速走红，必要时刻要放大优势来宣传。例如一号店在网络中的营销就非常快。而之所以一号店能够在网上超市中脱颖而出，还在于该企业在宣传时，放大自己的优惠、种类齐全等优势。如1号店在2014年4月推出“1元领”活动，看到这个广告的用户一定会为之心动，从而快速加入一号店网购大军。

一号店突出“1元领”等优势

互联网逻辑新语：

任何一个产品、服务、软件的走红，都不是产品本身自己施展的，而是需要营销人员在网络上推广、宣传。所以，互联网的极速逻辑必须要建立在企业勤于推广、乐于推广的基础之上。

第12章
病毒逻辑：让“病毒”蔓延到空气中

2014年奥斯卡颁奖典礼上，支持人艾伦和各明星大腕的一张搞怪合影在推特上被转发上百万次，瞬间打破推特转发记录。这件事情也恰恰说明了，企业想要一夜成名，让自己的产品传播到各个角落，需要为用户提供有价值的服务，甚至让产品有一个病毒性的引爆点，实现秒杀。

在互联网中，企业可以通过制造特别、惊喜、搞怪等一切颠覆模式，来让企业的品牌、文化、产品如同“病毒”般迅速传播。

1. 提供有价值的服务，“让客户告诉客户”

病毒逻辑，其实与医学上的“病毒”或者与电脑被黑客侵袭的“病毒”都无关。其实这是一种构建在互联网之上的爆发式传播思维。主要是指制造某个事件来影响互联网，使其以几何倍数的速度来辐射扩散。通俗来讲，就是借助互联网的高效率传播而采取的企业营销战术。

比如我们打开新浪微博，会在头条发现一些热门搜索，这些热门搜索或者是某个人物，也或者是某件事情……总之，它引起了人们的关注，人们都去点击它、观看它。可能最后不见得会从中得到什么内容，但是点击率有了，用户访问数也有了，这个热门搜索的名称也被人们记住了。而企业想要在互联网中营销成功，尤其是传统企业转战互联网，就必须要借助互联网的高速传播来制造“病毒”传播。当然，企业需要制造一些事件或者噱头来吸引用户参与。那么如何让用户在点击看完之后，还会继续传播下去，继续告诉别人呢？这当然离不开企业提供的这个事件。事实证明，企业如果能够提供一些有价值的服务和信息，那么这种“病毒”就会更加快速地传播，还会让用户之间相互传播。

2009年，人们在网络上发现了一个叫“教你如何吃垮必胜客”的帖子，这个帖子非常火爆，而且几乎尽人皆知，各大网站都转发这个帖子。一些视频网站甚至出现了相关的视频。

在这个帖子中，作者不但用朴实幽默、专业教学姿态的文字向大家介绍如何在必胜客吃到更多自助餐，而且还附带了很多实际步骤图片，一步一步教会读者“吃垮”必胜客。尤其是在帖子最后，作者还以在必胜客用一个碗盛最多沙拉的图片诱惑读者。

相信每一个喜欢吃自助餐、必胜客的人都曾经思考过：到底该如何来用一个小小的碗盛到最多的沙拉？而这个“教你吃垮必胜客”的“教材”帖子出现之后，很多人都被帖子中那个堆的像小山似的沙拉所吸引。在这个过程中，人类对美食无法抗拒的欲望就被激发了出来。

这个帖子蹿红之后，很多人便饶有兴趣地准备亲身检验一下帖子上的“教程”是否可靠，纷纷去店里试验。据悉在当时一段时间内，必胜客餐厅人满为患。

虽然到现在仍然没有人知道这个帖子的发起者是不是必胜客的销售推广人员，但是我们却不得不承认当时必胜客餐厅的确是人潮涌动，而自助沙拉吧更是像春运车站一样，挤满了饶有兴趣的食客。

“吃垮必胜客”视频截图

其实，在“教你吃垮必胜客”的帖子中，我们看到的这些图文信息，几乎不用进行整理，其转发率却很高。对必胜客来说，其营销效果却比黄金广告还要有效。甚至在当时，人们见面之后都会与对方说：“我们去吃垮必胜客吧。”

当然，我们也可以看出，这种传播的确是被“病毒”附身，随之而来的却是必胜客巨大的商业价值。而我们除了从中看到这种“病毒传播”之外，还看到了什么营销秘籍呢？没错，这个“教你吃垮必胜客”的帖子非常有价值。如果这个帖子毫无价值，透露出的信息对用户毫无吸引力，那么去必胜客消费的人不会如此之多。所以传统企业在转战互联网时，一定谨记：传播“病毒”时，一定要为用户提供有价值的服务和信息。如何才能制造出这种有价值的“病毒”呢？

方法一：抛出“绝密隐私”分享，在用户之间相互“传递”

企业想要让一条信息如同“病毒”一样迅速传播，就需要制造一个有吸引力、有价值的“病原体”。而这个病原体哪里来呢？企业可以抓住用户的偷窥心理，借此来抛出“绝密隐私”大分享，吸引用户去偷窥、观看、议论。

弗洛伊德曾说：“每个人的内心都有好奇这个影子，它会一直陪伴到你终止生命。”没错，每个人都有好奇之心，企业可以借助这一点，向网海中散发一些“名人轶事”“富豪揭秘”“家族内幕”等一些有吸引力、有价值的事情。这些事情一旦传播出去，将会引发用户的关注，甚至还会相互“传递”。

当然，在正当竞争的互联网中，传统企业想要依靠互联网来吸引眼球，就更需要向用户抛出一些有价值的“绝密”信息。比如必胜客的“教你吃垮必胜客”推出之后，星巴克、肯德基等也相继推出类似的“绝密大曝光”帖子，也赢得了一定的销售量。

方法二：让人值得留意的信息才是有效的“病毒”

很多企业，特别是传统企业，以为只要在网络上发一些有噱头的帖子就能推销企业。其实不然，有时候你的帖子很火爆，但却与企业产品无关，所以用户也很难会对你的企业有印象。这就要求企业必须要推出一些值得人们留意的信息，也就是真正有价值的服务。

比如360公司推出的随身WiFi在2013年到2014年就火爆线上线下。当时那一句“随身携带WiFi，随时随地无线上网”真的令众多用户为之动心。

这种随身无线路由器其实并不是只要插在电脑上就有无线网络，其前提是需要电脑已经连上互联网，这种情况下，插入360随身WiFi，便可自动生成一个无线信号，可以让智能手机、平板电脑无线上网。“随身WiFi”的概念引来了人们的追捧。这款随身无线路由器在网络上的销售非常火爆。

360无线路由器购买热潮

互联网逻辑新语：

企业为了既能突出企业价值信息，又能引爆人们的追踪和热议，需要在制造“病毒”的时候，进行混搭。比如可以借助名人名事的外壳来突出自己企业品牌。这样才能让用户分外关注、传播。

2. 让产品有一个病毒引爆点，迅速被“传播”

在互联网逻辑中，传统企业想要利用好病毒逻辑来进军互联网，就应当给自己的产品设置一个病毒引爆点，让这个点来快速崛起，甚至将其变为互联网大海中的“灯塔”，引导人们迅速聚集靠拢。

如何才能制造这种病毒引爆点，让大家都对你关注呢？在说到具体方法之前，我们先来看一下淘宝网利用病毒引爆点带来的“嗨”翻全国的效果。

2014年3月8日这天，马云旗下的淘宝推出“3月8日请全国人民免费吃喝一天”的活动。2月底，淘宝的全新代言人李敏镐手拿手机请客的海报开始出现在了各大地铁站、公交车站、网络上。

这个信息一经传出，就如同连环爆炸一样，迅速传播到了每一个网民心中。阿里巴巴只需要用户在手机上下载手机淘宝应用客户端，就可以抢购全国部分商场、餐厅、影院、KTV等的优惠券。

用户在3月5日就可以通过手机淘宝来抢购3.8元的电影票、3.8元的KTV，而且淘宝还与各大商场合作，推出品牌手机支付，让很多品牌专柜在这一天都实现了真正的O2O。

而对用户来说，3.8元就能看到一场电影、3.8元能在KTV嗨唱3个小时实在是惊喜中的惊喜。

淘宝的这种“病毒”传播，的确引爆了所有的网民，一时间微博、网站、论坛上，关于淘宝请客的这个信息像炸了锅一样疯传，而手机淘宝的客户端也更是被下载成千上万次。甚至“长腿欧巴”李敏镐的海报也随之热卖。据悉在2014年3

月8日这天，淘宝大获丰收，销量直线上升。

【淘宝】3.8女人节包场全国请你吃喝！

发布时间：2014-02-25 17:17:12 | 来源：酒都返利网 | 点击：105

李敏镐代言的淘宝“请客”海报

手机软件 > 生活.地图> 软件详情

手机淘宝 官

5.8分 5581条评价 下载：17913万次 30.79M

【小编点评】手机也能进行网购，一切商品应有尽有

应用介绍 安全无毒 无广告 免费 权限：13 参与绿剑行

手机淘宝（Android版）是阿里巴巴专为Android手机用户推出的满足其生活消费和线上购物需求的软件，有查看附近的生活优惠信息、商品搜索、浏览、购买、支付、收藏、物流查询、旺旺沟通等在线功能，成为

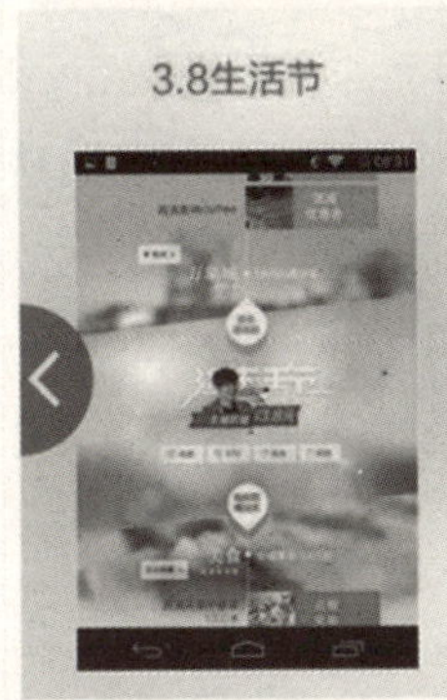

手机淘宝下载量在3月8日之前已经超过了17000万次

淘宝网的这种做法就是运用了互联网的病毒逻辑来酝酿的大计划，让大家迅速嗨翻，而且人们也真正感受到了“移动生活”的乐趣。

淘宝从2013年“双十一”狂赚350亿，到2014年3月8日请全国人民吃喝的做法，无不体现出了淘宝善于运用病毒逻辑来引爆人们的心脏，让“病毒”传播下去。

传统企业在向互联网转型时，就应该多向淘宝学习，学会让产品有一个病毒引爆点，迅速“传播”下去。

第一，制造与人们生活息息相关的“病毒”，才能引爆传播

事实证明，企业如果在制造事件传播时，不是以用户生活息息相关为基础，那么这个事件可能只能被少数人传播，而不会形成“病毒”般的传播模式。所以传统企业在转战互联网中遇到困难时，不妨试一下传播与人们生活息息相关的“病毒”。比如2014年1月10日苹果手机官方网站推出特价优购一天。

苹果官方网站推出特价信息

这条信息当时在微博等各大网站上被迅速转发，成为了当天的热点。因为众

所周知，苹果手机不但质量可靠，外形更是时尚优雅，苹果已经成为了白富美、高富帅们的一大标签，人人都想要拥有苹果手机。但是苹果手机却在价格方面一直居高不下，别的手机都在降价，唯独苹果手机还在原价上挂着，所以很多人想买，价格让其无法接受，甚至有人一直在等待苹果降价。而在1月10日这天，苹果手机特价的消息给了这部分人一个希望，他们纷纷传播这条信息，并且紧抓不放，踊跃购买。那一天苹果的销量也如同直线上升，而大多数的消费者都是因为看了之前苹果发出的这条引爆病毒点的信息而去消费的。

第二，锁定有针对性的传播人群

互联网病毒逻辑其实是一种自发性的扩张传播，而并非像大众传播那样均衡。因此企业想要让你的事件、消息如同病毒一样迅速引爆、传播，就要锁定有针对性的传播人群，这样才能一传十、十传百地呈几何形状扩散。

企业可以根据自己的产品特点在特定的人群网站中进行传播。比如你的产品是淘宝上的新品，那么就要去微博、人人网、QQ空间、天涯论坛等引爆传播。而如果你的产品是餐饮、服务行业，那么就需要借助手机团购、手机移动客户端、微信公众平台等来进行传播。只有各个击破，才能让品牌在互联网中如同“病毒”一样快速传播。

互联网逻辑新语：

找到“病毒”的引爆点，才能让其迅速传播下去。传统企业往往总是找不到这个引爆点，其实企业可以多在互联网上观察用户的动态，与用户及时沟通，了解用户最想要得到的信息，才能制造出一个让用户引爆的点。

3. 利用各大通信软件，“病毒”式传播秒杀客户

截至2014年年初，腾讯QQ用户数量超过了7亿，微信数量也破5亿大关。这说明什么呢？即时通信软件已经被越来越多人所使用。而从移动互联网的大趋势来看，手机移动用户使用这些通信软件的数量更多，其用户密集程度更是让很多企业家看出了巨大的商机。

而企业想要实施互联网的病毒思维，就需要借助这些通信软件来传播信息，用通信平台来秒杀客户。

可能很多喜欢在网络上购物的朋友都知道钻石小鸟这个品牌，它是中国最大的网上珠宝品牌企业。用户在钻石小鸟的官方网站上，可以直接购买钻戒、首饰。而随着移动互联网的发展，钻石小鸟更是在互联网营销方面加入了新元素——手机营销。钻石小鸟的主要方式就是借助微信等手机通信平台来为用户搭建起一个更方便快捷的购物平台。还巧妙地利用微信、QQ等手机通信软件来结合线下的策划活动来传播信息。

例如在2012年情人节当天，钻石小鸟在全国的12家体验店都设置了新颖的钻戒求婚场景。这件事情也被很多看到的人在腾讯QQ、微信上疯狂传播。传播速度堪称病毒蔓延，迅速传播到了全国各地。试问，假如在情人节这天，你的男朋友拿着女孩们梦寐以求的钻戒在特殊的时刻向你求婚，你该多么激动和幸福。而且还有现场、网络上那么多人见证和祝福，任何一个女孩可能都会被这个幸福冲昏头脑。钻石小鸟还在此时此刻更体贴地为新人送上浪漫的烛光晚餐和五星酒店待遇。

在微信、QQ上的疯传，足以见证了钻石小鸟那尽善尽美的安排和营销。而同

时，钻石小鸟的钻戒品牌也被更多人记住，一时间，钻石小鸟的网络销售量大增。

当然，尝到病毒营销的蜜果之后，钻石小鸟再次开展了类似的营销。2013年11月底，在杭州大厦、吴山、西湖音乐喷泉、城西银泰等地，市民都看到了十分酷炫的一幕：热播美剧《神盾局特工》现身。

很多市民感叹：“太酷了，就像在拍美剧一样，真的不敢相信自己的眼睛。”这些“特工”脸上带着红面具，衣着银色笔挺西装，不知道是去哪里，很多人都跟在这些“红面特工”身后想一探究竟。一时之间，“红面特工”现身地铁、公车、商场的消息也迅速传播到微信、微博上。

到达目的地之后，人们才发现，原来这是一次特别的求婚。一名“特工”摘下面具，拿出钻戒单膝跪地，向女朋友求婚。其场面非常赞，而且围观的人更是看到了钻石小鸟送上的钻戒和祝福。

没错，这是钻石小鸟的又一次“病毒营销”，借助这件事情，钻石小鸟品牌也在微信、微博上再次出了名，成为了很多年轻人买钻戒、求婚的首选。

钻石小鸟网站首页

钻石小鸟的负责人徐潇曾说：“钻石小鸟与其他的品牌不同，我们的初衷并不是将品牌做成一个单纯只为赚钱的企业，而是将企业作为是一个可以为别人带来惊喜、价值的平台。”显然，钻石小鸟凭借着这种为用户着想的营销方式获得了大众认可。

而从上述的事例可以看出，病毒逻辑的实施，的确可以帮助企业来迅速出名。而钻石小鸟的做法也让我们看到，微信、QQ等通信工具是秒杀客户的重要利器。所以传统企业必须学会利用和借助这些利器进行“病毒”式的扩散。那么具体如何来让微信等通信工具发挥出“病毒”传播的强力呢？

第一，事件要有料，可以让人们拍摄并通过随身通信软件直接上传到互联网上

像钻石小鸟这样的事件就非常有料，让围观的人在感动之余，纷纷拍照发到微博或者微信上。从而引发“病毒”式的传播。而如果钻石小鸟的这次事件没有出现《神盾局特工》中“红面特工”的形象，而只是单纯的求婚，那么可能观看的人不会太多，更不会引发人们的好奇，“病毒”传播也很可能会以失败告终。

因此，传统企业一定要懂得利用有料的事件进行传播。最好在设置事件时，可以让广大市民接受并感到好奇，从而引发市民的“追踪”、拍摄、上传、发微信、微博。完成这些过程，才算是成功的“病毒”营销。比如2014年3月27日三亚海天盛筵启动仪式开幕，当时主办方推出了豪华游艇、私人飞机、美味大餐、明星美女等来吸引用户参与。这种场面也引发了“病毒”般的热议，被人们迅速在微博上参与转发。一时间，“海天盛筵”居然排到了新浪微博的时事热搜榜。

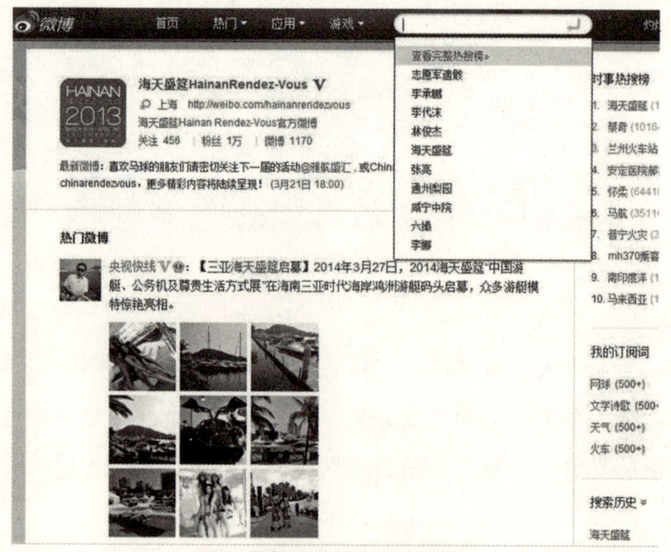

三亚“海天盛筵”微博热搜

第二，企业可以赞助一些微博大咖、草根达人、时尚明星发送微信、微博

想要企业出名，可以利用网络达人、明星来宣传。“名人效应”可以助你蹿红。在第86届奥斯卡颁奖典礼上，人们最热议的话题似乎不是哪位明星拿了小金人，而是主持人艾伦的自拍照。主持人艾伦的一张与明星合影的自拍照迅速在推特上被“病毒”式的传播、转发，引发了人们的热议。

但是这个事件的背后却是一场真真正正的“病毒”营销。据悉，艾伦当晚使用的手机是三星智能手机，而且三星也已经连续赞助了5年奥斯卡颁奖典礼。而在2014年，更是将“病毒”做到了极致。不但赞助艾伦玩自拍上传到推特通信软件，更是赞助很多好莱坞明星自拍一些休息卖萌照片上传到推特，以此来吸引人们关注。无疑，这其中最大的商业赢家就是三星，三星手机也在短时间内成为了美国民众的热购机型。

难怪营销专家亚当森曾说：“三星这次‘病毒’营销真是功成名就，艾伦的自拍以及明星效应远比三星的任何广告都有影响力。”

因此，传统企业想要利用通信软件来“病毒”式扩散和传播企业，有时候也需要借助一些名人来打开“病毒”大门。

互联网逻辑新语：

企业还可以根据组建QQ群、微信群等形式来传播企业的产品、品牌，甚至还可以将视频、图片等上传到群中，与大家一起热议，引爆“病毒”点。因为承载着多样化的通信软件有着特殊的营销平台功能，可以让人们毫不拘束地热议产品，制造话题，因此是企业互联网营销逻辑的一大完美营销。

案例：索尼爱立信：地铁“甩手男”爆红的真相

让企业如同“病毒”般迅速呈现几何形体来蔓延和扩散，是互联网逻辑的一大特点。事实证明，“病毒”营销所带来的效果不但很明显，而且非常刺激，让人难忘。

时间：2009年1月份　地点：北京13号地铁　人物：一名年轻男子　道具：手机

北京地铁13号线，从西直门开往大钟寺的地铁上，有一名年轻男子十分怪异。他旁若无人地在玩手机。之所以说他怪异，因为他玩的游戏似乎可以“挥舞”。他正在手机上玩一种游戏，像是在打保龄球，将手机挥舞地威猛有力。可是就在地铁车门即将关闭的一刻，这位年轻男子由于用力过猛，不小心滑倒，手中的手机也顺势被甩出了车门。

很快，人们在网络上便发现了这个视频。视频一经播出，便雷倒了众人。很多人在观看视频时，纷纷大笑，并且迅速转发，微博、博客、空间里，视频被频频转发上传，甚至还有人给这个男子起名为“地铁甩手男”，其视频的点击数量也迅速上升。据悉，当时该视频在某视频网站上的点击量，在一周之内突破了350万次。随后其他视频网站纷纷转载，形成了一个巨大的专题讨论。

很多观看视频的人都猜测这个“甩手男”玩的是iPhone游戏。但是没多久，就有细心的人发现这个视频拍摄得太淡定了，似乎一切都设计好的。随后，层层迷雾解开，人们在索尼爱立信的官方网站上发现了这个视频。

“地铁甩手男”视频截图

原来“甩手男”的视频是索尼爱立信一款手机的营销广告，而“甩手男”玩的游戏正式该手机推出的一款重力游戏。在视频中，索尼爱立信并没有重点显现出手机的品牌和特征，但是却很注重突出了“甩手男”玩的重力游戏。

其实从这个事件的背景来说，索尼爱立信正是在推出新款手机之后面向全球的年轻用户和手机玩家推出的视频广告。而到底如何来策划这个视频，当时索尼爱立信也是经过了反复的考量。最终索尼爱立信决定必须要达到“病毒”式的传播。所以就有了这个视频。这样的创意的确很新颖，采取了拍客形式，选择在人来人往的地铁，而且还用草根青年来呈现出一种真实的画面。而且重要的是索尼爱立信推出的这款保龄球重力游戏，玩这款游戏必须要很夸张，大手挥舞，再借助地铁门关闭时刻，充分营造出事件的刺激、高潮感，这样才能充分引起人们的注意。

“甩手男”的视频如同“病毒”一样迅速传播，这充分表达了“病毒”营销的威力。也给了很多传统企业互联网营销的启发。据悉，这个视频被高度关注，“病毒”传播之后，索尼爱立信的销售额上涨很多。这也让很多同行企业纷纷模仿“甩手男”的做法，推出事件传播营销。就连当时索尼爱立信在拉丁美洲的总部也希望能够做一个类似的视频推广。

一些门户网站也都对“甩手男”做了真相揭秘报道。通过视频广泛传播，甚至在当时网络上一度流行“甩手男”的关键词。百度搜索更是居高不下，高达几十万条。

无疑，索尼爱立信的这个“病毒”营销是一次非常成功的案例。在没有任何外在推广情况下，仅仅是依靠其事件的雷人就推动了“病毒”的快速蔓延。不得不说，索尼爱立信是抓住了互联网病毒逻辑的核心和精髓。传统企业从“甩手男”这里能得到什么样的启发呢?

第一，将产品的优势，以人们乐于接受和传播的方式来呈现

地铁“甩手男”之所以能够被以“病毒”式高速传播，就是因为索尼爱立信意识到一点：将产品的优势，通过人们乐于接受和传播的形式来呈现。所以传统企业在互联网营销中，想要将“病毒逻辑”发挥到极致，首先就需要找到产品的优势所在，然后以大家能够接受和乐于传播的方式去呈现。

比如可口可乐在2012年英国伦敦奥运会期间做的一个非常惹人眼的广告。广告中，在伦敦街头，人们看到一个巨大的可口可乐贩卖机，这个大型贩卖机有几层楼那么高，用户只需要按一下“PUSH”就能从贩卖机的出口出来很多可乐。这个广告在视频上播出之后，很快便被人们疯狂传播，在Youtube、Facebook上传播量更无限扩大。通过这个广告，充分突出了可口可乐随时都在你身边的优势，而且也很容易被大家自动传播，形成精妙的“病毒”营销。

广告视频中用户按“PUSH”键

用户在试探贩卖假是否出来可乐

可口可乐从贩卖机口滚滚而出

第二，以用户好奇心为前提制造热点，让用户扎堆体验并疯狂传播

病毒营销传播是互联网的一大主流方式，而有关专家认为，互联网逻辑中的病毒逻辑最重要的体现就是如何让用户自发性去参与并传播。所以，企业必须要抓住用户的好奇心和需求来制造有影响力、吸引力的“事件”，让用户扎堆体验，并且引发全球性质的“病毒传播”。

比如2013年2月，在微博上其中一个很热门的搜索是“甘蔗西施”。一名甜美女孩在自贡街头卖起了甘蔗汁。由于她长相甜美，人们称之为“甘蔗西施”。一时间，路人纷纷拍摄照片，上传微博、微信。很快“甘蔗西施”的摊位生意火爆，人们扎堆来买甘蔗汁。“甘蔗西施”歪打正着地利用“病毒营销”引发了热购狂潮。

互联网逻辑新语：

企业想要在互联网中，引爆病毒营销，就必须要学会制造事件，而且还要在其中加入雷人、创新元素，这样才能在不需要外力推广下，就能引爆“病毒”热点，实现疯狂的病毒式营销。

第13章

转型：传统企业转战互联网的十大成功案例

传统企业面对互联网的变化莫测，难免会有些困惑和疑问，有些企业因为惧怕互联网会大浪淘沙，所以没有勇气涉足互联网，而有些企业则因为莽撞，在互联网的大海中翻船。之所以会出现这种状况，是因为传统企业没有充分理解和把握好互联网逻辑的新模式。

本章特别挑选了10个转型互联网成功的传统企业，包括苏宁易购、李宁服饰、星巴克、优衣库等知名企业，通过了解他们的网络新营销模式，传统企业可以从中找到适合自己发展的互联网之路。

1. 制造事件噱头，引爆网络迅速传播

案例：联想为什么要追踪“红本女”

传统企业想要在进入互联网世界，取得好的营销佳绩，一定要使用恰到好处的招数。当然，在互联网的11种逻辑下，各种逻辑都可以被传统企业所拿来适当落实应用。每一个逻辑都包含着独到的方式。其中制造事件来打造一个噱头，引发病毒性的传播，则是一个非常有效的方式。联想就曾利用这种方式，引爆了网络迅速传播。

2008年，在搜狐数码社区网站中，出现了一个“追踪红本女”的帖子火爆全网。这个帖子的内容是一个男子宣传他在跟踪一个女孩，并且用了7天7夜不吃不喝时刻“偷窥”的方式。这个帖子被众人转发，甚至在短时间内就超过上万次。

很多人在议论这名男子“猥琐”的同时，更是发现了这个女孩的明显特征：走到哪里，手中都抱着一台联想红色笔记本电脑。所以，人们称这个女孩为“红本女”。

这个女孩为什么每次出门都带着一个红色的笔记本呢？而且这个男子拍到女孩的生活完全都是围绕这台笔记本展开。偷拍者的相机像素很高，所以，网友看到的照片非常清晰，电脑的特写更是非常绚丽。很多人猜测，可能这个男子的跟踪重点不在女孩身上，而在电脑身上。

事情很快被揭晓，原来这是联想的一次互联网营销广告。通过这种跟踪追拍的形式，来突出联想一款笔记本电脑的特性。很多人在看了这个帖子和照片之

后，没有被姑娘吸引，却被红色笔记本吸引。由此联想这款电脑的口碑逐渐打造出去，销量也比往常要攀高很多。

搜狐数码公社中的“追踪红本女”事件

虽然有人对这个广告吐口水，也有人认为这是一次失败的“追踪”，但是联想的实际销量确实上去了，品牌也推广出去了，这就是成功。

这个噱头事件的策划意图其实很明显，美女+奢华生活+偷拍，都是吸引人的主题。这所有的事件都紧围绕网友们的八卦心理展开，人们在议论之余，红本电脑也被广泛传播。

联想作为一个老牌的传统企业，之所以能够用这种新潮的方式来打造一个“病毒”性传播，其根本原因在于联想看到了互联网的魅力和强大推广力量。所以在互联网中，联想赶紧迈入，进行圈地般的互联网营销，借助特殊事件引发网络“病毒”传播。

因此，传统企业也可以学习联想的这种方式来接洽互联网，展开网络营销的新景象。

第一，制造吸引网友关注的八卦话题，展开广泛传播

红本女事件借助“美女+奢华生活”的方式吸引网友眼球，而这种方式正迎合

了网友们的八卦心理。传统企业想要在互联网中达到“病毒”传播，需要制造一些八卦话题。例如在2010年南非世界杯中，“中国英利”与麦当劳、索尼等世界品牌一起出现在世界赛场中。中国的网友在观看视频时，激动、好奇不已。网友在第一时间便在微博、各大网站中贴出了英利在世界杯的广告截图。一时间，英利在网络的搜索激增，英利产品的销售业绩也快速上升。

微博中网友发的世界杯截图

世界杯的影响力是绝无仅有的，通过世界杯这种吸引网友热切关注的话题，不仅可以将英利这个传统企业带到网友心中，还能辐射到国际市场。所以这种传播非常广泛、有效。

第二，借事造势，用创意吊网友的胃口

传统企业如果无法通过制造一些噱头或者事件引爆网络，那么完全可以找机会，借助已有的事件制造噱头，用创意吊网友的胃口。

2012年一部叫《人在囧途之泰囧》的电影引爆网络视频、各大影院，取得了创纪录的票房收入。这部电影是如何赚到超过十亿票房的呢？毫无疑问，互联网的力量不可忽视。该电影选择在2012年12月20日这个传说中的“世界末日”之前上映，并且借助“世界末日”来打造了这样一句网络宣传语：“与其等死

不如笑死”。

《泰囧》的宣传海报

这句颇有创意的广告宣传语在网络中立刻形成了“病毒”性的疯狂传播，人们纷纷购票前去观影。就是凭借这种“末日营销”《泰囧》造就了华语片的神话。

互联网逻辑新语：

传统企业在事件营销中，扮演的角色就是推动者。企业可以在网络后台巧做营销的“幕后推手”，为事件推波助澜，引发更大范围的网络“病毒”传播。

2.打造互联网营销趣味新理念

案例：优衣库让网络广告更好看

在互联网逻辑的指导下，传统企业进行网络营销时，就显得没那么困难。这也是马云、马化腾等互联网大佬所提出互联网逻辑、思维的一个贡献。当然，不同行业，也可以根据互联网逻辑的不同之处进行合理营销。

很多成功进军互联网的传统企业，形成了独特的实战经验。比如优衣库这个来自日本的原创服饰企业，就采用了互联网的尖叫逻辑和奇葩逻辑打造出了互联网营销的趣味新概念。我们来看一下优衣库是如何做的。

多数传统企业都开通了自己的官方网站，甚至还有在线商城，让用户直接线上购物。为了宣传企业的网站、品牌，企业往往利用网络来做一些推广广告，比如拍大片、视频等形式。但无论是静态的美图，还是动态的宣传片，似乎人们都早已看腻，很难吸引消费的心思。

但是优衣库却在网络营销方面很与众不同。它的网络宣传似乎更有吸引力。优衣库充分采用互联网的创新性和奇葩逻辑，打造出了一个颇有趣味的营销广告。

UNIQLOCK是优衣库开发的一种音乐舞蹈时钟。准确来说，这是一个可以安装在电脑上的时钟插件，用户还可以将它安装在博客、空间中。

用户打开这个插件，可以看到动态的时间，还能欣赏优衣库拍摄的动感舞蹈，在视觉和音乐上的设计，都将优衣库的年轻、时尚、动感表露无遗。

人们在观看这个动态时钟广告之后，会情不自禁地发出“原来广告也可以这样做”的感叹。

UNIQLOCK的出现，不但吸引了用户的关注和使用，更让优衣库这个品牌变得强大起来。可以说，UNIQLOCK是优衣库网络营销的巨大成就。

UNIQLOCK动态时钟

优衣库的这种动态音乐舞蹈时钟广告着实为企业的品牌增添了不少色彩。这种插件并没有特别的针对性，没有年龄、性别、地域限制，只要用户有需要，就可以设置在自己的桌面、博客上。这种广泛营销，正反映出了互联网的平台逻辑和口碑逻辑，也恰恰符合优衣库的“适合所有人的衣服”理念。

当然，优衣库的这个动态广告也具有它的独特性。因为这是一款独一无二的广告，是优衣库在互联网营销中的创新营销。从另一方面来说，优衣库可以借助这种独特的奇葩创新营销获得更多的支持者。

传统企业在进行互联网的创新趣味营销时，可以借鉴优衣库的做法。当然，企业更要推陈出新，有自己的新意，充分抓住互联网逻辑的精髓，冲出束缚，做一个吸引众多用户参与的广告。

第一，在网络上推广企业的创新包装、风格

毫无疑问，企业的网络营销是依靠网络平台来宣传，所以传统企业无论在线下还是线上的一些创新“段子”都需要借助网络来传播。自发地发送微博、微信，是一个最有效的方式。

例如前文曾提到的“桔店”，他们在给用户快递水果时，会在包装盒上贴上“万岁爷，请用膳”“女王陛下，请撕”等创新性语句。为了更好地宣传这种创新方式，桔店在微博上大力宣传这种方式，这可以让很多用户在网络上看到该水果店的创新，因此口碑营销也就产生了效果。该店的微博粉丝由原来6万，上涨到38万。

第二，广告中加入当下流行用语、热播影视剧等元素

优衣库的UNIQLOCK广告之所以吸引人们，就是因为优衣库能够在时钟这个传统的硬性概念中加入动态舞蹈等元素，这种新鲜信息在很大程度上吸引了人们关注。传统企业从中可以得到一定启发：广告中，加入一些新鲜元素，才会吸引人们关注，比如当下流行用语、热播影视剧等。

京东与《我是歌手》推出手机喜摇摇活动

比如京东商城结合湖南卫视推出的火爆综艺节目《我是歌手》推出上京东参与“我是歌手”喜摇摇活动。这种营销方式也吸引了很多用户参与。

互联网逻辑新语：

在互联网和移动网络的高速发展下，企业如果想到一个创新的网络营销方式，需要及时实施并且推广，否则很可能会被他人抢先一步。

3.定位产品，打造内部互联网销售平台

案例：海信借助互联网“飞”起来

在互联网逻辑下，传统企业的产品、服务该进行新的定位，传统企业牵手互联网进行打造一个新型网络销售平台的方法有很多，但是哪种方式才最适合自己呢？下面我们看一下海信的做法。

海信是一个老牌电视企业，在电视行业内的知名度非常高。随着互联网的发展，海信也加入了互联网营销大军，并且取得了转型成功，尤其是在移动互联网崛起的新时代。

2014年1月，海信企业打造了一款高清网络机顶盒，这款产品在2014年1月15日正式上市销售。这款机顶盒是海信对新产品定位的新尝试，而在营销方面，海信更是借助互联网来运作。海信的这种新型互联网营销模式为：海信做产品+搜狐帮推广+易迅打营销。

海信的相关负责人表示，与互联网进行拥抱是传统电视制造业的一个趋势。作为中国电视行业巨头的海信不能错过这个“飞”起来的机会。

此次海信的机顶盒一经上市就在易迅网以299元的价格进行网络独家发售。海信公司坚持进行对新品硬件收费而对内容免费的营销模式。这在很大程度上获得了易迅网粉丝们的青睐。

据了解，海信在联手互联网之后，该机顶盒的销售便飞速上涨。

海信机顶盒在易迅网被抢购

“互联网来了，积极拥抱互联网才是适合海信应该走的营销路线。”这是海信市场部经理高雄勇的观点。这也说出了传统企业在互联网发展下的心声。早在2006年，海信就已经与互联网携手了，2008年海信又率先打造了互联网电视运营平台。而在2010年，海信又推出APP应用商城……海信在积极研发新产品、扎实制造的基础上，也会经常抬头看看前方的道路，是不是该借助互联网的风来让自己“飞”起来。

相信看了海信的成功之后，许许多多的传统企业都跃跃欲试。当然，在这个过程中，互联网的几大逻辑思想也是不能忽视的，只有借助这些，才能打造一个良好的互联网营销平台。

第一，选择一款或者一系列针对特定目标人群的产品，进行网络推广营销

海信推出的机顶盒，就是针对一些高层次的目标人群而展开的营销。定位好产品，有了目标人群之后，然后选择合适的网络平台进行推广，就能顺利搭建起一个高效的互联网营销模式。

如果你是一个咖啡馆，想要在互联网中打响知名度，最简单也是最快速的方法就是推出一款针对网络人士或者高端人群定位的产品，然后借助手机微信、微博、APP等模式进行营销。

第二，选择适合自身企业营销特点的网络利器

海信在推出机顶盒之后，选择了搜狐网站做宣传、易迅网做营销的模式。这说明，海信充分根据自身的特点选择了合适的网站做推广营销。传统企业在进军互联网时，也需要注意这一点：选择合适的网络营销利器。

如果你是一家传统的本地服务行业，那么就可以选择微信、微博等网络利器来营销和推广；假如你是一家传统的制造行业，可以选择阿里巴巴等电商网站搭建合理的网络营销模式……

企业只有选择合适的网络营销工具，才能打造出合理、科学、能实现最大利益化的互联网销售平台。

互联网逻辑新语：

海信的成功充分运用了互联网的平台、极速、简洁等逻辑。事实也证明，只有用对逻辑，才能让企业在网络中快速“飞”起来。传统企业必须要根据自身特点来挑选适合自己发展的互联网络。只有方法到位，才能让企业新营销模式“飞”得更快、更高。

4.借助微博微信刺激用户消费神经

案例：红星美凯龙将互联网和移动互联完美结合

随着互联网和移动互联网的发展，传统营销模式受大众青睐的概率越来越低。多数传统企业的发展状况并不明朗，一方面高昂的运作成本让企业难以承受；另一方面，电子商务的发展让传统企业蒙上了一片阴影。企业想要在这种状况下脱颖而出，仅凭借传统的营销和传播不足以扭转局面。

而互联网尤其是移动互联网，却恰恰能够给传统企业带来新的生机。移动互联网带来的微营销也逐渐成为传统企业触网的一个新营销渠道，比如微博、微信营销对企业来说，就是一个低成本且高效益的突破口。很多传统企业正是借助了微博、微信来大大刺激了用户的消费神经，为企业带来新生机的同时，还打响了传统企业向互联网转型的名声。

红星美凯龙是一个传统的家居企业，在北京、上海等大城市有很多实体店。凭借良好的声誉和优质的家具，在业内获得了一致好评，也成为中国家居产业的领头企业。但是在互联网，特别是移动互联网快速发展时期，很多人便开始习惯在网络上购买家具。用户在网络上的选择性更大，网络家居用品也比较齐全，极大满足了用户的追求。

红星美凯龙立刻嗅到了互联网的巨大杀伤力。他们认为，互联网购物的趋势和潮流注定要吸走传统企业的一部分客户。为了留住客户或者得到更多客户，红星美凯龙决定“触网”。

红星美凯龙在网上开通了电商网站，建立了在线商城，用户可以随心所欲实现网络购物。然而，这种行为毕竟不会引发太大的购物热潮，所以红星美凯龙继续加大在移动互联网方面的营销。红星美凯龙还开通了微信和微博，开发了手机应用客户端。用户如果不方便用电脑上网，完全可以借助手机客户端来实现手机购物。

为了进一步刺激用户的消费神经，红星美凯龙还在微信和微博上定期推出红星美凯龙促销优惠等活动。用户只要关注企业，打开微博、微信、客户端，就会收到心动优惠活动推送通知。

对家居企业来说，像红星美凯龙这样的大型家居广场，很多家具十分昂贵，动辄几千，多则上万，对消费者来说，品质虽然很重要，但是价钱才是真正促进他们消费的神经线。因此，红星美凯龙定期会向消费者推送折扣、免费领取代金券、免费咨询设计师等活动。用户看到这些内容之后难免心动，受到刺激的消费神经促使他们抓住优惠期而购物。

例如在2014年4月初，红星美凯龙在线商城和微博推出特惠活动，而且还以百大设计师之名来打造一个品牌家居效应。这个活动不但在互联网中有推广，在手机应用客户端和微信中也有详细宣传。

这种将互联网和移动互联相结合的方式，能够最大限度地吸引更多的客户关注并且参与。

红星美凯龙官网首页

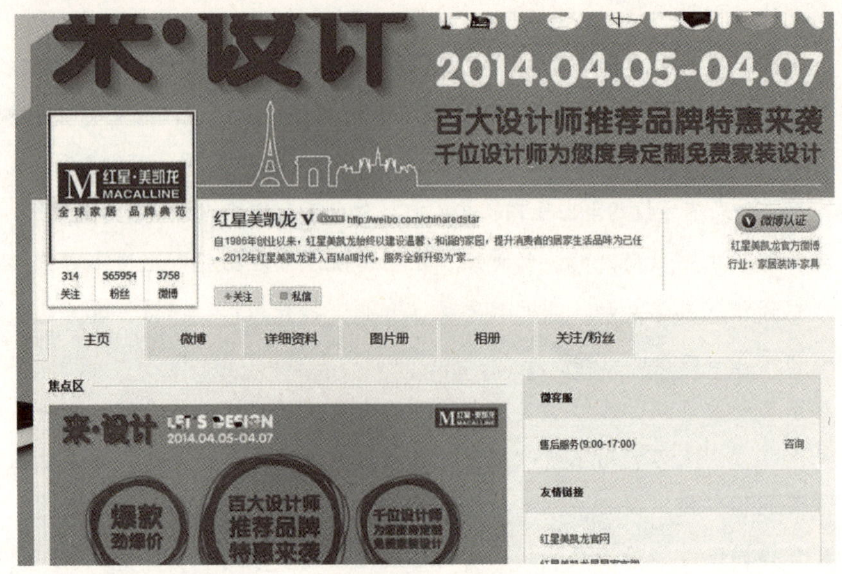

红星美凯龙官方微博

不得不说，红星美凯龙的这种将互联网和移动互联网相结合的营销方式是一种非常适应现代信息化世界的营销模式，也是每个想要触网的传统企业必须要掌握的方式。

在互联网逻辑的影响下，互联网营销和移动互联网营销已经越来越普遍。未来的营销，其实不需要太多渠道，但一定要让你的产品和服务进入用户的手机，这就是最好的营销。微信、微博、APP等营销方式也逐渐成为主流渠道。企业务必要落实好互联网的各种逻辑模式，多利用微营销来刺激用户的消费神经，带动传统企业在互联网中的“第二春”。

第一，及时更新微博、微信，推送优惠、免费信息，刺激用户消费

传统企业在互联网中想要获胜，首先就要抓住用户。互联网逻辑中，用户逻辑至上。所以必须要先抓用户心理。企业既然开通了微博、微信，就要及时更新，推送一些优惠信息，利用这些优惠、免费来刺激用户的消费神经。利用互联网的免费逻辑，企业可以借助一些免费活动来促使消费者参与。

例如，购居网-V租房就在微信上推出一系列充满诱惑力的活动：“成交就送一百”，用户使用V租房签订合同、成交之后则当即获得一百元话费。

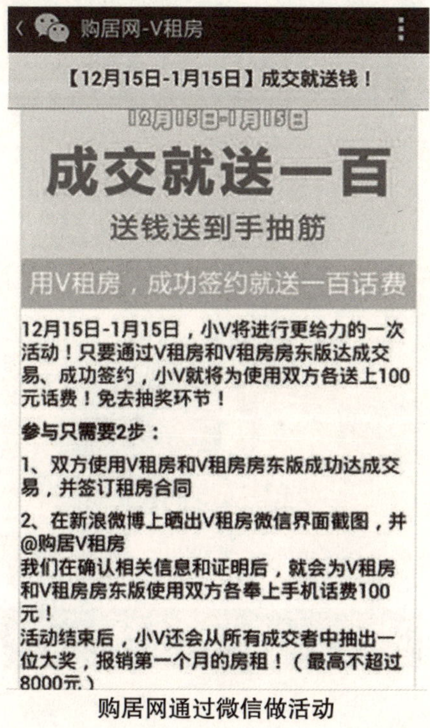

购居网通过微信做活动

在微博中的宣传也很有必要，“桔店”是一个传统的水果摊，但在网络上的营销却很有效果。该店经常在微博中发送一些促销、免费水果等信息，吸引了一大批微博粉丝的关注。

第二，电脑和手机相结合，形成优惠的购物通道

红星美凯龙通过电脑和手机的完美结合，将网络上的粉丝和客户及时保留住，并且格外吸引了一大批用户。其他的传统企业也可以根据这一点来实现完美的营销，进一步促使用户在网络购物，拉动线上消费。

歌华有线公司就充分掌握了这一点。歌华有线自从开通微信之后，便吸引了很多用户关注。因为歌华有线在微信上经常发送一些“诱惑”性的活动来吸引用户使用歌华产品。比如在2014年，歌华推出选择在网络安装和续费歌华宽带的用户则会获得赠送一个月宽带的惊喜。这吸引了相当一部分用户前往歌华网上营业

厅办理相关业务。

歌华有线微信优惠活动

互联网逻辑新语：

手机和互联网的结合，是未来企业的营销主流形式，传统企业想要转型成功，必须要及时跟上形势，利用移动互联网的先天优势来拉动用户在线上的消费力度。

5.将渠道优势转化为互联果实

案例：苏宁易购，快速配送到县级城市的秘诀

在网络营销中，传统企业还必须要掌握其速度，不能在落实互联网逻辑之后，却得不到结果。企业必须要将自己的优势转化为互联网营销的果实，这样才能够真正借助互联网扩展自己的营销面，带来更多利润。

苏宁易购是传统家电商场企业苏宁电器在互联网中的一个电商网站。自从开拓互联网战场之后，苏宁的营销面和销售额度就一直呈直线上升。而苏宁易购的成功不只是单纯地接洽了互联网，还来源于苏宁易购在配送方面的优势。

苏宁易购在2012年选出全国1800多家门店设置自提点。全国近百个物流仓储配送中心也全面开始接洽苏宁易购的配送业务，这一接洽直接实现苏宁4000多个售后网点逐渐建立快递功能。就此，苏宁易购实现对全国300多个地级城市以及2000多个县级市场的配送服务。这在电商企业中是非常特殊的，而且对用户来说，是一种便利，对苏宁来说，更是进军互联网的一大优势。

苏宁为了能够在互联网中取得常胜，打出了一系列的组合招数，包括价格战、服务到位，以及快速配送到县级城市的物流措施。这些措施都体现出了“有苏宁电器的地方，就有苏宁易购”的原则。

苏宁易购的具体配送范围如下：

系统会根据实际库存情况为您选择发货库房，已确保您能更快收到订购的商品。

仓库	覆盖区域
南京	东北、华北、华东、华南、华中、西北、西南片区
北京	东北、华北、华东、华南、华中、西北、西南片区
成都	东北、华北、华东、华南、华中、西北、西南片区
广州	东北、华北、华东、华南、华中、西北、西南片区
沈阳	东北片区
上海	浙江省、江西省、福建省、上海市
武汉	华中片区
西安	西北片区
杭州	浙江省
深圳	同城
天津	同城
重庆	同城

苏宁易购配送范围

而且苏宁易购还向用户承诺：当日11:00-18:00生成的订单（部分区域11:00-23:00），次日14点前完成配送；当日18:00-次日11:00（部分区域23:00-11:00）生成的订单，次日22点前完成配送。

不但保证能够配送到县级城市，而且在速度方面，苏宁易购也在各大电商企业中十分占有优势。凭借这种互联网的极速逻辑，苏宁易购早已和苏宁电器一样，深入人心。

中国的网购人群大都分布在一线、二线城市，而三线乃至以下的县级城市的网购人群和力量很有限。造成这种局面的原因大概有两点：一是大城市消费水平相对集中；二是县级城市的配送物流能力很有限，部分地区甚至拒绝送货。

然而，苏宁易购却实现了偏远地区也能有苏宁物流的业务。这是苏宁易购的一大优势，是很多电商都遥不可及的。据悉，苏宁易购所配送的范围所覆盖的县级城市和镇市场都在80%以上。

苏宁的这种做法其实是苏宁易购对互联网营销面的一个巨大扩展。广阔的三线、四线城市的销售份额会在很大程度上被苏宁易购所瓜分。

我们也可以看出，传统企业想要做到苏宁易购一样的成功，就需要将自己的某方面的优势来转化为互联网的实战果实。

第一，进军同行未涉及或者很少涉及的领域

在互联网中，很多同行企业大都会进军同一个领域，例如电商行业，大都会主要针对一线、二线等大城市，尤其是物流配送。而苏宁易购却勇于开拓县级城市这个市场，这就成为苏宁易购的优势，而且还在很大程度上，获得了这片领域的客户。

因此，传统企业需要借助互联网来进军同行未涉及或者很少涉及的领域。例如桔店这个水果店，就充分借助互联网进军网络配送领域。以往卖水果，很少会有企业涉及网络物流配送的方式。而桔店则勇敢涉足该领域，取得了不俗佳绩，也获得了该领域的营销果实。

第二，利用互联网极速逻辑发挥渠道优势

苏宁易购之所以能够将物流实施到县级城市，其最大的原因在于它能够利用互联网的极速逻辑发挥最大的渠道优势。

传统企业也可以根据极速逻辑打造一个极具优势的渠道模式。如果企业走电商路线，那么就可以像苏宁易购一样，走配送零距离的模式。除了可以在范围上采取这种极速模式，还可以在速度上发挥优势。例如，餐饮业进军互联网，可以发挥出网络订餐极速到达的优势，吸引用户积极订购。

互联网逻辑新语：

传统企业想要在互联网中战败知名电商、互联网企业，就需要以奇制胜，而发挥渠道优势、极速配送、物流通道等模式就可以在很大程度上获得用户认可。

6.用学习代替经验，转战互联网

案例：酒仙网，“病危企业”怎样走上电商顶峰

互联网给了很多传统企业一些希望和发展空间，也有众多传统企业在互联网中成功翻身，赢得了第二春，还有些传统企业因“走投无路”，濒临“病危”，才走了电子商务这条道路。一个几近“病危”的企业，怎么可才能在互联网中咸鱼翻身，大展拳脚？我们不妨看一个真实的案例。

酒仙网是中国最大的酒类电子商务服务公司，是一家非常成功的电子商务企业。企业主打网络销售白酒、红酒、洋酒等。截至2013年年底，酒仙网已经和国内的500多家酒企深度合作，成为了电子商务企业中的优秀代表。

但是可能很少有人知道酒仙网是如何成功的，更鲜有人知道酒仙网曾经是一家传统企业，而且还是一家濒临倒闭的“病危企业”。

酒仙网的创始人郝鸿峰曾经是一个传统的酒业经销商，可以说是非常传统的一个企业。随着市场变化，郝鸿峰的企业逐渐受到了冲击，成为了传统行业中的弱者，甚至一度找不到方向。

在这种危难情况下，郝鸿峰想过卖啤酒，但是实验一段时间之后，发现卖啤酒也不赚钱，甚至亏本。后来又卖果汁、酸奶，也都相继失败。企业陷入了一种前所未有的恐惧之中。郝鸿峰也感觉到前途一片渺茫，企业几乎倒闭，找不到出路。

就在这时，有人提醒郝鸿峰，可以卖白酒。郝鸿峰决定最后赌一把，他认为

企业一定要从里到外转型，最终他选择走互联网这条道路。他和自己的创作团队讲：“转型是我们最后的出路，如果做不成，那么我们的公司将不再存在。”

然而，路线虽然设计好了，但是郝鸿峰带领的团队却无一人接触过电子商务，对互联网营销更是十分陌生，更别谈任何网络经验。为了让企业能够起死回生，郝鸿峰提出了要先学习的想法。

在郝鸿峰看来，没有经验不重要，重要的是要有上进心，努力学习，用学习代替经验，用智慧来打败质疑。

郝鸿峰亲自出马，去广东、深圳等互联网电子商务发达的地区学习电子商务的经营理念和方式。由于郝鸿峰潜心学习，很快他就理清了企业在转型互联网方面的一些困惑。比如线上如何营销、支付如何嵌入、广告怎样推广、产品如何更新等。

后来郝鸿峰回到企业，对员工进行了培训。通过努力学习，郝鸿峰的创作团队都对互联网电子商务有了深层次了解和认识。之后企业在转型时，也就走得顺风顺水。

郝鸿峰后来表示，如果当初没有潜心的学习，也就没有现在的酒仙网。是学习让酒仙网在从传统企业转型互联网的路上少走了很多弯路，也是学习让酒仙网这个“病危”企业重新焕发了活力。

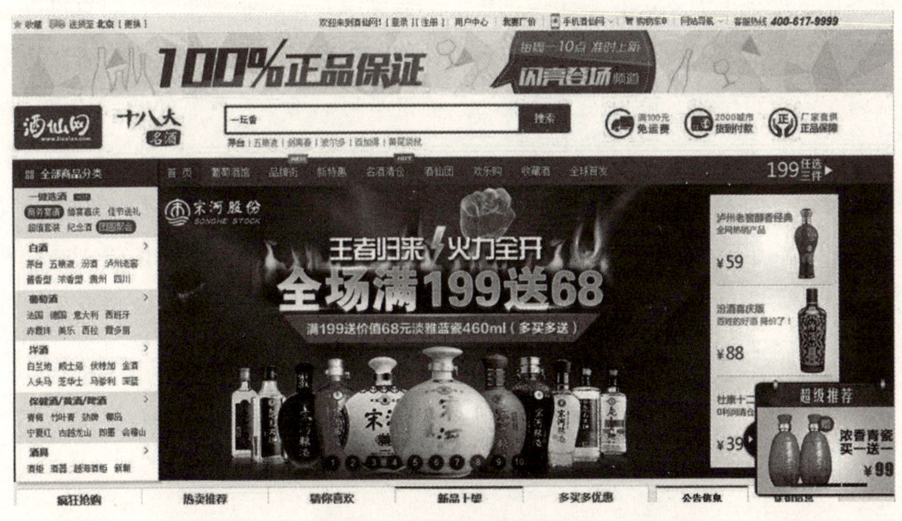

酒仙网官方网站订购商品

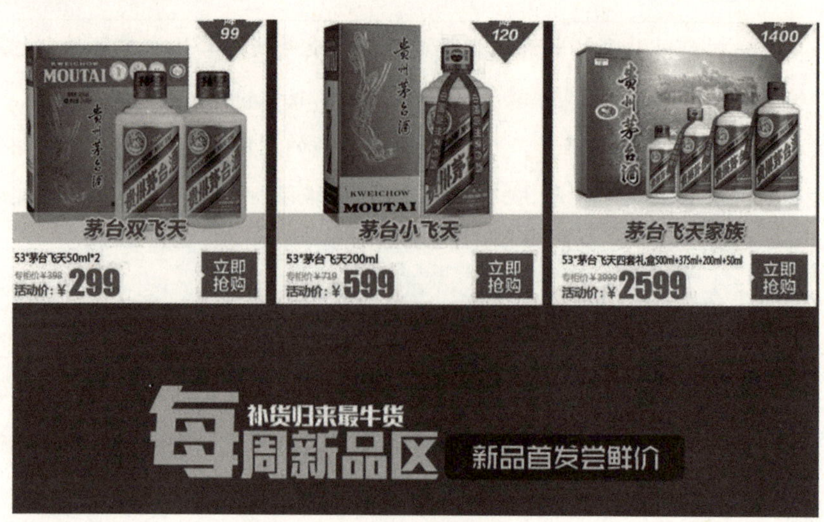

酒仙网天猫旗舰店

酒仙网在转型互联网之后，在电子商务营销方面做得非常极致。2011年“双十一”期间，酒仙网的销售额是1039万元，而在2012年“双十一”期间，销售额突增到了6105万元，一年时间之内销售额就增长了4倍。而酒仙网在天猫旗舰店单日的销售也成为天猫平台食品类的第一名。

毫无疑问，酒仙网如今的成就是互联网造就的。如果郝鸿峰当初没有转型互联网，那么如今可能不会有酒仙网。从这个案例中，传统企业是否又对自己鼓起了信心？而酒仙网的成功也告诉传统企业：不要害怕自己没有互联网经验，也不要因为企业即将倒闭，就失去了信心。只要肯学习，用学习代替经验，就能够在转型中获得胜利。

传统企业如果面临危机困惑，找不到方向，那么就是时候该转型了。一个几近“病危”的企业都能通过互联网转危为安，足以说明互联网营销的强大之处和其魅力所在。这里我们也总结出两个规律，启发那些“病危”的传统企业该如何来借助互联网重新发家。

第一，发愁恐慌没有用，脚踏实地地学习才能有机会颠覆自己

当企业找不到方向，感到迷茫的时候，不去学习，只是在那里抱怨自己没有

经验，感到恐慌，是没有用的。真正的方法就是要脚踏实地学习，只有通过学习，才能进步，才能意识到自己的问题所在。

马云创建阿里巴巴的时候，他本身对互联网、电子商务也是一窍不通。但是他却并不恐慌，反而是坚定信心要走这条路。于是他召集了一班懂互联网的团队，自己也努力学习互联网电子商务管理经验。最终凭借学习得来的经验，他开拓了属于自己成功之路。

而传统企业星巴克也曾一度十分迷茫，然而其创始人霍华德·舒尔茨敢于及时进行调整营销，加入互联网大军。在这个过程中霍华德也是通过学习来取代经验的，通过学习一步步开创了星巴克在互联网的各方面创新营销。也因此，星巴克的营销转危为安，成为了餐饮业中的榜样。

第二，学习就是要不断尝试，尝试互联网中的各种营销途径

传统企业如果濒临破产，或者“病危”，企业就应当清醒地认识到必须要转型互联网。但是转型互联网对很多传统企业来说没有经验，充满未知，甚至有些企业感到无从下手。在这里我们提出，首先要学习，但是还需要大胆尝试一些新的互联网营销方式。

不要以为转战互联网只是单纯地建立一个电商网站、推广网络广告。其实想要走出“病危”，走向电商顶峰，还需要企业拿出冒险精神。多学习和尝试一些新的营销方式。比如要尝试一下互联网逻辑中的免费逻辑，给用户提供好处，吸引粉丝关注拉拢客户；还可以大胆尝试手机微营销，利用微信、微博进行人气传播，打造病毒式的传播。

例如山东有一家传统的白酒企业很想打入广东的一些大饭店，但是由于其营销模式非常单一，在传统行业中也是弱者，甚至在一年之内仅卖出15箱酒。这种状况导致酒厂老板一度想放弃该市场。

后来，该老板找到了广东一家非常火爆的餐饮公司，与之寻求合作。该餐饮公司早已经实现了互联网转型，尤其是在微信营销中，效果很好。于是这家山东酒厂就借助餐饮公司的微营销来销售白酒。具体的做法是：从餐饮公司的微生活会员卡中筛选出消费高的人，给这些用户单独做一次营销活动，为他们推送免费

赠送一瓶白酒的活动。

通过这种赠送活动，该企业的酒迅速从滞销品变为了畅销品，在不到三个月就卖出了60箱。如今，这家就企业也已经单独走上了互联网营销的新道路。

互联网逻辑新语：

传统企业如果看不到希望，或者面临“病危”就应当及时转型，快速学习互联网营销知识。因为做电子商务的时间早一年和晚一年会有很大差别。如今的信息时代更是“快鱼吃慢鱼”，所以，传统企业进军互联网一定要尽快做出决断和选择。

7.扫一扫让用户直接跳转购物

案例：李宁的专业体系化互联网营销之路

作为一个传统的运动服饰品牌，李宁在营销市场中所面临的压力很大。首先，国外的耐克、彪马、阿迪达斯等品牌已经占据很大一部分市场；另一方面，在营销领域，传统服饰品牌单纯依靠线下的实体店已经不能满足用户的需求。基于此，李宁积极开创新型的互联网营销方式，不但开通了官方商城、天猫旗舰店，而且还与一些大型的电商网站搞合作促销。

但这些方式，对很多运动品牌来说，早已司空见惯。于是李宁又开辟一方疆土，与移动互联网接轨，打造了一个属于李宁的专业化体系互联网营销之路。

在李宁官方商城中，我们可以看到右边一个很醒目的二维码，上面标着“扫一扫，随时随地去购物”的字眼。用户只需要拿出手机，在联网情况下，扫一下这个二维码，就能够快速在手机上跳转到李宁的手机商城页面。

在这里，用户可以不限时间、地点地购物。这对用户来说，非常方便快捷，打破了以往必须坐在电脑前挑选的约束。这种自由、随时随地购物的特点，也正与李宁的自由运动主题相契合，恰到好处地宣传了李宁的手机应用。

而李宁在天猫旗舰店中，手机二维码购物更是被表现得淋漓尽致。李宁会定期推出一些惊喜活动。而这些活动方式除了运用网站等消息表现之外，李宁还借助手机来表现。例如2014年4月，李宁推出三天的手机摇大奖活动。用户只需要扫描一下旗舰店中的主打二维码，就可以即时参与活动，有机会摇出大奖。

李宁官方商城中扫码购物

李宁官方微信平台手机购物

李宁天猫旗舰店中手机摇大奖活动

李宁每周都有新品上新，为了能够让用户在第一时间了解李宁新品，李宁同样借助手机移动网络，用户扫描一下二维码，就可以快速查询李宁新品，方便用户选购。

李宁的这一系列新型营销，在很大程度上都已经成熟，成为一个非常系列、系统化的互联网营销模式，使李宁成为中国传统运动品牌中的领头羊。

李宁的互联网营销显然不但结合了电商体系，更结合了手机移动网络的销售模式，让用户实现即时手机购物。这就体现出了李宁的灵活性和多元性，恰恰这也是传统企业进军互联网必须要走的道路。

李宁的成功给很多传统服饰企业带去了新希望和启发：多借助手机网络等功能来拓展和业务面，增强企业进军互联网的人气。

第一，网站结合手机应用齐上阵

传统企业转型互联网，首先就要建立电商网站系统，在线上及时更新产品，推出折扣活动促销。当然，随着移动互联网的高速发展，企业还需要结合手机应用进行网络新营销。

比如企业可以推出手机应用软件，并且及时搞一些促销活动，提高用户下载量。另外一方面，推出手机应用，可以让用户随时随地购物，摆脱只能在电脑前网购的拘束，增添灵活性和自由度。

第二，用二维码来推广手机应用以及微购物

传统企业实施了手机应用以及微信营销之后，就需要借助二维码来推广。可以将二维码放在企业网站中、产品包装上、售后服务单上，让用户更容易看见，快速扫描。

某产品包装盒上二维码

用户扫一扫，立刻跳转到购物通道上，就会在很大程度上抓住用户的心，即便他们当时没有购买产品，也会对企业产生好感，甚至还会加以无形宣传，对企业来说二维码的扫码率也就会大的提高。

> **互联网逻辑新语：**
>
> 企业运用二维码宣传购物通道或者下载手机应用时，一定要在二维码旁边附加清晰易懂的文字解释，否则用户不清楚是扫码之后直接购物，还是需要下载或者只是网络宣传。

8.利用手机客户端，推出订购特价让客户“省过瘾”

案例：7天连锁酒店，将酒店搬到手机上

很多服务性的传统企业在向互联网转型之路上往往会出现很多问题，比如如何才能让用户在网络上实现重复消费？怎样让用户形成好的口碑效应？其实这些问题的解决之法有很多，但是对传统企业来说，需要一个更加清晰合理的主力方向。

在这里我们认为，传统企业想要解决上述问题，需要做的就是积极利用移动互联网手机客户端，在手机上为用户推出一些“过瘾”服务。而且随着智能手机的普遍使用，用户大都使用手机来上网，在对电商的依赖方面产生了新的需求：哪个应用软件能够省钱更优惠，就会更好重复使用该软件。针对消费者的这种“省钱”心理，传统企业必须要在智能手机客户端方面行动起来。就像下面这个企业。

7天连锁酒店本来是一个非常传统的酒店企业，然而为了顺应互联网的大趋势，在互联网上建立了7天互联网站。用户可以在网络上预订酒店。可以说7天连锁酒店将O2O的新营销模式发挥得淋漓尽致。

进入智能手机移动上网时代，7天连锁酒店依然没有停止他们求索的脚步。于是7天连锁酒店将酒店迅速搬到了手机上，打造了7天连锁酒店移动客户端。进驻智能手机的服务企业有很多，7天酒店是如何实现粉丝长久且重复使用的呢？

最重要的一点就是7天酒店注重在手机上推出订购特价、优惠住酒店等内容。

这在很大程度上吸引了用户的关注。

用户在7天连锁酒店的手机客户端上，可以顺利预定优惠酒店，还可以抽取大奖，特价享受星级酒店待遇。有了这些优惠措施，用户自然就会重复消费。这种方式还让7天酒店在无形之中获得了好的口碑。

7天连锁酒店作为一个传统企业在互联网，尤其是移动互联网方面的营销非常成功，获得了几十万粉丝的拥护和支持。在接下来的互联网发展大趋势下，7天连锁酒店依然还在继续准备更先进、更完美的互联网营销模式。

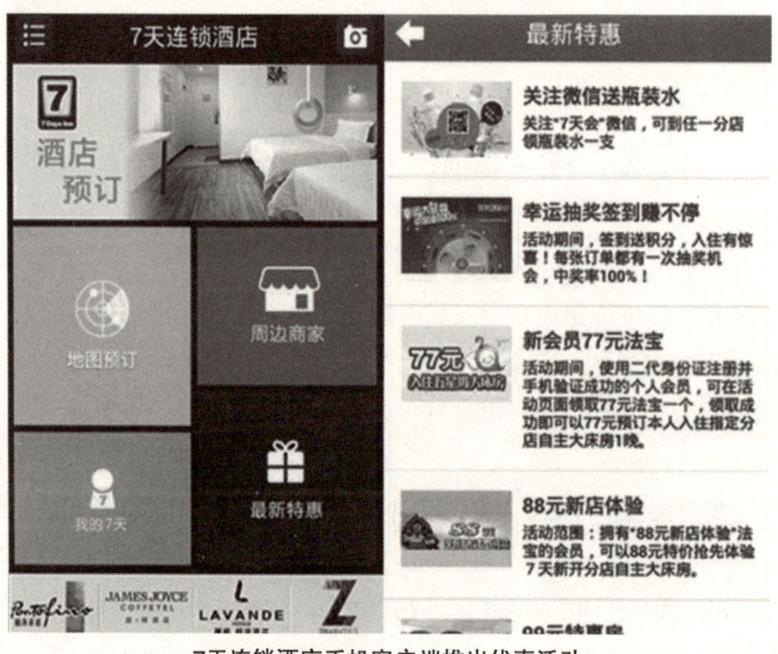

7天连锁酒店手机客户端推出优惠活动

7天连锁酒店在手机上推出特价优惠住店的方式，毫无疑问抓住了用户想要“省钱”的心理，所以充分利用智能手机的移动互联特点，将“优惠”直接推到消费者手机上，让用户“省过瘾”，刺激用户消费。

事实上，7天连锁酒店的这种互联网营销方式，非常值得传统企业学习和借鉴。传统企业想要顺利转型，打出一条属于自己的互联网品牌之路，必须要跟随移动互联网的脚步，借助手机客户端，打通新互联营销模式。

方式一：在手机客户端为用户推出实实在在的优惠

传统企业想要赢得客户的赞誉，必须要为用户推出实实在在、抓得着的优惠。为了顺应新营销、拉拢客户，有些传统企业在互联网尤其是手机客户端上，向用户推送一些优惠信息。但是在这些优惠信息中，并没有清楚标明实实在在的一些优惠，用户看起来十分模糊。这就不利于用户对企业形成诚信态度，加大消费。

想要抓住用户“省钱”心理，就必须要给用户呈现出能够抓得着的优惠。企业最好在手机上向用户推送一些真实的代金券、优惠券等，这样对用户的诱惑力将会更大。比如物美超市，在向互联网转型同时，开通了手机移动客户端：物美乐惠。在该客户端上，物美会为每个用户推送一系列的打折促销信息，而且更为吸引用户的是物美会向用户推出看得见的优惠券、代金券。用户只需要在手机“领取”，就可以在线下的物美实体店内进行使用。体验过的用户对此的评价是实实在在的优惠和省钱。因此人们纷纷下载物美客户端并注册得到使用优惠券。这自然会增加了物美线下的销售力度。

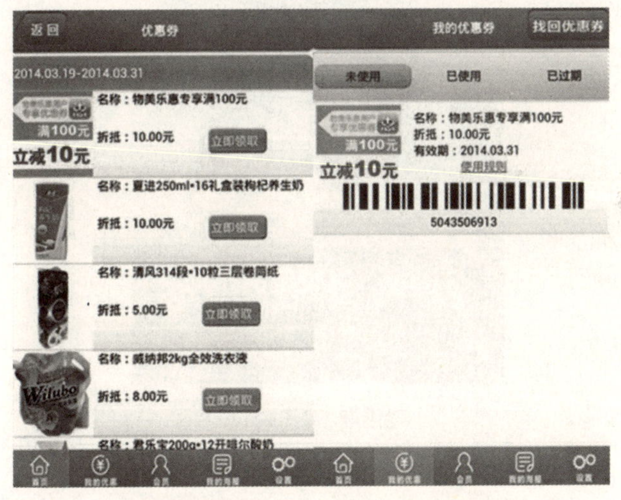

物美手机客户端中为用户推出优惠券

方式二：在手机上结合互联网促销，为用户推出“×元区”

在传统企业的现实销售策略中，曾经有一项特别吸引人们的注意：×元区特卖。我们往往在商场、专柜、摊位上会看到这样的标签，商家打出“10元区”、“20元区”来吸引用户。这种方式确实吸引了很多顾客抢购。

这种方式能不能运用在移动互联网的营销之中呢？答案是肯定的，传统企业完全可以改良这种线下“×元区”模式，让用户在手机上也实现“蜂拥抢购”。

里维斯作为一个传统服饰企业，在互联网的营销中就非常注重移动互联网的作用。于是就在手机上建立了客户端，而在客户端上，里维斯就将“×元区”充分发挥，推出了“9元购”。很多人听到这个消息先是震惊：“9元？也能买到里维斯牛仔裤吗？”然后便是打开手机疯购。里维斯的这种做法非常成功，也值得其他传统企业转型过程中学习。

里维斯“9元购”

互联网逻辑新语：

在互联逻辑中，虽然没有“手机逻辑”，但是随着移动互联网的发展，手机客户端已经成为了互联网新营销的有力工具，而且其有力程度非常“火热”。所以，传统企业想要转型成功，就必须要抓住这种契机，为用户推出“省到上瘾”的快速购物通道。

9.开通手机支付，迎合时尚高端客户

案例：星巴克，每月高达6000万笔的手机支付订单

在互联网的影响下，许许多多的传统企业纷纷加入互联网大军，试图通过这种互联网来传输业务，让企业转型，更加长久持续。但事实证明，并不是所有传统企业都能顺利转型成功。

有些企业在转型过程中，由于没有掌握和遵循互联网的逻辑，结果走了不少弯路，甚至还将原有的根基毁掉。还有企业在转型过程中，没有走对路线，比如本应走O2O路线，但却走上了不适宜企业发展的电商路线。所以有时候，传统企业在转型过程中如果疾风劲雨未必能够得到最佳效果。企业不妨尝试一下迂回路线，利用手机移动互联网络，开通手机支付等功能。这样循序渐进，对企业的转型可能会有帮助。

早在1999年星巴克咖啡店就已经走入了互联网的大门之内。当时星巴克创始人霍华德·舒尔茨曾说："那时候星巴克步履维艰，我认为必须要转型改变，才能扭转局面。于是，我想到了互联网。"

所以，在当时，霍华德推出了星巴克门户网站。将星巴克咖啡饮料公司变成了一家互联网公司，在网络上销售咖啡和厨房用品等。更为让人奇特的是，霍华德还向一家新型在线聊天公司投资了接近2000万美元，以此来推广星巴克。

然而事实并没有按照意想的路线发展，星巴克的股价跌了15%。很多股东认为

霍华德的这种做法欠妥。股东认为一家咖啡公司与互联网合作，而且投资不菲，实在是画蛇添足，多此一举。

当时霍华德也认为自己在互联网上摔了跟头。但是霍华德却并没有放弃星巴克在科技方面的努力和信心。2009年，他又看好了移动互联网的发展，认为星巴克还应该继续转型，所以他大胆推出了手机客户端。用户可以在手机上下载星巴克的客户端，然后可以随时了解星巴克的优惠信息和内容。这种方式让星巴克的生意好转了很多，甚至成为年轻人追求时尚的一种表现。

2012年，霍华德又出资2500万美元投资移动支付公司Square。到此时，星巴克的股东才发现，原来霍华德一直没有放弃对互联网的发展。星巴克再次加上了一个“移动互联网公司”的头衔。

2013年1月，星巴克在北美市场首次推出手机支付。这一举动对星巴克的发展可以说是如虎添翼。从推出这项手机支付功能到2013年7月，星巴克的手机支付交易量达到了6000万笔，每周通过手机支付的订单更是超过了100万笔。显然，从这一改革之后，无论是星巴克的股东，还是新老客户，都在互联网的潜移默化发展中看到了一个与过去完全不同的星巴克。

星巴克的这种手机支付获得成功之后，许多的餐饮公司、传统企业纷纷加入了手机支付行列。到现在，我们可能很难找到一个不提供手机支付或者客户端的大型互联网公司。从星巴克的经历来看，星巴克的确在这方面的投入较早，这也说明，霍华德是一个有远见卓识的商业家。

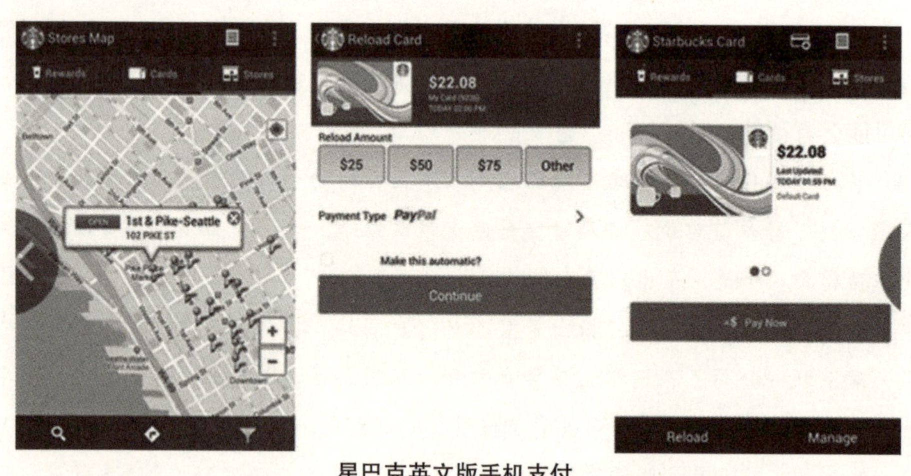

星巴克英文版手机支付

现在的星巴克不但是时尚的代名词，更成为了美国移动支付规模最大的传统零售公司。

从市场营销角度来看星巴克的成功，我们可以得出这样一个结论：客户在哪里，星巴克就在哪里。霍华德正是秉持这种用户至上的原则，从而借助互联网、移动互联平台来为用户提供了周到的服务。

根据星巴克的消费数据统计，来星巴克消费的人群大都是高端时尚人士，而且他们都喜欢用手机支付消费。这就将星巴克的O2O营销形成了一个完美的闭环。而且手机支付、点餐的方式也让星巴克可以在后台对消费者的习惯、口味等进行分析，能够帮助星巴克与客户之间达成一种牢固的关系。而根据霍华德的想法，手机支付只是星巴克在向互联网转型中的一个小计划，将来星巴克还将继续运用更新的技术和方式来营销。

其实纵观星巴克在近几年的突飞猛进，我们可以发现星巴克在咖啡种类、饮料方面并没有研制出新口味，只是将传统零售模式引领向了互联网的O2O模式。毫无疑问，星巴克的成功是一场关于营销的胜利革命。霍华德敏锐地判断出了互联网和智能手机对人们的巨大影响，于是积极地将这些新时代的平台融入到星巴克的营销和服务之中。所以我们说，星巴克不但是传统企业向互联网的成功转型，更是跟上了时代而变动的先锋者。

相信星巴克的这种成功转型已然给了传统企业很多启发。当然，最重要的还是我们应该从中得到一些可实用的转型方式和技巧。

技巧一：及时关注互联网以及移动互联网发展状态，把握时尚营销趋势

传统企业在向互联网转型过程中最重要的其实不在于新产品的研发，而是在营销模式方面要及时跟上形势。这要求企业必须要及时关注互联网特别是移动互联网的发展趋势来进行时尚营销转型。

在智能手机迅速发展的趋势下，如果一个传统企业想要向互联网转型，那么必须要遵循互联网的平台逻辑，借助智能手机帮助企业获得时尚转身，让企业走在互联网的时尚前沿。

比如金汉斯这家南美风味的自助烤肉餐饮店。作为一家传统的餐饮店，金汉

斯凭借着独特的风味已经占据了很多市场份额，但是金汉斯的老板并没有因此而放弃互联网，而借助手机移动平台进驻了糯米网。用户可以在手机上搜索金汉斯的团购票，用手机下单团购，然后去店里品尝美食。这种营销方式让金汉斯的生意非常火爆，也赢得了新老客户的持续关注。

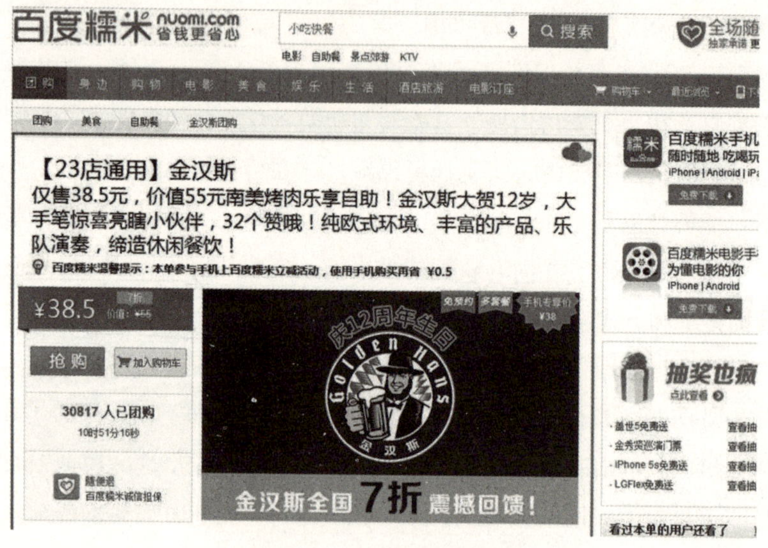

金汉斯在糯米网团购信息

所以，传统企业在转型道路上一定要大胆利用智能手机、移动支付等方式。这样做也会让你的企业显得高端大气上档次，进一步吸引用户关注。

技巧二：借助互联网、移动通信软件宣传企业

星巴克之所以能够在营销方面高端大气时尚，不排除其总裁霍华德通过脸谱、推特等通信工具的广告来宣传企业。在美国几乎人人都有脸谱、推特账号，所以星巴克的宣传时时都能传达给使用脸谱、推特的人们。而且人们在社交过程中，也会有意无意提到星巴克，所以星巴克会很红。

这也给很多传统企业带来启发：借助通信工具来宣传企业。比如比较流行的QQ、微信、LINE、陌陌、微博等。有些企业的平台还具备通过手机进行支付等功能，这样就能更加方便用户直接在通信工具中支付。

比如好利来蛋糕店，就在微信上开通了微信公众号，然后开启了微商城，开通了微信支付功能，用户可以在微信上购买蛋糕，享受特殊服务。

好利来微信商城

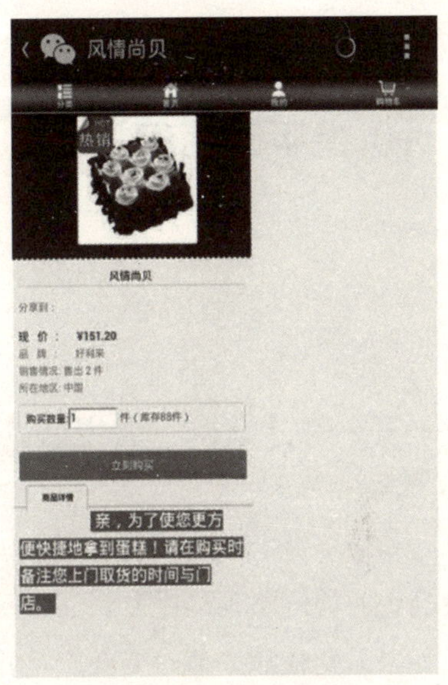

手机微信支付蛋糕

好利来的这种方式也为传统零售企业做了一次华丽转身，很多人可能并不知道原来好利来也可以用手机支付买蛋糕了。通过微信的这种宣传，好利来的营销也越来越时尚。

互联网逻辑新语：

移动互联网的发展越来越先进，人们在智能手机上可以购物、享受企业的服务，将来移动互联网也会成为企业营销的一大主流。所以传统企业想要转型，必须要抓住类似手机支付等时尚先进的科技营销手段，为自己的转型抹上浓重的一笔。

10.携手知名网站，优惠活动引爆“疯购”行动

案例：大悦城，携手阿里入住微淘

传统企业如何顺利地过渡到互联网，在互联销中分得一杯羹？有些传统企业认为，如果只是依靠产业改变甚至是转行，那么可能会遭遇资金、客户等一系列问题。针对这种困惑，传统企业很想要从中找出一条“捷径”。

“捷径”在哪儿？那就是牵手知名网站，采取一些互联优惠信息，吸引用户关注，从而引发疯狂网购。在这种“捷径”道路上，有些企业尝试过，也尝到了一些不一样的甜头，比如大悦城购物商场。

2014年3月，大悦城终于卖出了O2O营销模式第一步。2014年3月3日，朝阳大悦城、上海大悦城宣布与阿里巴巴进行合作，并将于3月8日女人节这天，开通支付宝移动支付功能，正式形成线上线下的营销模式。

这说明传统企业可以借助一些知名的网站、电商进行合作，开通线上支付功能来向互联网转型。但是很多人担心，这种做法真的有效果吗？大悦城的做法当然不是单纯地宣布这一消息就可以，而是在3月8日之前，在微淘中大悦城进行了优惠活动宣传。用户在3月1日至3月8日之间，只要关注朝阳大悦城和上海大悦城的微淘账户，就可以免费领取优惠券、红包以及各种打折券等。这些优惠券在女人节这天在两个大悦城内可以兑现使用。

当天消费者如果在朝阳大悦城和上海大悦城使用淘宝手机支付平台进行购物付款，就会有机会抽取购物免单大奖。

这两种营销方式，不但实现了实体商业的网络传播引导用户线上关注，还能够刺激用户下载手机淘宝的客户端，而且为大悦城做了无形的口碑营销。

当然，用户还可能会在大悦城进行其他的餐饮、娱乐消费，比如电影、游戏区域的消费。所以，在这方面大悦城也与阿里达成共识，推出了“3月8日悦城请你吃喝玩乐”，大悦城的电影票、餐饮优惠券等都在淘宝上可以提前优惠购买，其价格都在3.8元以及3.8折之间，可以说是史上前所未有的优惠。

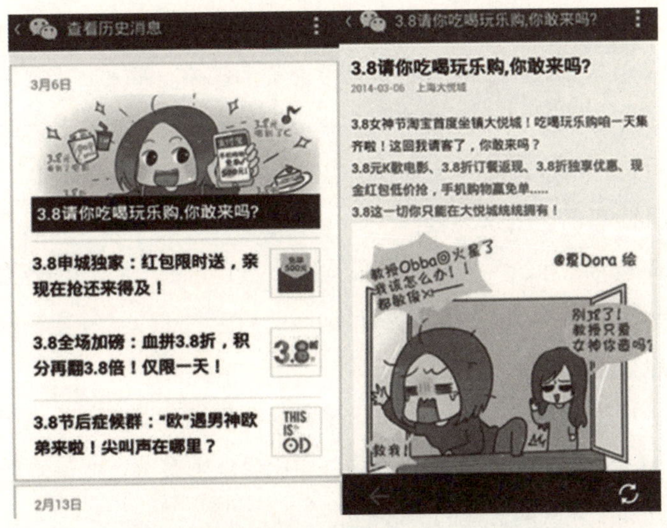

上海大悦城用在3.8日携手微淘优惠活动

上海大悦城用在3月8日推出手机移动支付

据悉，大悦城与阿里牵手打造的这种新型互联网营销模式，在3月8日之前的一个星期之内，引发了消费者的“疯购”热潮。

这种方式，无疑是在线上将消费者的人气吸引过来，然后将人流吸引到大悦城实体店中，同时又运用网络营销模式和手段，刺激用户在淘宝上进行手机支付买单。这种闭环交易使消费者不但在线上得到了优惠付费，而且在线下还享受到了多重新体验。所以，大悦城的这种新式营销真真正正吸引了不少用户的青睐。

其实朝阳大悦城在互联网方面的营销不是偶然，而是一种经验所致。朝阳大悦城曾一直借助微信公众平台来推出电子会员卡服务。用户只需要关注朝阳大悦城的微信公众号，就可以免费获得电子会员卡，享受特殊优惠。大悦城还会在这个平台上及时向粉丝推出优惠活动和信息，持续吸引用户“疯购”。

大悦城和阿里巴巴的这种合作。一个是有着线下优厚客户资源，一个有着线上充分商品体验的企业，两方合作以长补长，产生了1加1大于2的效果。尤其是对大悦城来说，更是体会到了互联网“疯购”的甜蜜。所以这种互联网改变传统产业的模式，也显得格外引人注目。

正是因为这种甜头和好处，也吸引了更多传统企业、品牌与阿里巴巴等这些知名电商网站的合作，来打开O2O的接口。比如老牌服装企业里维斯也与微淘展开了合作，开展了互联网营销的美好形式。

与知名网站合作，展开O2O、移动互联网的新型营销模式，不但为消费者提供更便捷的购物体验，更为传统企业注入了营销新血液。从大悦城与阿里巴巴的合作可以看出，大悦城作为传统商场企业似乎是走在了新互联移动营销这一潮流的前沿，并且也为未来的新购物形式赢得了更好的发展空间。

大悦城实实在在的甜头的确是吸引了不少传统企业的“嫉妒”，所以这些企业也抓紧节奏和步伐来开展转型进入互联网的大军之中。当然，步入这种“捷径”也需要有见地的引导和方式。

第一，多与人气爆棚的互联网站合作，走出一条独特的O2O道路

从大悦城与阿里巴巴网站的合作来看，传统企业需要借助这些知名网站来步入转型的“捷径”。因此，很多传统企业也纷纷试水O2O。

比如麦当劳快餐业就与阿里巴巴的天猫网进行了营销新合作。在天猫上，可以搜索到麦当劳的旗舰店，用户在这里选择咖啡等产品，进行在线支付，然后凭借一个二维码就可以在线下兑现实物。当然，有些人认为这种O2O方式似乎并不太新鲜。所以麦当劳还有一个新的体验：用户在天猫旗舰店中在线支付的咖啡，可以选择赠送给其他的朋友。只需要在付款之后，输入对方的手机号码。这杯咖啡的付款内容和赠送消息就会出现在对方的手机上，对方就可以凭借手机上的信息，就近去麦当劳店享受一杯香醇咖啡。

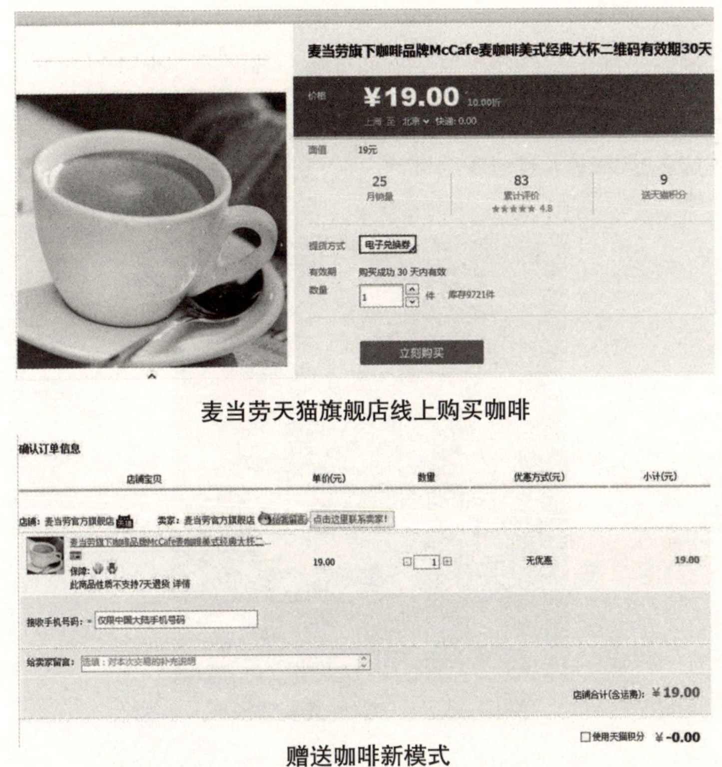

麦当劳天猫旗舰店线上购买咖啡

赠送咖啡新模式

这种方式不得不说是一种新型的O2O互联网营销模式，也受到了很多用户的喜爱，甚至引发了人们的“疯狂赠送”热潮。

第二，优惠才能引发人们的“疯购”

大悦城与阿里巴巴的成功很大功臣在于3月8日这天大悦城推出的优惠活动，

所以传统企业想要在转型互联网时，获得大量客户“疯购”就需要向用户传输一些优惠信息。

当然，传统企业还可以借助微信等移动营销平台进行线上的灵活O2O营销。像大悦城一样，在微信公众号上推出电子会员卡，让用户实现线下优惠享受。这些都能很好地推进传统企业向互联网营销成功转型。

再比如绝味鸭脖这个传统零售企业，在2013年与阿里巴巴网站的聚划算、微淘都进行了合作。在聚划算中推出了代金券的销售，初试O2O，就获得了粉丝们的“疯购”狂潮。

当然，绝味也从不耽误在优惠方面的宣传，绝味在聚划算上线之前，在阿里巴巴的微淘上加入了显眼的标识和二维码，并且在微博、天涯社区等都进行了宣传。在实体店内也推出了聚划算的宣传。所以其曝光度非常好，引发了人们的热烈追捧。

绝味实体店内的聚划算宣传海报

互联网逻辑新语：

传统企业在进军互联网时，不但要携手知名网站开展线上优惠活动，还需要充分借助其他社区、社交网站、通信软件等来宣传网络营销的优惠模式，充分将身边线上线下资源利用起来。这不但对网络线上的营销起到很好的宣传，还能为实体店带来更多客户。